복지국가는 삶이다

복지국가 전문가 이상이의
더 나은 사회를 위한 도전

복지국가는 삶이다

WELFARE STATE IS LIFE

이상이 지음

| 책을 시작하며 |

내가 복지국가를 만들고 싶은 이유

보통사람들의 살림살이가 갈수록 어려워지고 있다. 우리나라는 양극화 성장으로 인해 대기업과 부자들은 큰돈을 벌고 있지만, 보통사람들은 일자리가 불안정하고 실질소득이 오히려 줄어들고 있기 때문이다. 절대빈곤과 상대빈곤은 개선될 기미가 전혀 보이지 않고 있다. 그래서 많은 사람은 민생불안과 절망의 양극화 시대를 온몸으로 절감하고 있다.

우리나라는 중산층의 비중이 해가 갈수록 줄고 있다. 최근 발표된 통계청의 사회조사 결과를 보면, 우리 국민의 절반은 스스로를 하층민이라고 생각하는 것으로 나타났다. 우리는 이렇게 상대적 빈곤과 불평등이 극심한 나라에서 살고 있다. 중산층의 비중이 줄어들고 하층민은 늘어나는 불공정한 나라에서 우리는 결코 행복할 수 없다.

그러다 보니, 지난 10년 사이에 자살률은 2.3배가 늘어 OECD 평균의 3배나 되고, 특히 고령자 자살률은 OECD 평균의 5배에까지 이른다. 같은 기간 동안 우리나라의 강력범죄율도 87%나 늘었다. 경쟁만능의 사회에서 낙오하거나 어려움에 몰린 사람들이 자신을 해하거나 타인을 해치는 불안하고 불안정한 사회로 빠르게 이행하고 있는 것이다.

일자리, 보육과 교육, 주거, 의료, 노후 등 민생의 5대 불안이 만성화된 상태에서 연애, 결혼, 출산을 포기한 소위 '3포 세대'가 늘고 있다. 그래서 우리나라의 합계출산율은 1.3명에 불과하여 세계 최저이다. 게다가 노인 인구는 급증하고 있다. 시장만능과 경쟁만능의 상태에서 우리 국민은 늘 불안하다. 그러니 행복할 리 없다. 우리나라의 행복지수는 OECD 34개 국가 중 32위로 꼴찌 수준이다.

관건은 '행복한 삶'이다. 나는 언제나 인생의 목적은 행복이라고 생각한다. 그런데 우리 국민은 지금 행복하지 않다. 오히려 행복의 반대말인 불안과 불행이 우리의 삶을 포획하고 있다. 행복한 삶은 나의 이익만을 추구해서는 결코 얻어지지 않는다. 주위 사람들 대부분이 불안하고 불행한데 나만 행복할 수는 없다. 나와 우리는 뗄 수 없는 불가분의 관계이다.

'우리'가 행복해야 그 속에서 '나'도 행복해질 수 있다. '우리' 속에서 '나'의 존재를 인정받는 가운데 자존감을 높일 수 있게 된다. 나는 이것을 고등학교 때 알게 된 후로 언제나 '우리' 모두를 위한 삶을 살고 싶었고 부단하게 노력했다. 내가 의과대학에 다니면서 민주주의를 위해 학생운동에 전념했던 것도, 임상의사의 길을 포기했던 것도 모두 '나'와 '우리'를 융합하려는 노력의 결과였다.

나는 임상의학을 선택했다면 찾아오는 환자를 잘 돌봄으로써 의사로서의 행복을 누릴 수 있을 것이었다. 하지만 그 길을 포기했다. 진료실로 찾아오는 환자를 잘 치료하는 일도 소중하지만, 아예 병원을 찾지 못하거나 의료에서 소외된 수많은 사람이 의료기관을 방문하거나 건강수준을 높일 수 있도록 보건의료제도를 선진국 수준으로 개선하는 일이 더 중요하다고 생각했기 때문이다.

나는 더 나은 사회를 만드는 일에 내 삶을 투입하고 싶었다. 이것이 '나'와 '우리'를 통합하는 삶이라고 생각했기 때문이다. 그래서 나는 의과대학 졸업 후 공익적 삶을 살기로 작정했고, 보건의료정책 연구자 겸 시민운동가의 길을 선택했다. 1998년에는 전문의 최초의 집권여당 전문위원이 되었고, 여기서 배수진을 치며 역사적인 복지개혁에 나를 던졌다.

나는 의료보험 통합 운동의 성과를 딛고 집권여당에서 국민건강보험제도를 창설하는 데 주도적으로 참여했으며, 의약분업 정책과정의 중심에 섰다. 이로 인해 의료대란을 겪었고, '의료계 5적'으로 몰려 불이익과 심적 고통도 겪어야 했다. 의료계와 한나라당으로부터 사회주의 정책으로 매도당한 의약분업의 거센 후폭풍으로 인해, 나는 경찰청 대공분실로 끌려갔고 국가보안법 위반 혐의로 기소되어 무죄가 확정될 때까지 '8년간의 긴 재판'을 감내해야 했다.

'나'는 '우리'와 일체화된 공익의 실현을 위해 참여정부에서 국민건강보험공단 건강보험연구원장이 되어 의료민영화 반대 투쟁의 선봉에 섰다. 나는 국민건강보험공단을 참여정부가 추진했던 의료민영화 반대 운동의 거점으로 삼았다. 그리고 나는 이명박 정부의 노골적인 의료민영화 추진에 저항했고, 결국 우리는 의료민영화 제주대첩에서 이명박 정부를 꺾었다.

참여정부의 김근태 보건복지부 장관 시절에 나는 시민사회와 함께 공세적으로 '암부터 무상의료' 운동을 제기했고, 건강보험연구원장으로서 구체적인 정책을 생산했다. 2007년부터 복지국가소사이어티 운동에 앞장섰고, 2010년 3월 15일 '복지국가 국민제안대회'의 감동을 맛보기도 했다. 나는 이렇게 보편적 복지를 앞세우며 '역동적 복지국가'의 기치를 들고 대한민국 복지국가 운동의 중심에 섰다.

내가 상임운영위원장으로 참여하고 있는 '건강보험 하나로' 운동은 '연대'를 통해 '나'와 '우리'를 통합하는 소중한 우리네 삶의 한 형태이자 역동적 복지국가로 가기 위한 중요한 교두보이다. 우리는 반드시 이 교두보를 확보해야 한다. 그래야 복지국가의 길이 열린다.

우리가 원하는 행복한 삶은 복지국가를 통해서 구현된다. 그것은 바로 연대를 통해 '나'와 '나'들이 소통하고 융합하여 민주적인 '우리'가 되는 것을 제도적으로 보장하는 새로운 국가발전 체계이다. 여기로 가기 위해서는 민생불안과 불평등을 조장하는 현재의 신자유주의 양극화 체제를 넘어서야 한다.

　신자유주의 양극화 체제는 시장만능의 경제 체제와 선별적 복지 체제로 구성된다. 이 둘의 조합이 민생불안과 불평등이라는 최악의 결과를 초래했다. 그동안 우리사회는 시장과 개인에게 모든 책임을 지우고 국가가 제 기능을 수행하지 못했다. 그래서 경제체제는 시장만능의 상태에서 불공정하게 작동했고 구조적으로 양극화되어 있다. 이에 따라 노동시장의 구조와 일자리도 극단적으로 양극화되었다.

　이에 더해 국가의 보편적 복지도 형편없이 부실하다. 우리나라는 '국내총생산(GDP) 대비 공적사회복지 지출'의 비중이 10%에 불과해 OECD 평균인 21%의 절반에도 못 미친다. 선진 복지국가들의 25~30%에 비하면 1/3 수준에 불과한 복지 후진국이다. 그래서 이제는 국가와 사회가 더 많은 역할을 수행해야 한다는 주장이 우리사회에서 힘을 얻고 있다.

　우리는 시장만능주의 경제 체제에 대한 개입으로 경제민주화와 공정한 경제 체제를, 그리고 잔여주의 선별적 복지 체제에 대한 개입으로 보편적이고 적극적인 복지 체제를 요구하고 있다. 이것이 '역동적 복지국가'이다. 우리는 이 속에서 사회 전체의 행복 수준을 높일 수 있고, 모든 '나'들이 각자의 개성과 취향에 맞게 자신의 행복을 추구할 수 있게 된다.

　복지국가는 나의 삶이고, 당신의 삶이고, '나'들의 연대적 융합체인 '우리' 모두의 행복한 삶이다. 이것이 내가 복지국가를 만들고 싶은 이유이다. 우리는 민생불안과 절망의 양극화 시대를 넘어 '역동적 복지국가'의 새 시대로 가야한다. 이를 위해서는 기존의 정치·경제 질서를 극복하는 패러다임의 대전환이 요구된다. 이것이 우리가 지금 '복지국가 정치'의 기치를 높이 들어야 하는 이유이다.

2014년 2월
저자 이상이

| 차례 |

책을 시작하며 내가 복지국가를 만들고 싶은 이유 ▪4

하나_ **나는 '짝다리퍼스'가 맞다** ▪13

절대빈곤의 시대 | 가난의 대물림 | 술심부름 하던 아이 | 운동화를 신어 본 적 없던 소년 | 교수아파트 쓰레기장을 뒤지다 | 4급 지체장애인이 된 사연 | 이게 다 제 운명입니다 | 끊임없이 괴롭혔던 '절름발이 콤플렉스' | 첫 번째 꿈이 실현되기 어려웠던 이유 | 나는 '짝다리퍼스'가 맞다

둘_ **민주주의에 인생을 걸고 싶다** ▪41

내가 교련 수업에 참가한 이유 | 이타적 방식에서 행복의 길을 모색하다 | 내성적이고 소심한 촌놈 | 긴 방황의 세월, "나는 무엇을 하고 싶지?" | 하고 싶은 것을 찾다 | 시험 때는 의대생으로 돌아왔다 | 민주주의에 내 인생을 걸고 싶다 | 보건의료운동의 새로운 가능성을 발견하다

셋_ **더 나은 사회를 만드는 삶을 선택하라** ▪63

인하의대 학생들과 함께 했던 노동자 진료소 운동 | 임상의사의 길을 포기하다 | 보건의료정책 연구자 겸 시민운동가의 길 | 전문의 최초의 집권여당 전문위원 | 배수진을 치며 역사적인 복지개혁을 이루다

넷_ **세계적 자랑거리,** ■81
국민건강보험 창설에 헌신하다

의료보험제도는 박정희 대통령의 작품인가? | 12년 만에 달성한 '전 국민 의료보험' | '전 국민 의료보험'은 노태우 정권의 정치적 승부수 | 조합주의 의료보험의 문제점 | 10년간의 의료보험 통합 운동 | 드디어 국민건강보험제도가 창설되다 | 국민건강보험 제도의 의의와 혜택

다섯_ **의약분업 정책과정의 중심에 서다** ■113

「보건의료 선진화 정책보고서」의 탄생 | 의료전달체계 확립이 중요한 이유 | 주치의제도가 필요하다 | 주치의제도 도입 방안을 준비하다 | 의약분업이란 무엇인가? | 의약분업을 둘러싼 주요 쟁점 | 김대중 정부 이전의 의약분업 논쟁 | 정부의 의약분업 추진이 벽에 부딪히다 | 의약분업 정책과정의 중심에 서다 | 역사적인 '의약분업 5.10 합의'가 타결되다

여섯_ **더 나은 사회를 향한 도전이** ■155
시련에 직면하다

의료대란을 겪다 | '의료계 5적'으로 불이익과 심적 고통을 겪다 | 가시방석에서 시작한 제주도 생활 | 사회주의 정책으로 매도당한 의약분업 | 8년간의 긴 재판 과정 | 박근혜 정권의 감사원장으로 출세한 그때의 부장판사

일곱_ 의료민영화 저지 투쟁의 선봉에 서다 ■183

배제된 보건복지 자문교수들 | 국민건강보험공단 건강보험연구원장이 되다 | 국민건강보험공단을 참여정부 의료민영화 반대의 거점으로 삼다 | 나의 칼럼과 키보드 치는 올빼미 대통령 | 참여정부에 침투한 보험자본 삼성생명의 거대한 기획 | 이명박 정부의 노골적인 의료민영화 추진 | 의료민영화 제주대첩에서 이명박 정부를 꺾다 | 패배만 거듭한 이명박 정권의 의료민영화 시도

여덟_ 역동적 복지국가의 길을 열다 ■225

고맙고 놀라운 '암부터 무상의료' | '암부터 무상의료' 정책과정을 주도하다 | 복지국가소사이어티 운동에 앞장선 이유 | 2010년 3월 15일의 감동 | 복지국가 운동의 중심에 서다 | 역동적 복지국가: 경제와 복지는 하나다

아홉_ 복지국가 정치가 필요하다 ■251

보편적 복지가 중요한 이유 | '건강보험 하나로' 운동이 중요한 이유 | 박근혜 대통령의 거듭된 변신 | 복지국가의 길을 막는 박근혜 정부의 조세정책 | 기초연금이 국민연금을 훼손해선 안 된다 | 의료민영화가 아니라는 박근혜 정부의 꼼수 | '복지국가 정치'의 기치를 높이 들자

후주 ■285

하나

나는 '짝다리퍼스'가 맞다

"기술과목 수업 시간이었을 것이다. 그날 담당선생님은 원을 그리기 위해 사용하는 기구인 컴퍼스에 대해 강의했다. 여러 가지 컴퍼스의 종류와 함께 짝다리퍼스에 대해 설명했다. 짝다리퍼스는 두 다리 중의 하나가 짧은 컴퍼스라면서 그것의 용도를 소상하게 설명했다. 그 순간 나는 저것이 나를 가리키는구나, 이런 생각이 들었다. 아니나 다를까, 나는 그날부터 한동안 친구들로부터 짝다리퍼스라는 놀림을 받았다. 이런 날이면, 거의 언제나 나는 우리 집 앞의 들판을 가로질러 산으로 갔다. 나는 우리 집 앞산에서 혼자 중얼거리다가 더러는 입 밖으로 토해내듯 말했다. "그래, 나는 짝다리퍼스가 맞다!" 그러면 나의 절름발이 콤플렉스가 목구멍으로 솟구쳐 튀어나오면서 그 순간 속이 다소 후련해지기도 했다.

절대빈곤의 시대

여기서 하고 싶은 이야기는 내가 절대빈곤의 시대에 태어났다는 것이다. 주민등록증을 보면, 나는 1964년 1월 초순에 출생한 것으로 되어 있다. 그러나 어머니가 알려준 음력 생일을 기준으로 따져보면 나의 양력 생일은 1963년 12월 하순이다. 아버지가 출생신고를 차일피일 미루다가 2~3주쯤 뒤에 했기 때문에 나의 실제 양력 생일과 주민등록상의 생일에 차이가 생긴 것이다.

내가 출생했을 당시 우리나라는 1인당 국민소득이 100불을 약간 넘겼고, 수출 1억 달러를 겨우 달성한 절대빈곤의 가난한 국가였다. 특히 내가 태어난 울산의 변두리 지역은 가난한 사람들이 보릿고개를 넘기며 겨우겨우 연명하던 곳이었다. 내가 어릴 때만 해도 우리 동네는 주변이 온통 산이었고, 논은 전부 천수답인데 그나마 얼마 없었고, 여기저기 쪼가리 밭들이 흩어져 있었다. 그러니까, 그때 우리 동네 사람들 대부분은 절대빈곤의 고단한 삶을 연명했다.

내가 초등학교 5학년쯤 되었을 때 학교에서 무슨 조사를 한다면서 이것저것을 알아오라고 했다. 부모의 학력도 물었다. 나는 어머니가 한글을 삐뚤삐뚤하게 쓰고 겨우 읽어내는 모습을 더러 본 적이 있었기 때문에 어머니의 정규학력이 매우 낮을 것이라고 짐작하고 있었다. 실제로 그랬다. 현재 75세인 나의 어머니는 일본에서 태어나서 초등학교에 입학한 지 1년도 채 지나지 않아 온 가족과 함께 귀국선을 타고 울산으로 돌아왔다고 한다.

일본에서 돌아온 지 얼마 지나지 않아 외할머니가 사망했고, 가정 형편도 어려웠던 데다가 완고했던 외할아버지는 딸들을 교육시키지 않았다. 공부하고 싶었던 어머니는 야학에 나가기도 했지만 그것마저 오래 다닐 형편이 되지 않았다고 한다. 어머니와 이모들은 딸들을 공부시키지 않았던 외할아버지를 원망하곤 했는데, 그 원망은 지금까지도 남아있다. 어머니는 야학을 그만둔 후에도 한글을 독학으로 조금씩 공부했는데, 이게 어머니 공부의 전부였다.

그런데 아버지는 한글뿐만 아니라 한자도 잘 읽고 쓰며, 이웃의 곤란한 문제들을 더러 유능하게 잘 해결하는 등의 능력을 발휘하곤 했다. 나는 어릴 때 이런 아버지의 모습을 자주 보았기 때문에 아버지의 정규학력이 고졸 정도는 되는 줄 알았다. 그래서 어릴 때 누가 아버지의 학력을 물으면 고졸이라고 대답했던 기억이 난다. 그런데 나는 나중에 아버지도 초등학교를 졸업하지 못했다는 사실을 알게 되었다.

아버지는 울산 출생인데, 집안이 매우 가난했던지라 온 가족이 생계를 위해 일본으로 건너가서 살았다고 한다. 아버지는 일본에서 초등학교

4학년을 다니던 중 가족들과 함께 귀국하여 고향인 울산으로 돌아왔다. 결국 아버지의 공부도 이것으로 끝이었다. 당시 아버지의 집안은 너무나 가난했기 때문에 생계를 위해 남의 땅을 소작해야 했고, 아버지를 포함한 6남매는 들판에서 온종일 일해야 했다. 그래서 아버지의 형제들은 모두가 초등학교도 제대로 다니지 못했다.

하지만 딱 한 사람은 예외였다. 아버지 바로 위의 형인 나의 큰아버지는 울산에서 고등학교까지 졸업했다. 다른 가족들 모두의 희생을 딛고 얻어낸 졸업장이었다고 한다. 그런데 장성하여 결혼을 한 아버지는 현실의 높은 벽 앞에서 초등학교 졸업장도 없는 자신의 처지를 비관하며 무책임한 한량으로 긴 세월을 보냈다. 이 모든 것이 내 할아버지 세대의 가난이 그대로 아버지 세대로 대물림되었기 때문이다. 당시는 이렇게 절대빈곤의 시대였다.

가난의 대물림

나는 할아버지의 모습을 알지 못한다. 일찍 돌아가셨기 때문에 얼굴을 본 적이 없고, 사진도 남아있지 않기 때문이다. 할아버지는 49세 때 사망했다고 한다. 할머니와 아버지의 전언에 의하면, 나의 할아버지는 품성이 선하고 천성이 여렸고 정이 많았다고 한다. 하지만 풍류와 음주를 좋아했고, 경제적으로 무능하고 가족을 돌보는 책임성도 부족했다. 그러다 보니, 아버지의 형제들은 어릴 때부터 남의 땅에서 소작 일을 하고 야산에서 지게를 지며 지독하게 고생했다고 한다.

결국, 나의 아버지가 할아버지로부터 물려받은 재산은 시골의 허름한 집, 논 85평, 밭 175평이 전부였다. 그리고 60세 때부터 앉은뱅이가 되어 버린 나의 할머니는 할아버지가 일찍 돌아가시면서 자식들에게 남겨 놓은 큰 부담이자 동시에 자산이었다. 나의 할머니는 할아버지와 달리 강인하고 책임성이 강한 여성이었다. 완전 무학으로 글자를 한 자도 몰랐지만 생활력과 삶에 대한 애착은 참으로 대단했다. 내가 세상에 나와서 처음 본 할머니의 모습은 애초부터 앉은뱅이였다. 할머니는 내가 태어나기 전인 1960년대 초반에 허리를 다쳤다가 아예 하반신의 운동신경이 마비되어 버렸다고 한다.

할머니는 두 손으로 방바닥을 짚고 엉덩이를 들어 질질 끌면서 조금씩 움직였다. 그럼에도 불구하고 강인한 정신력의 소유자였던 나의 할머니는 시골의 허름한 우리 기와집에서 물건을 파는 가게인 전방 겸 술을 파는 주막을 열었다. 우리 집에서는 과자와 몇 가지의 잡화를 팔았고, 막걸리와 소주를 팔았다. 농번기가 아닐 때면 우리 집 마당에는 언제나 동네 어른들이 모여 멍석을 깔고 윷놀이를 하며 시끌벅적하게 떠들면서 술을 마시곤 했다.

술심부름 하던 아이

나는 아주 어릴 때부터 앉은뱅이인 할머니를 도와 술과 안주를 나르는 심부름을 했다. 동시에 나는 외상 장부를 기록하는 유능한 기록원이었다. 당시 동네 어른들과 공사판에서 막노동을 하던 일꾼들은 대부분 외상으로 술과 안주를 시켜먹었기 때문에 장부 기록은 필수적인 것이었다. 내가 학교에 가고 없으면 할머니는 외상으로 판매한 모든 내용을 완전히 암기하고는 내가 돌아오길 기다렸다. 지금 생각해보면 할머니는 강인한 정신력뿐만 아니라 기억력도 참 좋았던 것 같다. 그리고 이 일은 내가 고등학교에 들어갈 때까지 계속되었다.

나의 할머니가 앉은뱅이 몸으로 손자들에게 과자 하나를 거저 주는 것도 아까워하면서 악착같이 돈을 모았던 데는 그만한 이유가 있었다. 유교적 전통과 불교와 샤머니즘이 결합된 평소 할머니의 신조는 조상을 잘 모셔야 된다는 것이었다. 그렇게 하기 위해서는 매년 빠짐없이 조상에게 제사 지내는 데 필요한 재원이 되어줄 땅이 필요했다. 이 과업을 이루고 저세상으로 가야 조상을 뵐 면목이 있다는 것이 평소 할머니의 소원이었다. 결국, 할머니는 돌아가시기 몇 년 전에 그 소원을 이루었다. 조상에게 제사 지낼 몇 마지기의 땅을 구입하는 데 성공했기 때문이다. 나는 그때 할머니의 평온하고 행복한 표정을 지금도 잊을 수 없다.

1970년 3월, 나는 삼호초등학교에 입학했다. 울산 삼호초등학교는 한 학년에 2개의 반이 있었고, 각 반에는 약 60명의 학생들이 속해 있었다. 내 인생에서 이 시기는 절대빈곤을 온몸으로 체험한 기간이었다. 나의 아버지는 열심히 농사를 지으며 가족의 생계를 위해 책임을 다 하는 시기도 있었지만, 많은 시간을 한량으로 떠돌아 다녔다. 나는 4형제 중의 둘째인데, 결국 우리 4형제를 키우고 앉은뱅이이자 주막의 주인인 할머니의 장사를 돕고 농사를 짓는 모든 부담은 어머니에게 돌아갔다. 당시 우리 집의 생계수단은 두 가지였다. 하나는 할머니의 전방 겸 주막이고, 다른 하나는 남의 땅을 소작하여 농사를 짓는 것이었다.

할머니는 돈을 벌어도 악착같이 딴 주머니를 찼기 때문에 우리 가족의 생계에는 별 도움이 되지 못했다. 그래서 어머니는 새벽부터 할머니의 장사를 위한 준비를 다해 놓고는 들판으로 나갔다. 종일 논과 밭에서 황소처럼 일하던 어머니의 모습이 지금도 눈에 선하다. 나는 지금까지 내 어머니처럼 열심히 일하는 사람을 본 적이 없다. 정말 황소처럼 일만 했다. 해가 지고 캄캄해져도 하던 일을 멈추지 않는 경우가 많았다. 나는 어린 마음에 이런 어머니를 돕고 싶었다. 그래서 학교 가는 것보다 들판에서 어머니의 일을 돕거나 산과 들로 놀러 다니는 것이 더 좋았다. 그러다가 배가 고프면 집에 가서 벽에 걸려있는 보리밥 소쿠리에서 보리밥을 덜어 찬장에서 다 식어버린 된장찌개를 꺼내 비벼 먹곤 했다.

우리 형제들에게 공부하라고 말하는 사람은 아무도 없었다. 학교를 가지 않아도 누구도 신경을 쓰지 않았다. 사실은 내가 학교를 안 간 사실조차 몰랐다. 그런 의미에서 우리는 완전히 자유로웠다. 많은 경우 아버지가 비워놓았던 가장의 무거운 짐을 어머니가 거의 다 떠안았다. 앉은뱅이 할머니의 시중을 들고 심부름을 하는 일까지 모두 어머니의 몫이었다. 우리가 겪은 이 절대빈곤의 시기에 우리 형제들은 어머니의 일을 돕는 작은 노동력이었다.

누구도 나에게 공부하라고 말하지 않았고, 절대빈곤은 초등학생의 어린 나이였지만 나의 관심과 삶의 방향을 어머니와 할머니의 그것에 묶어

버렸다. 나는 그저 절대빈곤의 시대를 헤쳐 가는 그들의 치열한 생존과정에 종속된 작은 부속품에 불과했다. 나는 학교를 가는 둥 마는 둥 했다. 학교를 가도 집에 돌아오면 책 보따리를 던져버리고는 할머니의 주막 심부름을 하거나 들판에 나가 어머니 일을 돕거나, 그도 저도 아니면 산과 들판으로 놀러갔다.

이런 일도 있었다. 지금도 그 장면이 눈에 선하다. 초등학교 3학년 때의 일이다. 담임선생님이 며칠을 결석하고 학교에 나타난 나를 보더니 칠판 앞으로 나오라고 명령했다. 나는 혼이 날 준비를 하면서 위축된 채 앞으로 나갔다. 그런데 담임선생님은 내게 받아쓰기를 해보라고 지시했다. 나는 그때까지도 한글을 깨우치지 못했다. 나는 담임선생님의 이런저런 받아쓰기 문제를 하나도 해결하지 못했다. 그런 나를 쳐다보며 답답해하던 담임선생님이 그러면 '어머니'를 칠판에 써보라고 요구했다.

나는 끝내 쓰질 못했다. 읽을 수는 있을 것 같았는데, 도무지 쓰질 못해서 나 스스로도 무척 답답했던 기억이 난다. 그때 나는 좀 창피하다는 생각이 들었다. 이 일이 내겐 심리적으로 꽤 큰 충격이었던지, 장성한 후에도 힘든 상황을 견디어내야 할 경우에 가끔 이 일이 꿈에 나타나곤 했다. 하지만 이런 창피함은 그때 잠시뿐이었다. 언제 그랬냐는 듯이, 나는 다시 절대빈곤의 시대를 살아가던 나의 어머니와 할머니의 현실과 우리의 삶의 현장 속으로 금방 되돌아가고 말았다.

운동화를 신어 본 적 없던 소년

내가 초등학교를 다닐 무렵에는 우리 동네에서 울산 시내로 가는 버스가 하루에 서너 대 정도 다녔다. 나는 초등학교 시절 내내 버스를 거의 타 본 적이 없었다. 초등학교를 졸업하고 울산 시내에 소재한 제일중학교를 다니면서부터 버스를 타기 시작했는데, 처음에는 차멀미를 많이 했다. 정식으로 중학교에 입학하는 날, 나는 엄청나게 긴장했다. 시골에서 살던 한가로운 삶과는 완전히 다른 새로운 세상이 열렸기 때문이다. 나 같이 어리벙벙한 촌놈이 시내의 똑똑한 아이들과 잘 어울릴 수는 있을지, 도시의 새로운 학교생활에 제대로 적응이나 할 수 있을지, 이런저런 생각을 하게 되면서 당시의 소심한 나로서는 걱정이 정말로 태산 같았다.

마침내 중학교 입학식 당일이 다가왔다. 나는 아침 일찍 일어나서 교복을 입고 중학생 마크가 새겨진 모자를 챙겼다. 그리고 멀미나는 버스를 타고 마침내 제일중학교 교정에 도착했다. 입학식 행사가 시작되었다. 모든 학생이 선생님들의 지시에 따라 운동장에 도열하기 시작했다. 나도 줄을 섰다. 모든 학생이 정해진 교복을 차려 입었고, 지정된 하얀색 운동화를 신었다. 이때 어떤 선생님이 내게 다가와서 '너는 왜 운동화를 신지 않았냐?'고 질책했다. 나는 내 발을 내려다보았다. 순간 기절하는 줄 알았다. 내가 하얀 운동화가 아니라 검정색 고무신을 신고 있었던 것이다.

이날 집에 돌아와서 나는 애꿎게도 어머니를 향해 몹시 신경질을 부렸다. 내가 이렇게 망신을 당한 게 "다 엄마 때문"이라고 쏘아붙였다. 내가 어머니에게 이렇게 한 데는 그만한 이유가 있었다. 나는 초등학교를 졸업할 때까지 운동화를 한 번도 신어본 적이 없었다. 초등학교 다닐 때 내 소원은 바닥이 올록볼록하게 튀어나온 운동화를 한 번 신어보는 것이었다. 절대빈곤의 삶을 헤쳐 가며 자식들을 학교에 보내야 했던 나의 어머니가 이 소원을 들어줄 리 만무했다. 아무리 울고 투정을 부려도 소용이 없었다. 그렇다면 폼이라도 좀 나게 흰색 고무신을 사달라고 요청했다.

그런데 언제나 어머니는 검정 고무신만 사다주었다. 닳아서 뒤쪽 바닥에 구멍이 뚫린 검정 고무신은 초등학교를 졸업할 때까지 언제나 나와 함께 했다. 검정 고무신은 내게 그만큼 익숙해져 있었다. 중학교 입학식 바로 전날, 나는 제일중학교가 지정한 흰색 운동화를 머리맡에 잘 놓아두고 잠을 잤다. 일생에 처음으로 가져본 운동화가 너무나 소중했기 때문에 문밖에 두지 않고 방안의 머리맡에 잘 모셔두었던 것이다. 그래서 사고가 난 것이다. 아침 허둥대다가 그만 늘 하던 대로 익숙하게 검정 고무신을 신은 채 중학교로 가는 버스를 탔던 것이다. 나는 지금도 이 일이 어제의 일처럼 선명하게 떠오른다. 이것은 절대빈곤의 시대를 살아온 나의 아동기를 상징하는 중요한 사건의 하나이기 때문이다.

사실, 내가 초등학교를 다니던 시절에는 우리 집만 가난했던 것이 아니었다. 우리 동네 사람들은 거의 모두가 가난했다. 가끔 운동화를 신은 아이들도 있었지만, 대부분의 아이들은 검정 고무신을 신고 살았다. 우리는 다 같이 가난했으므로 모두가 평등했고, 그 가난을 운명처럼 당연하게 받아들였다. 우리들 중의 누구도 바깥세상을 알지 못했고, 멀리 시내 또는 더 큰 도시에 가면 돈 많은 부자 부모나 잘 교육받은 인텔리 부모와 함께 사는 아이들이 있다는 사실조차 우리는 완전히 모르고 살았다. 우리는 우리가 공유했던 절대빈곤의 세상이 원래 이 세상의 모습이라고 생각했다. 그렇게 알았기에 누구도 원망하지 않았다.

그랬다. 나는 소작농의 아들로 태어났다. 그리고 나의 부모는 초등학교도 졸업하지 못했고, 농사짓는 일과 시골의 허드렛일을 제외하면 제대로 된 어떠한 기술도 습득하지 못했다. 어머니의 고백에 의하면, "너희 4형제는 부모가 돌보고 키운 게 아니라 그냥 세월이 가면서 스스로 자랐다"고 했다. 어머니의 하루는 새벽부터 한밤중까지 중노동의 연속이었다. 앉은뱅이 할머니 주막의 하루 장사를 위한 준비를 새벽부터 해야 했고, 당시 우리 집에 세 들어 살며 울산대학교 건설현장에서 막노동을 하던 일꾼들에게 아침밥을 해주고, 곧바로 들판에 나가 해가 지도록 일했다.

교수아파트 쓰레기장을 뒤지다

나는 초등학교 시절에는 동네 친구들과 함께 학교를 빼먹고 산으로 놀러가는 것을 좋아했다. 산과 들판에서 실컷 놀다가 배가 고프면 집에 와서 벽에 걸려있는 보리밥 광주리를 내려놓고 보리밥을 먹었다. 그리고는 할머니의 장사 일을 잠시 도운 후 곧바로 다시 놀러가곤 했다. 그런데 이렇게 자유분방하게 놀러 다니는 것은 좋았는데, 호주머니에 돈이 없다는 것이 문제였다.

어머니는 우리들에게 거의 용돈을 주지 않았다. 아무리 떼를 쓰고 애원해도 돈을 주는 법이 거의 없었다. 그래서 늘 무엇인가 먹고 싶었다. 그런데 어느 날 동네 아이들이 울산대학교 교수아파트에 가면 쓸 만한 것들이 더러 있다고 했다. 한참 호기심이 클 때였다. 그래서 우리는 종종 경비 아저씨를 피해가면서 울산대학교 교수아파트 주변을 어슬렁거렸다.

그러다가 교수아파트 쓰레기장을 뒤지기도 했다. 교수아파트 뒤쪽 야산에 있던 무덤 크기의 움푹 파인 쓰레기장에는 이런저런 쓰레기들로 가득 차 있었다. 우리는 막대기로 냄새나는 쓰레기장을 뒤졌다. 그땐 시골 아이들이 평소에 보지 못했던 신기한 것들이 쓰레기 더미 속에 더러 버려져 있었다. 나는 이것저것을 주워서 집에 가져왔고, 때로는 먹다 버린 라면 조각과 스프 등을 주워 와서 보리밥에 비벼먹기도 했다.

지금 생각해보면, 이건 완전히 거지나 다름없었다. 우리가 이런 짓까지 하고 돌아다녔던 사실을 어머니는 전혀 몰랐다. 얼마 전에 나는 복지국가 강연 때문에 울산에 갔다가 어머니와 울산대학교를 산책한 적이 있었다. 한참 걷다 보니, 울산대학교 교수아파트 근처를 지나게 되었다. 그때 나는 초등학교 시절 엄마가 용돈을 너무나 안 주는 바람에 이 근처에서 교수아파트 쓰레기장을 뒤졌던 과거의 이야기를 풀어놓은 적이 있었다. 이 이야기를 듣고 나의 어머니는 아프고 깊은 한숨을 내쉬었다. 나는 그 이유를 잘 알고 있다.

4급 지체장애인이 된 사연

나의 할머니와 어머니의 전언에 의하면, 우리 집에서 둘째 아들로 태어난 나는 참 귀엽고 예뻤다고 한다. 그래서 우리 동네의 나이 어린 처녀들에게 인기가 많았다. 아침이면 이웃의 처녀들이 우리 집에 와서 자주 나를 데리고 나가 놀았다. 온종일 일에 쫓기고 바쁜 어머니는 내심 이런 상황을 좋아했다. 내가 우리나라 나이로 4살이던 때 동생은 1살이었다. 어머니는 갓난아기와 나를 함께 돌보면서 일하기가 몹시 힘들었을 터였다. 그래서 동네 처녀들이 나를 데리고 놀아주는 것을 기꺼이 허락했다. 내가 4살이던 어느 날, 13살이던 사촌누나가 평소 자주 그랬던 것처럼 이날도 우리 집에 와서 동네 처녀들과 함께 나를 돌보겠다며 데려갔다.

그때 우리 집은 부산과 울산을 왕복하는 시외버스가 다니던 비포장도로와 10미터 정도 떨어진 곳에 위치해 있었다. 사촌누나는 도로변에 위치한 친구의 집으로 나를 데려갔고, 누나들이 놀이를 하느라 잠시 방심하는 사이에 나는 그만 비포장도로로 걸어 나가고 말았다. 사촌누나와 동네 처녀들은 어린 나를 데리고 나가고선 제대로 돌보지도 외부의 위험으로부터 지켜내지도 못했던 것이다.

그날 나는 부산에서 울산으로 달리던 시외버스 속으로 들어가고 말았다. 버스가 급하게 브레이크를 밟았다. 그때 그 소리가 얼마나 컸던지 주변의 동네 사람들이 깜짝 놀라서 거의 다 몰려나왔다고 한다. 사람들은 다 내가 죽었다고 생각했다. 어린 아이가 버스에 깔렸으니 죽었다고 생각하는 건 당연했다. 그런데 살았다. 나는 시외버스에 치이고도 살아남았던 것이다.

시외버스 운전사를 비롯해서 사고현장 주변으로 몰려든 동네 사람들 모두가 혼비백산하다시피 했다. 동네 어른들은 사고를 당한 아이가 자기

집 아이가 아니길 간절히 소원했을 것이다. 나의 어머니도 그 중의 한 명이었다. 그런데 불행하게도 버스에 치인 아이는 내 어머니의 둘째 아들, 바로 나였다. 나는 곧바로 울산 시내의 한 내과의원으로 옮겨졌고, 희한하게도 그날 밤 집으로 돌아왔다. 그 의원에서 별 일이 없을 것 같다면서 나를 집으로 돌려보낸 것이다. 그런데 아이는 밤새 자지러지게 울며 힘들어했다고 한다.

지금 의사인 내가 생각해보면 정말로 황당한 일이 아닐 수 없다. 당시 그 내과의원에서 나를 진료했던 의사는 실력이 형편없었던 것이 확실하다. 밤새 고통스러워하던 나를 보며, 어머니는 육감적으로 뭔가 잘못되었다는 생각이 들었다고 한다. 그래서 "의사가 집에 가도 된다고 했는데, 무식한 네가 왜 설치며 병원에 다시 가려고 하느냐, 네가 의사냐?"며 소리치던 앉은뱅이 할머니의 욕을 뒤로 하고, 어머니는 아침 일찍 나를 엎고 그 내과의원으로 다시 갔다. 그리고 나는 그곳에 오랫동안 입원해 있었다.

내과의원에서 별일 없다는 듯 나를 집으로 돌려보냈던 그 의사는 더 큰 잘못을 저질렀다. 결국 그는 내 다리를 망쳐놓았다. 교통사고 때 오른쪽 무릎이 버스 앞바퀴에 부분적으로 깔렸는데, 신기하게도 외상은 크지 않았다고 한다. 그저 멍이 퍼렇게 들어 있었고 약간의 상처가 있었다. 그 내과의원의 의사를 포함하여 모두가 그렇게 생각했고, 세심한 주의를 기울이지 않았다. 그런데 나는 연일 심하게 보채며 힘들어했다고 한다. 시간이 흐르면서 무릎 관절 부위의 피부 괴사가 일어났다. 상태는 점점 나빠졌다. 죽은 피부를 걷어내면 붉은 살이 부풀어 오르는 일이 반복되었다.

나는 거의 1년을 그렇게 그 내과의원에 입원해 있었다.

지금 생각해보면 참으로 어이없는 일이다. 그런데 어찌하랴! 이것이 내 운명인 것을. 울산의 내과의원에서 1년이 다 되도록 입원해 있었지만, 오른쪽 무릎의 상처는 아물 기미가 없었다. 그러자 어머니는 아무래도 불길했는지 이리저리 수소문한 끝에 나를 부산대학교병원으로 데려갔다. 이 병원에서 어머니는 청천벽력 같은 소리를 들었다. 오른쪽 대퇴골의 하단에 문제가 생겼기 때문에 장차 오른쪽 다리의 길이가 짧아지고 무릎 관절에 변형이 온다는 것이었다. 대퇴골은 엉덩이관절부터 무릎관절 사이를 이어주는 기다란 뼈로 허벅지에 해당한다. 이 대퇴골은 뼈의 양쪽 끝 부위에 뼈의 성장을 담당하는 부분이 있는데, 이것이 성장판이다. 버스 앞바퀴에 오른쪽 무릎이 눌리면서 무릎관절 쪽의 대퇴골 성장판이 손상을 입었던 것이다.

내 다리의 운명은 그때 이미 정해졌다. 나는 장차 오른쪽 다리의 길이가 짧고 무릎관절이 변형된 지체장애인으로 살아갈 운명을 그때 선고받았던 것이다. 부산대학교병원에서 수개월을 더 입원해 있어야 했다. 일 년이 넘도록 무릎의 상처가 아물지 않았고, 계속 곪아갔기 때문이다. 그러므로 입원 치료의 목적은 무릎의 상처를 치료하는 것에 국한되었다. 괴사한 피부조직을 건강한 조직으로 대체하는 일이 중요했다. 결국 부산대학교병원은 피부이식 수술을 감행했다. 두 차례의 피부이식 수술을 했다고 하는데, 지금도 내 몸에는 당시 피부를 떼어간 자국이 선명하게 남아있다.

울산의 내과의원에서 엉뚱한 짓을 하느라 적절한 치료시기를 놓쳐 버렸기 때문에 이식수술의 성과는 별로 좋지 못했다. 수술 후에도 오랜 기간의 치료 후에서야 상처는 서서히 아물어 갔고, 나는 퇴원하여 울산 집으로 돌아왔다. 지금도 내 머릿속에 하나의 장면이 떠오른다. '6살짜리 아이는 오른쪽 다리를 펴고 마루에 앉아 있고, 앉은뱅이 할머니가 아이의 오른쪽 무릎 위에 있는 1원짜리 동전만 한 상처에 감자를 찧어 얹어놓고는 헝겊으로 무릎을 동여매고 있다. 아이는 치료하는 동안 인상을 찡그리고 있다가 아주 익숙하게 아무 일 없다는 듯 툴툴 털고 일어난다.'

이 동전만 한 상처는 내가 7살쯤 되었을 때 완전히 없어졌다. 그런데 사실 이 오래된 상처는 이후 내 다리에 일어날 일에 비하면 아무것도 아니었다. 그때부터 진짜 고통이 시작되고 있었건만, 그때는 아무것도 몰랐다. 요즘도 나의 어머니는 이렇게 말하곤 한다.

"내가 못 배우고 무식해서 내 아들 다리를 병신으로 만들었다. 내가 좀 더 똑똑하고 세상 물정을 알았더라면 너를 일찍 대학병원으로 옮겼을 것이고, 그러면 네가 이렇게 되지는 않았을 텐데. 아들아, 내가 미안하다. 그래서 내가 네 다리를 고쳐주려고 악착같이 푼돈을 모으며 험한 일도 마다치 않고 살았다."

그럴 때마다 언제나 나는 어머니의 손을 잡고 "이게 다 내 팔자고 운명"이라고 말한다.

이게 다 제 운명입니다

실제로 나는 이것이 다 나의 운명이라고 생각한다. 그런데 가끔 '울산의 그 내과의원이 조금만 더 세심한 주의를 기울였거나 좀 더 일찍 나를 대학병원으로 보냈다면, 내가 이렇게 장애인이 되지는 않았을 텐데'라는 생각이 들곤 한다. 그런데 불행하게도 일은 그렇게 진행되지 않았고, 지금 나는 4급 지체장애인으로 살고 있다. 그렇다고 누구를 원망할 생각은 하나도 없다. 이게 다 내 '운명'이기 때문이다. 하지만 아동 및 청소년 시기에, 또는 청년이 되고 나서도 나의 이 운명은 나를 몹시도 힘들게 했다. 이 운명을 나의 것으로 끌어안고 살아가는 데는 긴 적응의 시간이 필요했던 것 같다.

4살 때 교통사고를 당했으므로 초등학교에 들어갔을 무렵에는 오른쪽 다리의 길이가 제법 짧아져 있었다. 하지만 그때까지만 해도 산과 들판으로 놀러 다니거나 비교적 빠른 걸음으로 걷는 데는 별 문제가 없었다. 초등학교 3학년 때까지는 그랬다. 그때는 학교 가는 것보다 들판이나 산으로 놀러 다니는 것이 더 좋았다. 그래서 나는 개근상을 하나도 받지 못했다. 나는 이런 것에 전혀 개의치 않았고, 우리 식구들 중 누구도 신경 쓰지 않았다. 나는 초등학교 저학년 시기를 그렇게 가난하지만 자연친화적으로 보냈다.

그런데 언제부턴가 내 마음에 조금씩 상처가 생겨나기 시작했다. 초등학교 3학년쯤 되었을 무렵부터 나는 내가 친구들과 다르다는 것을 신체적으로 확실하게 느끼기 시작했다. 공을 차고 놀더라도 나는 무릎관절에 힘이 없어서 공을 제대로 찰 수가 없었고, 빨리 뛸 수도 없었다. 점차 축구 같은 공놀이에서 따돌림을 당하기 시작했다. 급기야는 골키퍼도 시켜주지 않았다. 초등학교 저학년 때는 친구들과 싸우더라도 지지는 않았는데, 점차 이게 어렵다는 것을 알게 되었다.

초등학교 4학년 어느 봄날의 일이다. 나는 동네 친구와 싸움을 했다가 많이 얻어맞았고 코피도 터졌다. 불과 몇 년 전만 해도 그 친구는 나의 적수가 되지 못했었다. 그런데 나의 신체적 조건이 급속하게 변하면서 내가 싸움에서 진 것이다. 그날 많이 울었다. 내가 할 수 있는 것이 아무것도 없다는 생각에 서러워서 울었다. 그리고는 미래에 대한 불안이 공포감으로 밀려왔다. 아마도 자신감뿐만 아니라 자존감 자체가 사라지는 데 대한 불안과 공포였을 것이다.

나는 초등학교 6년 동안 개근상을 한 해도 받은 적이 없다. 초등학교 3학년 때까지는 들판과 산에서 시간을 보내는 것이 좋아서 결석을 했는데, 4학년 때부터는 다른 이유로 결석을 했다. 1년에 한 번 있는 초등학교의 축제인 운동회가 싫어서 운동회 연습을 하는 날이나 운동회 당일에는 꼭 결석을 했다. 이렇게 결석하는 날이면 내가 가는 곳은 언제나 정해져 있었다. 우리 집 앞산이나 뒷산으로 갔다. 자연 속에 들어가 있을 때면, 이 세상의 모든 왕따와 설움으로부터 빗겨나 있을 수 있었다.

이렇게 나의 어린 영혼은 시간이 갈수록 점점 짧아지는 나의 오른쪽 다리의 길이만큼이나 상처받고 있었다. 나는 이 상처를 치유하고자 대자연에 기대는 나름의 방법을 터득했던 것이다. 산속에서 가끔은 신음소리를 내며 울거나 대부분의 경우에는 이곳저곳을 돌아다녔다. 그러다 보면, 모든 설움과 상념이 없어지고 마음이 편안해졌고, 실추된 자존감도 어느 정도 회복되는 것 같았다. 그러다가 배가 고프면 아무 일도 없는 것처럼 집으로 돌아왔다. 나는 초등학교 4학년 1학기까지를 이렇게 보냈다. 그러니 학교성적은 미·양·가 일색으로 그야말로 엉망이었다.

그런데 새로운 계기가 찾아왔다. 초등학교 4학년 1학기 초여름 어느 날이었다. 담임선생님이 나를 부르더니 바지를 걷어보라고 했다. 나는 한여름에도 오른쪽 무릎의 흉터를 가리기 위해 늘 긴 바지를 입고 다녔다. 나는 선생님의 지시를 거부했다. 키가 작고 아담한 체구의 예쁘고 젊은 여성이었던 담임선생님 앞에 나의 때에 찌든 흉측한 오른쪽 무릎을 보여주고 싶지 않았기 때문이다. 그러자 선생님은 다정한 목소리로 한 번만 보여 달라고 간청하듯 나를 달랬다.

그때 나는 선생님이 나의 바지를 무릎 위까지 걷어 올리는 것을 더 이상 저항하지 않는 방법으로 허락했다. 나는 지금도 조용하고 나지막하게 속삭이듯 얘기하던 담임선생님의 목소리를 또렷하게 기억하고 있다.

"상이야, 나는 네가 걱정이다. 너는 다리가 이래서 앞으로 살아가기가 쉽지 않을 텐데, 공부도 하지 않고 지금처럼 이렇게 해서는 안 된다. 공부를 열심히 하면 너도 얼마든지 훌륭한 사람이 될 수 있다."

나는 그날 이후 담임선생님의 이 목소리를 언제까지나 기억하려고 노력했다. 그래서인지, 나는 살아가면서 긴 세월이 흐른 후에도 가끔씩 담임선생님을 꿈속에서 만나곤 했다.

끊임없이 괴롭혔던 '절름발이 콤플렉스'

처음에는 부끄러웠다. 젊고 예쁜 담임선생님에게 나의 가장 숨기고 싶은 곳을 드러냈다는 생각 때문이었다. 하지만 며칠이 지나지 않아 정신이 번쩍 들었다. 친구들의 왕따와 놀림, 그리고 무력감으로 인해 저하된 나의 자존감을 높이고 지켜낼 방법을 마침내 찾아낸 것이다. 담임선생님은 그 방안이 열심히 공부를 하는 것이라고 내게 일러주었고, 나는 그때 그 말의 의미를 알아챘던 것이다. 이건 맥없이 기죽어 있던 취약한 존재가 자기존중의 계기를 포착한 것을 의미했다.

그때까지 나는 공부를 한다는 생각은 전혀 해본 적이 없었다. 사실, 초등학교 4학년 때까지만 해도 우리 집 식구들 중 누구도 나와 내 형제들이 중학교에 들어간다는 생각을 해본 적이 없었다. 모두 초등학교를 졸업하면 그것으로 끝이라고 생각했다. 그때 우리 집은 우리 동네의 다른 사람들처럼 절대빈곤의 시대를 살아가고 있었고, 우리는 자신의 분수를 잘 아는 가난한 소작농에 불과했기 때문이었다.

나는 담임선생님 덕분에 욕심을 가지게 되었다. 자존감을 높이고, 그래서 행복해지고 싶었을 것이다. 그래서 공부를 해야겠다고 생각했다. 초등학교 4학년의 여름방학은 여느 때와는 달랐다. 외양간 옆 창고에 자리를 깔고 간간이 공부를 하기 시작했던 것이다. 4학년 2학기를 마치고 성적표를 받았을 때, 나는 한글을 제대로 쓰지도 못했던 과거의 내가 아니었다. 성적표에 수와 우가 제법 등장하기 시작했다. 이것이 다 내게 신선한 충격을 주었던 젊고 예쁜 담임선생님 덕분이었고, 어려운 조건에서나마 행복을 붙잡기 위해 최소한의 자존감을 지켜내려던 나의 투쟁이 거둔 작은 성과였다.

하지만 나의 절름발이 콤플렉스는 좀처럼 나아지지 않았다. 나는 오른쪽 다리를 늘 까치발을 해가며 최대한 덜 쩔뚝거리도록 하려고 부단히 애를 썼다. 하지만 이것은 언제나 허사였다. 두 다리 간의 길이 차이가 시간이 지날수록 눈에 띄게 두드러졌기 때문이다. 날이 갈수록 더 많이 절었고, 나는 남들 앞에 이런 모습을 보이기가 싫었다. 자꾸만 움츠러들었다. 그래서 초등학교 5학년과 6학년의 운동회 연습 날에도 학교에 나가지 않았다. 그땐 공부를 조금씩 하고는 있었지만, 나는 여전히 심약하고 부끄러움을 많이 타고 절름발이 콤플렉스에 시달리는 자존감 낮은 아이에 불과했다.

그런데 이때쯤 우리 집에는 절대빈곤으로부터 벗어날 기미가 보이기 시작했다. 두 가지였다. 첫째는 아버지가 마음을 다잡고 가족에 대한 책임을 다하기로 결심하고 앉은뱅이 할머니 등의 도움으로 경운기와 탈곡기를 우리 마을 최초로 구입했던 것이다. 아버지는 온종일 들판을 누비며 남의 땅을 갈거나 추수 때면 남의 곡식을 탈곡해서 돈을 벌었다. 그때는 이들 농기계가 희소했기 때문에 아버지는 몇 년에 걸쳐 돈을 꽤 모을 수 있었고, 그 덕분에 우리 형제들은 중학교에 갈 수 있게 되었다.

사실, 이것은 몇 년 전만 해도 꿈도 꾸지 못할 엄청난 변화였다. 이로써 나의 어머니는 자식들을 중학교에 보내고야 말겠다는 오랜 꿈을 이루게 되었다. 초등학교도 다니지 못했던 자신의 한을 풀었다고 생각해서인지, 어머니는 자식들을 중학교에 보낼 수 있게 되었다는 사실에 감격해서 울었다.

둘째는 우리 동네에 위치한 울산대학교가 발전하고 주변지역의 개발이 차츰 진행되면서 우리 동네 사람들이 개발 이익을 누릴 수 있게 된 것이었다. 우리 집은 땅이 별로 없었지만, 개발 덕분에 땅을 가지고 있던 나의 친구들 집은 꽤 많은 돈을 굴릴 수 있게 되었다.

초등학교 6학년을 마치고 졸업할 때가 다가왔다. 이때 나의 성적은 최상위 그룹에 속해 있었다. 하지만 졸업생 수가 120여 명에 불과한 시골 초등학교에서 좋은 성적이란 것이 시내 아이들의 실력에 비하면 아무것도 아닐 것이었다. 어쨌든 나는 곧 중학교에 들어갈 예정이었고, 그때는 중학교 배정을 위해 모두가 뺑뺑이를 돌렸다. 그런데 나의 경우에는 뺑뺑이 돌리는 것 없이 미리 중학교가 배정되어 있었다. 담임선생님이 내게 이렇게 말했다.

"너는 제일중학교에 배정되었는데, 네가 장애인이기 때문이다."

담임선생님의 이 말이 내겐 상처가 되고 말았다. 나는 그때 장애인들은 온통 제일중학교에 다 모여서 공부를 하게 되나 보다, 이렇게 생각했다. 그리고 순간적으로 내가 장애인이라는 데 대한 자격지심과 함께 어디론가 숨어버리고 싶을 만큼의 자존감 저하를 경험했다. 물론, 나는 이것이 지체장애인인 나를 위한 교육당국의 배려라는 것을 나중에야 알게 되었다. 그때까지만 해도 나는 이렇게 형편없이 심약하고 내성적이며 자존감이 낮았다.

중학교에 가서도 이 절름발이 콤플렉스는 끊임없이 나를 괴롭혔다. 이랬으니, 어린 날의 내 인생이 행복할 리 있었겠는가. 행복하지 않았다. 절름발이 콤플렉스에다 성격이 소심하고 낯을 가리던 나는 어디를 가나 상처를 받기 십상이었다. 그리고 이걸 스스로 치유하느라 전전긍긍하며 세월을 보냈다. 그나마 내게 산과 들판은 가장 훌륭한 치유의 공간이자 소심한 성격 속에 작지만 그래도 호연지기가 자라날 수 있도록 도와준 나의 진정한 벗이었다. 이것이 내겐 얼마나 큰 위안이었는지 모른다.

첫 번째 꿈이 실현되기 어려웠던 이유

그런데 중학교는 내게 큰 시련이었다. 영어나 수학과 함께 음악, 미술, 체육 등의 교과목도 전부 100점이 만점이었다. 모든 과목의 배점이 동일했다. 나는 운동장에서 하는 체육 수업에 참여할 수 없었으므로 거의 기본점수를 받았다. 음악과 미술에는 워낙 재능이 없어서 이들 과목도 꼴찌 수준이었다. 그러니 내 입장에서 성적이 잘 나오기는 어려운 구조였다. 가장 힘든 것은 역시 체육 수업이었다. 나는 마치 죄 지은 사람처럼 운동장 한쪽에 쪼그리고 앉아 수업이 끝나길 기다려야 했다. 더러는 빈 교실을 지켰다. 이럴 때마다 절름발이 콤플렉스가 나를 괴롭혔다.

자존감이 낮아진 가운데, 중학교의 한 학기를 이렇게 마쳤다. 얼마 후 1학년 1학기의 성적이 나왔다. 그런데 내가 반에서 60명 중 10등 안에 들었던 모양이었다. 담임선생님은 10등 안에 든 학생들에 대해서는 가정방

문을 한다면서 격려를 했는데, 나를 바라보며 다소 의외라는 듯 칭찬해주었다. 사실, 나 스스로도 의외라고 여겼다. 시내 아이들도 뭐 그리 대단한 게 아니라는 생각이 들면서 그때 나의 자존감도 올라갔다. 나의 존재감을 안팎으로 인정받는 느낌이었다. 좋았다. 이렇게 존재감을 인정받고 자존감이 높아지는 것이 행복이라면, 나는 행복하게 살고 싶었다.

중학교 1학년 2학기의 어느 날, 어떤 선생님이 수업시간에 우리들에게 꿈이 무엇이냐고 물었다. 나는 대답하지 못했다. 사실, 나는 꿈이란 게 뭔지도 몰랐다. 그땐 넉넉하지 못한 생활환경에다 절름발이 콤플렉스까지 있었기 때문에 워낙 자존감이 낮았던지라 그런 것을 생각할 줄도 몰랐다. 그런데 이후에는 나도 틈나는 대로 꿈에 대해 생각하게 되었다. 그리고 중학교 2학년 봄이 되었을 때, 나는 내 꿈이 자작농이라고 자신 있게 말할 수 있게 되었다. 그것도 '시를 쓰는 농민'이 내 꿈이었다.

아마도 이 꿈은 땅의 소중함을 아는 소작농의 아들로 자라왔고 협소한 시야와 낮은 자존감에 더해 소심하고 낯을 가리던 내가 자연스럽게 도달했던 지점이었을 것이다. 그때 나는 이 소박한 꿈의 발견을 얼마나 즐거워했는지 모른다. 낭만적인 미래를 생각하면 더러는 흥분되기도 했다. 그런데 이 꿈은 얼마 지나지 않아 실현되기 어려운 것으로 드러났다.

중학교 2학년 때부터 오른쪽 다리의 통증이 자주 나타났고 통증의 강도도 점차 심해졌다. 오른쪽 다리의 흉터 자국으로 얼룩진 무릎의 위쪽은 성장판이 망가져서 성장을 할 수 없었지만, 무릎의 아래쪽은 정상적으로 길이 성장을 했다. 그래서 오른쪽 무릎에 변형이 생기면서 심하게 통증이 찾아왔던 것이다.

그때는 한참 성장할 시기라서 왼쪽 다리와 오른쪽 다리의 길이 차이는 갈수록 심해졌다. 결국 다리를 더 많이 절게 되었다. 어떤 날은 걷기도 어려웠을 뿐만 아니라 심한 고통 때문에 밤새 아픈 무릎을 부둥켜안고 울다가 잠들기도 했다. 그러다가 시간이 지나면 통증도 줄어드는 식의 패턴이 반복되었다.

소작농의 아들로 태어나서 자작농으로 살고 싶다는 나의 소박한 꿈은 애초부터 이루어질 수 없는 것이었다. 나는 후천적으로 농사를 짓기에 적합하지 않은 신체 구조를 가지게 되었기 때문이다. 상황이 이렇게 전개되면서 나의 절름발이 콤플렉스는 더 심해졌고, 나아질 기미가 없었다.

나는 '짝다리퍼스'가 맞다

그러던 어느 날이었다. 기술과목 수업 시간이었을 것이다. 그날 담당선생님은 원을 그리기 위해 사용하는 기구인 컴퍼스에 대해 강의했다. 컴퍼스의 종류와 함께 짝다리퍼스에 대해 설명했다. 짝다리퍼스는 두 다리 중의 하나가 짧은 컴퍼스라면서 그것의 용도를 소상하게 설명했다.

그 순간 나는 저것이 나를 가리키는구나, 이런 생각이 들었다. 아니나 다를까, 나는 그날부터 한동안 친구들로부터 짝다리퍼스라는 놀림을 받았다. 이런 날이면, 거의 언제나 나는 우리 집 앞의 들판을 가로질러 산으로 갔다. 역시 대자연은 나를 치유하고 보듬어주며 낮아진 나의 자존감을 회복시켜주는 신비의 묘약을 선사했다.

나는 우리 집 앞산에서 혼자 중얼거리다가 더러는 입 밖으로 토해내듯 말했다. "그래, 나는 짝다리퍼스가 맞다." 그러면 나의 절름발이 콤플렉스가 목구멍으로 솟구쳐 튀어나오면서 그 순간 속이 다소 후련해지기도 했다. 이렇게 나의 중학교 시절은 지나갔다.

그 시기는 절름발이 콤플렉스와 낯을 가리는 소심한 성격으로 인해 낮아진 나의 자존감을 높이고 지켜내려는 긴 투쟁의 과정이었다. 더불어 대자연 속에서 상처받은 자존감을 부둥켜안고, 스스로를 달래며 위로하던 행복 추구의 긴 여정이기도 했다는 생각이 든다.

돌이켜 생각해보면, 내가 살았던 시골의 대자연은 나의 상처받은 자존감을 치유해주고 나의 영혼을 선량하게 지켜준 너무나 소중한 존재였다. 어린 시절의 나를 지켜준 두 가지의 존재를 고르라면, 나는 주저 없이 우리 집 앞산을 포함한 시골의 대자연과 나의 어머니를 들 것이다. 실제로 그랬다. 《동아일보》는 나를 2011년과 2013년 두 차례에 걸쳐 '10년 뒤 한국을 빛낼 100인'에 선정하면서, '가장 도움이 되었던 교육'과 '절망에 빠졌을 때의 버팀목'이 무엇인지 쓰도록 요청했다. 나는 다음과 같이 썼다.

"자연 속에서 산과 들을 오가며 마음껏 뛰어놀며 자랐다. 그것이 나의 힘이기도 하다. 또, 시골에서 온종일 일만 하던 어머니의 근면, 성실, 그리고 나에 대한 믿음이다. 성실하고 정직하며 더불어 살아가는 품성을 자녀들에게 가르치는 것, 모범을 보이는 것이 가장 중요하다."

"어려움에 처하면, 가끔 내가 자랐던 고향의 숲과 들판을 머릿속에

떠올린다. 그리고는 모든 사심을 내려놓고, 다시 마음을 굳게 다잡기도 한다."

둘

민주주의에
인생을 걸고 싶다

의과대학 운동권 학생으로서 고난의 길을 자처했던 본과 시절의 나는 스스로가 행복할 뿐만 아니라 의미 있고 올바른 길로 가고 있다는 확신에 가득 차 있었다. 나는 그때 우리 사회의 민주주의를 진전시키는 데 내가 할 수 있는 일은 무엇이든지 하겠다는 각오를 하고 있었다. 그렇게 하다 보면 의과내학을 졸업하지 못힐 수도 있다는 생각을 늘 하고 다녔을 정도였다. 그리고 그런 결단이 순간이 오면 실제로 그렇게 할 생각이었다.

I have carried fall pigs over winter on old clover sod without ringing, with practically no rooting, but an effort was made to meet all the wants of their system by feeding a variety and keeping before them at all times wood ashes and salt. While this will work on old clover sod it will probably fail on old Timothy and Blue-grass sod. Worms and insects are too abundant in these latter to be passed without notice. In my Blue-grass permanent pasture there are a good many spots that the hogs turned after the rains softened the ground, and they were too heavy to farrow to take the risk that would be incurred in ringing them. These are unsightly spots in a green sward, but before the grass grew some time was taken with a fork, and pressure of the foot to put these turned sods in place with the result that in a short time many of them will be unfound a damp soft spot under the droppings of some animal where they could get a nose-hold to start the sod with. Still, had these strong sows been carefully ringed in dry weather when there was no need of it there would have been no sod turning in wet soft weather. Many men who practice ringing their hogs, big and little, so assiduously all times in the year would make much more money if they would as industriously go to work to tile-drain their land. The wet places in the fields are the first to be rooted, and if in a permanent pasture and the hogs are not always ringed, these spots will be without grass. On this farm the rooting of the fields was very materially reduced by tile drainage. In the permanent pasture there used to be a spot that was so soft oftentimes that it was difficult to ring the hogs so well that they would not root it. Now it is completely covered with a close Blue-grass sod.

When it is necessary that the hogs be ringed it should be done in the most humane way possible. I do not care how carefully it is done there is sure to be a great deal of noise connected with the operation. After they are once ringed they are very careful about being caught in such a trap again, and become very expert in dodging a slip noose on a rope. This is the best way that I know to catch them; slip the noose over the upper jaw and get it back of the

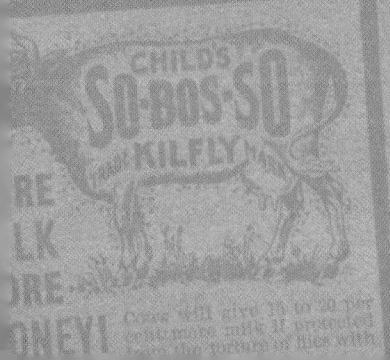

내가 교련 수업에 참가한 이유

중학교 2학년 때 잠시 가졌던 자작농의 꿈을 잃어버린 후 나에게는 한동안 꿈이란 것이 없었다. 그냥 꾸역꾸역 살면서 절름발이 콤플렉스를 자극하는 체육 수업시간이 있고 짝다리퍼스라고 놀림을 당하던 중학교 학창시절이 빨리 지나가기만을 고대했다. 그리고 고등학교를 다니는 동안에도 절름발이 콤플렉스는 여전히 나를 힘들게 했다. 하지만 중학교 때에 비해서는 상황이 많이 좋아졌다. 우선, 고등학교는 성적을 매기는 체계가 중학교와는 달랐다. 가령, 국어, 영어, 수학 같은 비중이 큰 과목에는 4학점이나 5학점이 배정되었다. 반면에 체육이나 예능과목은 1학점인데, 그나마 학년이 올라가면서 수업 자체가 없어졌다.

내 입장에서는 중학교 때에 비해 성적을 올리기에는 좋은 조건이 형성된 것이다. 게다가 군사훈련 과목인 교련이나 체육의 담당선생님은 실기시험이 아니라 이론수업으로 필기시험을 보았고, 이것으로 성적을 산출했다. 나는 얼마나 고마웠는지 모른다. 이런 필기시험은 내가 절름발이 콤플렉스를 느끼지 않도록 해 주었고, 시험공부만 열심히 하면 되었기 때문에 이들 과목에서 나는 언제나 최상위 등급을 받았다. 중학교 때와는 상황이 완전히 달라진 것이다. 결국, 나는 고등학교에 입학하여 1학년 1학기부터 우리 학교에서 공부를 아주 잘 하는 학생이 되었고, 3년 내내 전교에서 몇 손가락 안에 들었다.

그런데 지금도 궁금한 것이 하나 있다. 고등학생 군사훈련 과목이던 '교련' 담당선생님에 관한 것이다. 나는 고등학교에 입학해서도 절름발이 콤플렉스로 인해 자존감이 낮았고, 낯을 가리는 소심한 학생이었다. 그리고 입학하자마자 나의 콤플렉스를 건드리는 일이 기다리고 있었다. 우리는 모두 학교가 정한 교복 이외에 체육복과 교련복을 준비해야 했다. 그런데 이것은 내겐 엄청 스트레스였다. 두 가지 이유에서 그랬다. 하나는 오른쪽 다리의 길이가 짧은 내가 몸에 적합한 옷을 고르는 데 따른 어려움이었고, 다른 하나는 수업에 참여할 수 없음에도 교련복과 체육복을 구입해야 한다는 데 따른 곤란이었다.

지금의 나 같았으면, 당연히 학교 당국을 찾아가서 나는 지체장애인이므로 체육과 교련 과목의 실기수업에 참여할 수 없다는 사정을 이야기하고 공식적으로 허락을 받아냈을 것이다. 그리고 체육복과 교련복도 구입하지 않았을 것이다. 하지만 그때 나는 그렇게 하지 못했다. 콤플렉스와 낯을 가리는 소심함 때문이었다. 결국 나는 다른 친구들처럼 교련 수업에 참가했다.

입학하자마자 학기 초부터 시작된 기본적인 제식훈련을 받았다. 차렷 등의 자세로 수십 분씩 서 있었고, 우로 돌고, 좌로 도는 등의 각종 훈련을 받았다. 그때 나의 두 다리는 길이 차이가 꽤 많이 났기 때문에 다리의 통증뿐만 아니라 몸의 불균형으로 인해 허리도 몹시 아팠다. 그럼에도 끝까지 참아냈다. 오히려 나의 이런 초라하고 볼품없는 모습을 친구들이나 교련 선생님이 비웃을까 봐 그것이 더 걱정되기도 했다. 그러던 어느 날, 같은 반 친구 하나가 "선생님께 말씀 드리고 교련 수업에서 빠지는 것이 어떻겠냐?"고 내게 조언을 해주었다. 내가 하도 딱해 보여서 그랬을 것이다. 그런데 나는 계속했다.

지금 생각해보면, 아마도 다음의 두 가지 이유 때문이었을 것이다. 하나는 절름발이 콤플렉스와 관련된 것이고, 다른 하나는 낯을 가리는 소심한 성격 때문에 선생님에게 이런 말을 하는 것이 싫었기 때문일 것이다. 그런데 지금 내가 궁금한 것은 왜 교련 선생님은 한눈에도 쉽게 알아볼 수 있었던 지체장애인인 나를 그때 만류하지 않고 계속 재식훈련을 받도록 했는지, 그 이유이다. 그렇게 한 달 넘게 지나고서야 교련 선생님은 내게 다가와서 교련 수업시간에 훈련을 받지 말고 운동장 계단에 앉아서 관람하라고 지시했다. 이렇게 해서 나의 재식훈련은 마무리되었다.

이타적 방식에서 행복의 길을 모색하다

나는 고등학교에서 우수한 성적으로 1학년을 마쳤다. 그리고 2학년은 문과와 이과로 나뉘기 때문에 둘 중의 하나를 선택해야 했다. 나는 학교생활에 대해서는 집에서 누구와도 이야기를 나누지 않았다. 정확하게 표현하자면, 이야기를 나눌 상대가 없었다. 우리 집 식구들 중 누구도 공부에 신경을 쓰지 않았기 때문에 결국 공부를 하고 말고는 완전하게 나의 자유였다.

그런데 나는 문과와 이과의 선택을 앞두고 어머니에게 내가 장차 무엇을 했으면 좋겠는지를 슬그머니 물어보았다. 어머니는 다음과 같이 말했다. "편안하게 카운터에 앉아서 돈을 잘 벌 수 있는 약사가 좋겠다." 이때 내가 아픈 사람을 돌봐주는 일이라면 약사보다는 의사가 더 낫지 않겠느냐고 말했더니, 어머니는 나의 신체적 조건을 거론하며 약사가 더 좋겠다고 했다.

의사든 약사든 어차피 이과니까, 선택은 아주 쉬웠다. 그래서 나는 2학년 때 별 고민 없이 이과로 갔다. 하지만 그때까지 여전히 꿈이 없었다. 하고 싶은 것이 뭔지도 몰랐다. 2학년이 되니까, 국어와 영어, 수학 등을 중심으로 교과가 운영되었다. 덕분에 교련이나 체육 수업으로 인해 절름발이 콤플렉스가 자극되는 일도 없었다. 이제 나의 고민은 '내가 무엇을 하고 싶은지', '무엇을 해야 하는지', 나의 꿈과 진로에 관한 것으로 모아졌다. 하지만 성과가 없었다. 그렇게 나의 고등학교 2학년이 지나갔다.

고등학교 3학년으로 진급할 때가 되자 좀 초조해졌다. 나는 스스로에게 물었다. "무엇을 하고 싶지?" 하지만 나는 무엇을 좋아하는지, 어떤 진로를 선택해야 할지 갈피를 잡을 수 없었다. 그런데 한 가지는 확실했다. 나는 내가 가진 것을 누구에게 나눠주거나 남을 도와줄 때 가장 행복했다는 사실이었다. 예를 들어, 친구들이 영어든 수학이든 좀 알려달라고 내게 요청하면, 나는 언제나 최선을 다해 내가 아는 것을 자상하게 가르쳐

주었다.

　사실대로 말하자면, 공부 못하는 친구의 초보적인 질문에 대해 많은 시간을 들여서 반복적으로 가르쳐주는 것은 내게 시간의 손실임에 틀림없다. 하지만 나는 이것이 좋았다. 이에 대해서는 두 가지의 이유가 있을 것 같다. 하나는 도움을 필요로 하는 사람을 돕는다는 것 자체가 즐거웠다. 이건 내가 이타적 성향을 많이 가지고 있다는 것과 밀접하게 관련되어 있다. 다른 하나는 절름발이 콤플렉스로 인해 낮아진 나의 자존감이 높아진다는 것이다.

　내가 누군가에게 필요한 존재라는 사실을 확인했을 때, 그리고 나의 도움을 받은 사람이 행복해하면서 나를 인정하거나 좋아해줄 때, 나는 제대로 된 자존감을 가진 하나의 사회적 인간으로 바로 설 수 있었다. 나는 이때 이타주의도 내가 행복해질 수 있는 하나의 길이 된다는 생각을 하게 되었다. 나는 우리가 살아가는 이 세상에 도움이 되는 삶을 살고 싶었던 것이다.

　그런데 문제는 그것이 무엇인지를 알아내기가 쉽지 않았다는 것이다. 그때 세상에 유익한 삶이란 게 무엇인지 알아내려는 노력을 하지 않았던 것은 아니었다. 고등학교 2학년 2학기 때의 어느 날이었다. 독실한 기독교도인 한 친구가 교회에서 답을 찾을 수 있을 것이라고 했다. 그래서 나는 그 친구와 교회에도 몇 번 나간 적이 있다. 하지만 나는 답을 찾지 못했다.

　그리고 고등학교 3학년 1학기가 시작되었다. 갑자기 문학이나 철학 같은 인문학이 세상 사람들에게 도움이 될 수 있을 것이라는 생각이 들었다. 장차 내가 유능한 인문학자가 된다면 좋은 말과 글로써 수많은 사람에게 긍정적인 영향을 미칠 수 있고, 세상을 바꿀 수도 있을 것이라는 생각이 들었다. 너무나 강렬하게 그렇게 하고 싶다는 어떤 느낌이 나를 감싸 안았다. 그때쯤 이미 나는 내성적이고 낯을 가리는 소심한 성격을 많이 극복하고 있었고, 결단하면 과감하게 행동으로 옮길 만큼 과거에 비해 자존감도 크게 높아져 있었다.

결국, 나는 이런 생각을 행동으로 옮기기로 결심했다. 고등학교 2학년 때 이과를 선택했던 내가 고등학교 3학년 1학기가 꽤 지난 다음에 문과로 방향을 틀었다. 그리고 그해 학력고사를 보았고, 나는 고등학교 졸업과 함께 1982년 3월 연세대학교 철학과에 입학했다. 아버지가 철학과 가는 것을 반대했지만, 나는 대학으로부터 장학금을 받았기 때문에 등록금 부담이 없어서 서울행을 강행할 수 있었다.

내성적이고 소심한 촌놈

이렇게 해서 한 번도 울산 주변을 벗어나 본 적이 없던 촌놈이 서울에 입성했다. 하지만 나의 서울 생활은 성공하지 못했다. 얼마 전 한 케이블 방송에서 큰 인기를 얻었던 '응답하라 1994'를 본 적이 있다. 이 드라마의 첫 회에서 연세대학교에 입학한 경상도 촌놈 삼천포가 서울고속버스 터미널에 도착해서 지하철을 갈아타고 어렵게 신촌 지하철역에 도착한 후에도 하숙집을 찾지 못하여 애를 먹는 장면이 나온다. 결국에는 신촌 지하철역에서 하숙집 가는 길목에 위치한 독수리 다방으로 가자면서 택시를 탔는데, 운전사가 서울 시내를 한 바퀴 돌아서 다시 신촌에 오고는 택시요금을 받아서 가버렸다.

나는 이 장면을 보면서 삼천포에서 올라온 이 친구도 촌놈이라서 대학생활에 적응하기가 어려울 것이라는 생각이 들었다. 그래서 이 드라마를 계속 지켜보았는데, 다행히도 삼천포 촌놈은 연세대학교를 무사히 잘 졸업했다. 하지만 나는 그렇게 하지 못했다.

1982년 2월, 나도 연세대학교 입학을 앞두고 울산에서 고속버스를 타고 상경했다. 당시에는 신촌 가는 지하철이 없었기 때문에 버스를 타든지 택시를 타야 했다. 나는 짐도 좀 있고 해서 택시를 탔다. 그런데 잘못 탔다. 손님을 호객하던 택시를 낯선 손님 몇 명과 함께 탔는데, 택시가 이상한 방향으로 갔다. 같은 방향이므로 합승한 손님을 순서대로 내려주고 간다는 것이 택시 기사의 말이었다. 그런데 이 택시는 강남지역을 빙글빙글 돌면서 손님을 한 명씩 내려 주더니, 나를 강 건너 옥수역 근처에 내려놓고는 고압적으로 과도한 요금을 받아서 가버렸다.

나는 그때 뭐 이런 세상이 다 있나 싶었다. 힘없고 소심한 촌놈은 이렇게 한심하게 봉변을 당한 후 버스노선을 수소문해서 어렵게 버스를 타고 신촌에 도착했다. 나의 첫 서울 생활은 이렇게 불길하게 시작되었다. 마침내 학교가 개강했다. 나는 모든 것이 새로웠고 적응이 잘 되지 않았다. 교양영어 수업시간에는 세련되게 영어교과서를 읽는 같은 반 학생들을 보고 놀랐다. 나는 영어의 문법을 따지고 해석하는 능력은 좀 있었지만 소리 내어 읽는 것은 거의 해본 적이 없었다.

그때 나는 자꾸 위축되는 느낌을 받았다. 나의 내성적이고 소심한 성격이 모습을 드러내기 시작했다. 그런데 문제는 체육시간이었다. 구기 종목을 해야 하므로 체육관에 가야 했다. 나는 수업 장소인 체육관을 찾지 못했다. 그래서 첫 번째 체육 수업을 빼먹었다. 어쩌면 가기 싫어서 제대로 찾지 않았는지도 모르겠다. 나의 절름발이 콤플렉스가 다시 작동했다. 회피하고 싶었다.

그래서 학교에 가는 것 대신에 고향 친구들과 술을 마시는 것을 선택하거나 많은 경우 서울의 길거리를 혼자서 방황했다. 지금 생각해보면, 그때가 마치 내겐 뒤늦게 찾아온 사춘기 같았다. 나는 서울생활에 적응하지 못했고, 나의 콤플렉스 때문에 제대로 도전해보지도 않은 채 실패를 선택했던 셈이다. 그리고 초여름이 막 시작될 때쯤, 나는 울산으로 내려와 버렸다. 그리고 얼마 후, 2학기 등록을 하라고 연세대학교에서 등록금 고지서가 날아왔다. 나는 등록하지 않았고, 미등록으로 제적되었다.

긴 방황의 세월, "나는 무엇을 하고 싶지?"

울산으로 내려온 후, 나는 친구들과 어울려 다니며 술을 많이 먹었던 것 같다. 뒤늦은 사춘기 같았던 이런 방황은 찬 기운이 살짝 느껴지던 그해 가을이 되어서야 다소 진정이 되었다. 나는 정신이 번쩍 들었다. 다시 대학에 가야겠다고 생각하고, 울산에서 학원도 알아보고 서둘러 입시공부를 다시 시작했다. 그런데 이미 많이 늦어버렸다. 가장 큰 문제는 체력장이었다. 그때는 학력고사 총점이 340점이었고, 이 중에서 20점이 체력장 점수였다.

나는 지체장애인이라서 체력장을 할 수 없었기 때문에 관할 교육청에 직접 가서 지체장애인 관련 체력장 점수 산정 신청을 해야 했다. 그렇게 하면, 기본점수 15점에 내가 얻은 학력고사 점수에 비례한 점수를 가산해서 체력장 점수를 받도록 되어 있었다. 이렇게 했을 때, 나의 경우에는 최소한 19점 이상의 체력장 점수를 받을 수 있었다. 그런데 불행하게도 나는 그때 이런 절차를 밟을 시기를 놓쳐버렸다. 늦었던 것이다.

지금 생각해도 참 어이없는 일이 아닐 수 없다. 나의 경쟁자들 대부분은 체력장 점수로 20점을 받는 데 비해, 나는 기본점수인 15점만 받았으니, 이건 완전히 불공정한 경쟁임에 틀림이 없다. 다시 말하자면, 나는 경쟁자들에 비해 5점을 접고 경쟁에 참가하는 것인데, 이래서는 좋은 대학에 가기가 어려울 것이었다. 그런데 뒤늦게 얼렁뚱땅 한 공부치고는 학력고사 성적이 그런대로 나왔다.

나는 서울대학교 사회과학대학의 한 학과에 응시했고 낙방했다. 나는 합격선 바로 아래에 있었고, 합격자와의 점수 차이는 1점도 되지 않았다. 나는 절름발이 콤플렉스를 끊임없이 자극했던 체육교과목과 체력장이라는 입시제도만 아니었다면, 그도 아니면 최소한 내가 좀 더 일찍 정신을 차려서 늦지 않게 지체장애인 체력장 점수 산정 신청만 했더라도, 나는 1983년 서울대학교에 입학했을 것이다.

이후에도 한동안 나는 힘든 시간을 보내야 했고, 몸도 마음도 피폐해졌다. 다시 학력고사 시험을 보았지만 성적은 기대에 크게 못 미쳤다. 나는 모든 것을 포기하고 있었다. 그런데 한 선배가 전화를 했다. 자기와 함께 의대에 원서를 내자고 권유했다. 나는 처음에는 시큰둥하게 생각했으나 다른 방법이 없었다. 그래서 못 이기는 듯이 그 선배의 권유대로 원서를 냈고, 나는 1984년 3월 경희대학교 의과대학에 입학했다. 그것도 이번에는 등록금을 내고 입학했다. 돈도 아깝고 한심하다는 생각도 들었다.

하지만 나는 이번만큼은 마음을 다잡고 제대로 적응하고 싶었다. 다른 뾰쪽한 수가 없었던 데다, 심신이 지쳐 있었기 때문이었다. 그런데 그것이 뜻대로 잘 되지 않았다. 의예과 1학년 1학기가 시작되고 2주일쯤 지났을 때였다. 나는 학교를 다니는 것이 싫어졌다. 그만두고 싶다는 생각이 거세게 밀려왔다. 나는 의과대학 학과장실을 찾아가서 자퇴서를 내고 나왔다. 그리곤 울산으로 내려가 버렸다.

한 달 좀 넘게 지나서 중간고사 기간이 끝나갈 무렵의 어느 날이었다. 경희대학교 의과대학에서 우리 집으로 전화가 왔다. "사람의 인생은 모르는 것이니 자퇴서 대신 이미 등록금도 냈으니 휴학계를 내라." 이것이 의대 학과장의 제안이자 조언이었다. 나는 즉시 서울로 올라가서 휴학계를 냈다. 이렇게 또 1년을 보냈고, 나는 1985년 봄에 복학했다.

하고 싶은 것을 찾다

이번에는 열심히 학교를 잘 다니겠다고 스스로에게 다짐을 했다. 그리고 친구들도 열심히 사귀고 대학생활에 잘 적응하기 위해 나름의 노력을 다했다. 이번에도 어김없이 체육시간이 찾아왔다. 절름발이 콤플렉스가 스멀스멀 기어 나오기 시작했다. 테니스와 골프 등의 수업을 했는데, 나는 테니스는 못한다고 양해를 구했다. 골프는 나름대로 열심히 하는 흉내를 냈다. 그랬더니 B와 C 등의 중간 이하 학점을 주었다. 나는 연세대학교 때보다는 훨씬 안정감이 생긴 것 같았고, 비교적 잘 적응했다. 이렇게 해서 의과대학에서 예과 1년 반 정도를 별 탈 없이 잘 보냈다.

그런데 나는 그때도 인생이 별로 즐겁지 않았다. 학교생활에 잘 적응해도 별로 행복하지 않으니 그것이 문제였다. 그냥 의과대학을 별 탈 없이 잘 다니고 있을 뿐이었다. 그때까지도 내가 무엇을 하고 싶은지, 어떤 인생을 어떻게 살고 싶은지 잘 몰랐다. 찾지 못했다. 그저 의과대학에 왔으니 의사가 되어 주어진 소명을 다하면 된다는 다분히 도식적인 생각뿐이었다. 꿈과 관련하여 피부에 와 닿는 어떤 기대나 열망 같은 것이 없었다. 그렇게 지내던 예과 2학년 여름의 어느 날이었다. 우연히 친구와 함께 공해문제연구소가 교내에서 연 사진전을 보러 갔다.

나는 큰 충격을 받았다. 인간이 만들어낸 산업화의 공해가 죄 없는 사람들을 그렇게 처참하게 병들게 했던 것이다. 환자와 환부를 찍은 사진들은 너무나 끔찍했다. 그 사진들은 내 고향 울산에 속해 있는 온산공단의 공해문제를 고발하고 있었다. 나는 이 문제를 심각하게 생각했다. 의사가 아무리 환자를 잘 치료해주더라도 이런 식으로 산업화의 공해가 환자를 양산해낸다면, 이러한 체제에서 의사의 의미는 도대체 무엇인지 의문을 품게 되었다. 나는 이렇게 해서 서서히 운동권 학생이 되어갔다.

예과 2학년 2학기가 되자 학과수업이 과중해졌다. 그럼에도 불구하고 나는 선배들이 일러주는 대로 사회과학 책을 읽고 소책자와 복사물을 읽었다. 열심히 발표하고 토론했다. 나는 선배와 동료들에게 나의 존재감을 일찌감치 인정받기에 충분할 정도로 성실했다. 그때 무기력과 소심함은 어느 듯 나의 내면으로부터 자취를 감춰버린 것 같았다. 그때 나의 모습을 지켜본 한 선배는 다음과 같은 평가를 했다.

"너는 마치 사막의 바짝 마른 모래가 물을 흡수하듯이 민주주의와 진보에 대한 사회과학적 논리를 빨아들였다. 나는 너 같은 경우를 별로 본 적이 없어서 다소 의아하게 생각했다."

사실, 그때 내 인생은 기대와 열망으로 차오르기 시작했다. 나는 내가 하고 싶은 것을 찾았기 때문이었다. 내가 고등학교 3학년 1학기 때 찾아냈고 그래서 나를 기대에 부풀게 했던 바로 그 꿈, 즉 "장차 내가 유능한 인문학자가 된다면 좋은 말과 글로써 수많은 사람에게 긍정적인 영향을 미칠 수 있고, 세상을 좋은 방향으로 바꿀 수도 있을 것"이라던 그 꿈의 실체를 마침내 찾아낸 것이다.

나는 우리 사회의 민주주의와 진보적 발전에 기여하고 싶었다. 그리고 불의로 가득 찬 이 세상을 바꾸고 싶었다. 그것은 내가 이타주의를 실천하는 가장 좋은 방법이었다. 더불어, 내가 진정으로 행복해질 수 있는 더 나은 삶의 길이었다.

시험 때는 의대생으로 돌아왔다

1987년 봄, 본과 1학년으로 진급하니 교과과정이 무척 힘들었다. 나는 의대에서 신입생을 포함한 똘똘한 후배들을 발굴하여 운동권 학생으로 만드는 일에 시간을 많이 써야 했다. 무엇보다 인체해부학을 포함한 본과 1학년의 교과과정은 그 자체로 부담이 매우 컸다. 그리고 그해 여름에는 설상가상으로 6월 민주항쟁이 일어났다. 이것은 1987년 6월 우리나라에서 전국적으로 일어났던 민주화 시위를 말하는데, 나는 이 시위에 의예과 학생인 의대 후배들과 함께 열심히 참가했다.

6월 10일, 이 날도 나는 의과대학 건물 지하의 인체해부학 실습실을 실습수업 도중에 몰래 빠져나와 후배들과 함께 명동으로 갔다. 그때 명동은 서울 시내에서 민주화 시위의 중심지였다. 불운하게도, 나는 그날 명동 시위에서 진압 경찰에게 붙잡혀 많이 얻어맞았다. 그리고는 남대문경찰서로 끌려가는데, 그 경찰이 내가 지체장애인이라는 것을 알아보고는 불쌍했는지 조심하라고 하면서 풀어주었다. 다행이다 싶었지만 새삼 내 처지가 슬펐다.

나는 최루탄을 뒤집어쓴 채 하숙집에 돌아와서 잠이 들었다. 그날은 얻어맞은 것 때문인지 몸이 안 좋아서 온종일 잠만 잤다. 그리고 다음날 오후 학교에 갔더니, 평소 조용했던 의대 학생들 2백여 명이 의대 건물 앞에 모여 출정가를 부르고 있었다. 의대학생회의 한 간부가 학교에 나타난 나를 보고는 이렇게 말했다.

"네가 잡혀간 것을 보고 의대 학우들이 흥분해서 학내에서 벌어지는 민주화 시위에 합류하려고 지금 출정식을 하고 있다."

나는 좀 당황하기도 했지만, 이런 것이 바로 민주주의를 바라는 우리 시대 청년들의 열망이라고 생각했다. 이후 나는 더욱 열심히 학생운동에 참여했고 후배들의 모범이 되고자 언제나 최선을 다했다. 후배들은 나를 믿고 따랐고, 투쟁에 나설 때 우리들은 언제나 열심히 싸웠다. 나는 그런 후배들이 자랑스러웠다. 우리는 이렇게 의과대학 학생운동의 새로운 장을 열고 있었다.

그런데 문제는 내가 의과대학에 다니고 있다는 사실이었다. 의대 공부는 수업뿐만 아니라 공부해야 할 분량도 매우 많다. 그래서 학생운동에 뛰어든 의대생들은 거의 대부분이 유급을 반복하기 일쑤였다. 나의 선배들도 거의 예외 없이 그랬고, 나의 후배들도 대체로 그랬다. 그런데 나는 의대 6년 동안 한 번도 유급을 당한 적이 없다. 운이 좋았다고 볼 수도 있겠지만, 사실 나는 시험 때마다 최선을 다했다.

그때 나는 두 사람의 인생을 산 것이나 진배가 없었다. 하나는 의대생이었고, 다른 하나는 학생운동 활동가였다. 낮에는 의과대학 수업에 잠시 들렀다가 다시 빠져나와 투쟁을 준비하거나 학생회나 동아리 방에서 회의를 해야 했다. 그리고 밤에는 후배들에게 운동권의 진보적 논리와 과제를 가르치고 이들을 조직하는 일을 해야 했다. 결국 평소에는 거의 의과대학의 학과 공부를 하기가 어려웠다. 이럴 때는 나의 정체성이 의대생이라기보다는 활동가에 가까웠다. 그러다가 중간고사나 기말고사 때가 되면 의대생으로 돌아왔다. 시험기간 때면 공부하는 것 말고는 할 일이 없었기 때문이다.

의과대학에서 대중운동으로서의 학생운동을 지휘하고 있던 나로서는 대중들이 모두 시험공부에 몰입하는 때면 딱히 할 일이 마땅치 않았다. 이때 우리 학생운동 활동가들에게는 두 가지의 선택지가 있었다. 하나는 활동에도 공부에도 집중하지 못한 채 불안하고 엉거주춤하게 시험기간을 보내는 것이고, 다른 하나는 일반 학우들처럼 도서관에 박혀서 죽도록 공부하는 것이다. 그동안 유급을 반복했던 의대 운동권 선후배들은 대체로 시험기간을 엉거주춤하게 보내거나 잘 활용하지 못했다.

그때 나는 학생운동 활동가의 정체성이 우선이었지만 대중운동이 없는 시험기간에는 의대 학생으로 돌아가는 것이 옳다고 생각했다. 물론 이것은 힘든 선택이다. 평소에 수업도 잘 듣지 않고 공부를 거의 하지 않다가 시험기간에만 죽도록 공부한다는 것이 사실은 매우 어려운 일이었다. 설사 그렇게 반짝 공부를 한다고 해서 성공적으로 진급한다는 보장도 없었다. 그렇지만 나는 시험 때만 되면 그 기간만큼은 열심히 공부했다. 주어진 조건에서 언제나 최선을 다해야 한다는 것이 나의 원칙이었기 때문이다.

평소엔 수업도 많이 빠지고 공부를 제대로 하지 않았지만 시험 때만이라도 이렇게 열심히 공부를 하다 보니, 성적은 대체로 저공비행이었지만 유급되는 상황만은 면할 수 있었다. 나의 이런 자세는 후배 세대의 의과대학 운동권 학생들에게는 하나의 모범이 되었다. 이후부터 우리 의대에서는 운동권이라고 해서 유급을 반복하는 일은 거의 없어졌다.

민주주의에 내 인생을 걸고 싶다

나는 학생운동을 하면서 민주주의의 실현에 내 인생을 걸고 싶다고 생각했다. 내가 고등학교 3학년 때 품었던 꿈인 '이타주의에 부합하는 삶'은 올바른 방향이었다. 이후에도 나는 그 방향이 옳다고 스스로에게 거듭 확인했었다. 이런 삶은 분명코 내 인생을 의미 있고 행복하게 만들 것이었다. 그러나 그때의 내 꿈은 너무 막연했다. 그것이 문제였다.

이에 비해, 의과대학 운동권 학생으로서 고난의 길을 자처했던 본과 시절의 나는 스스로가 행복할 뿐만 아니라 의미 있고 올바른 길로 가고 있다는 확신에 가득 차 있었다. 나는 그때 우리 사회의 민주주의를 진전시키는 데 내가 할 수 있는 일은 무엇이든지 하겠다는 각오를 하고 있었다. 그렇게 하다 보면 의과대학을 졸업하지 못할 수도 있다는 생각을 늘 하고 다녔을 정도였다. 그리고 그런 결단의 순간이 오면 실제로 그렇게 할 생각이었다.

그러나 그런 결정적인 상황은 오지 않았고, 나는 어느덧 본과 3학년으로 진급하게 되었다. 1989년이었다. 이때는 1987년 6월 민주항쟁의 승리와 연이어 벌어진 노동자 대투쟁의 성과로 인해 우리 사회의 민주화가 급속히 진전되면서 학생운동의 대중적 동력이 많이 줄어들고 있었다.

그렇지만 우리 의과대학의 학생운동은 후발주자들이 대체로 그런 것처럼 그때에도 계속 발전하고 있었다. 그래서 나의 직접적인 지도가 없더라도 후배들이 스스로 잘 해나갈 정도로 이미 성장한 상태였다. 이제 내가 떠날 때가 다가온 것이었다.

보건의료운동의 새로운 가능성을 발견하다

의과대학 학생운동의 체계가 잘 잡혀 있었기 때문에 나는 안심하고 새로운 일을 개척할 여유를 가지게 되었다. 그래서 나는 운동 공간의 이전을 기획했다. 학생운동에서 보건의료운동으로 이전하기로 결심한 것이다. 하지만 그때까지 나의 선배들이 우리에게 보여주었고 내가 그들과 함께 경험했던 보건의료운동은 가난한 사람들이 밀집해 살고 있던 빈민 지역에 가서 정기적으로 진료활동을 하고, 주민들과 만나서 민주주의와 진보적 사회에 대해 대화를 나누는 것 정도였다. 이외에도 두 개가 더 있었다.

하나는 파업 투쟁을 하고 있는 공장을 찾아가서 파업 노동자들을 진료하는 것이다. 우리는 이것을 파업 진료라고 불렀다. 우리는 양방, 한방, 치과 진료를 모두 수행하기 위해 3개 단과대학 운동권 선후배들의 힘을 결집하기도 했었다.

다른 하나는 총학생회의 여름 농촌활동에 의료봉사단을 꾸려 참여하는 것이다. 우리는 거의 매년 이 활동에 참여했는데, 우리의 진료활동은 주민들에게 인기가 좋았다. 특히 다소 보수적인 마을은 대학생 농촌활동을 한사코 거절했는데, 이런 경우 우리 의료봉사단은 중요한 역할을 할 수 있었다. 일종의 선봉대 같은 것인데, 완고한 농촌 마을에서도 의료봉사단의 진입은 허용했기 때문이었다. 의료봉사를 통해 지역주민들과의 관계가 잘 형성되면 곧바로 본진이 그 마을로 들어올 수 있었다.

이렇게 학생운동에서 보건의료운동으로 운동의 공간을 이전하고 있던 때, 나는 보건의료운동에서 기존의 방식과 다른 새로운 운동 방식 하나를 발견하게 되었다. 보건의료제도에 개입하는 것이 그것이었다. 우리나라는 1988년 1월부터 전국의 농어촌을 대상으로 지역의료보험제도를 실시했는데, 농민들은 이에 대해 불만이 많았다. 농민들 입장에서는 소득에 비해 의료보험료가 지나치게 높아 부담이 된다는 것이었다.

지역의료보험조합의 보험재정은 늘 부족했다. 농어촌 지역은 노인인구의 구성비가 매우 높은데, 노인은 의료이용의 강도가 다른 연령층에 비해 최소 3배에서 4배 정도 높다. 따라서 보험재정의 지출은 수입을 훨씬 초과했다. 결국, 농어촌 지역의료보험조합은 늘 적자였다. 상황이 이러함에도 불구하고 많은 농민이 가난한 형편 때문에 법적으로 내야 할 의료보험료를 제때 납부하지 못하는 경우가 허다했다.

그러자 재정적으로 취약했던 지역의료보험조합은 농민들로부터 강제로 의료보험료를 징수하는 절차를 밟았다. 농기구와 텔레비전 등에 차압 딱지가 붙었다. 여기서 농민들의 불만이 폭발했다. 농민들은 격분해서 정부의 의료보험제도를 규탄하는 시위를 벌였다. 경운기를 몰고 도로를 점거하고, 도심의 거리로 몰려나왔다. 심지어는 의료보험증 반납투쟁을 벌였다.

농어촌 지역의료보험제도와 관련하여 사태가 이렇게 전개되자, 인도주의실천의사협의회 소속의 진보적인 의사들과 정책 전문가들은 고민에 빠졌다. 사실, 농어촌 지역의료보험제도는 1987년의 민주화 운동을 통해 우리 사회가 얻어낸 제도적 성과였다. 그런데 이런 제도적 혜택의 당사자인 농민들이 의료보험제도를 옹호하고 호위하기는커녕, 반대로 의료보험증 반납투쟁을 벌이는 사태를 그대로 방치할 수는 없었다. 이 제도를 올바르게 지키고 발전시켜 내기 위해 어떻게든 개입해야 했던 것이다.

1988년 3월경부터 이 문제에 대처하기 위해 전국농민회와 시민사회단체 등이 참여하는 전국적 수준의 연대운동이 시작되었다. 여기에는 진보개혁 성향의 보건의료정책 전문가들도 참여하고 있었다. 이들은 농어촌 지역의료보험제도를 어떻게든 지키고 싶어 했다. 그렇게 하기 위해서는 이 제도의 문제점을 분석하여 더 나은 정책적 수단을 찾아내야 했다.

진보적 보건의료정책 전문가들은 해법을 찾으려고 노력했고 연대투쟁의 정책적 중심에 섰다. 나는 정책 전문성을 가진 이들 소수의 진보 개혁적인 의사들이 이러한 논의를 하는 데 몇 차례 참석한 적이 있었다. 어깨 너머로 배우고 지켜본 것인데, 이것은 내게 우연히 찾아온 큰 행운이었다.

이들은 헌법 제36조 3항에 명기되어 있는 국민건강권을 옹호했다. 건강권이야말로 우리 헌법 제10조가 천명하고 있는 행복추구권의 핵심적 요소라고 본 것이다. 이들은 의료서비스를 필요로 하는 모든 국민은 차별 없이 의료기관에 접근할 수 있어야 한다는 큰 원칙에 따라 농어촌 지역의료보험제도를 포함한 우리나라 의료보장제도 전반의 올바른 개선과 정착을 위한 방안을 고민하고 있었다. 도시 지역의료보험을 포함하여 효과적이고도 포괄적인 의료보장제도를 탐색하고 있었다.

나는 깊은 인상을 받았다. 그리고는 이러한 진보적 보건의료제도의 확립을 위한 투쟁이 보건의료운동의 본령이 되어야 한다는 생각이 들었다. 그런데 이렇게 보건의료제도를 개편하거나 종합적으로 설계하고, 또 현실에 개입하기 위한 구체적인 전략을 기획하고 보건의료운동을 올바르게 조직하는 데는 상당한 수준의 전문성을 필요로 했다. 나는 여기서 얻어온 자료와 정보들을 정리하여 의대 후배들에게 교육하고 학내에 이 문제의 중요성을 알리는 새로운 운동을 조직했다. 나는 이러한 경험을 통해 보건의료운동의 새로운 길을 보았다.

셋

더 나은 사회를 만드는 삶을 선택하라

나는 보건의료정책을 전공하는 의사가 되기로 결심했고, 임상의학을 포기했다. 여기에는 두 가지의 이유가 있었다. 첫째, 내과나 가정의학과 같은 임상의학은 내가 아니더라도 전공하려는 사람들로 넘쳐났던 반면, 보건의료정책을 전공하려는 의사는 거의 찾아보기 어려웠다. 둘째, 한 사람의 유능한 임상의사가 진료실로 찾아오는 환자를 잘 치료하는 일도 소중하지만, 아예 병원을 찾지 못하거나 의료서비스에서 소외된 수많은 사람이 의료기관을 방문하거나 건강수준을 높일 수 있도록 보건의료제도를 선진국 수준으로 개선하는 일은 더 중요하다는 생각이 들었던 것이다.

인하의대 학생들과 함께 했던
노동자 진료소 운동

보건의료운동의 새로운 가능성을 탐색하고 실천하다 보니 의과대학 본과 4학년 시기는 금방 지나가 버렸다. 의사 국가고시를 봐야 할 추운 겨울이 다가왔다. 그런데 공부는 거의 해 놓은 게 없었다. 그때는 주변의 상황도 매우 어려웠다. 그럼에도 나는 국가고시를 보겠다고 결심하고, 어느 날 의과대학 학창시절 동안 나의 공부를 도와주던 같은 학년의 후배를 찾았다. 그에게 어떻게 공부를 시작했으면 좋겠는지 좀 도와달라고 부탁했다. 그는 이렇게 말했다. "아니, 형, 지금 나타나면 어떻게 해? 먼저 공부할 책부터 구입해야지. 우리는 이미 이 책으로 공부를 상당 부분 끝냈고, 반복 학습을 하고 있는 친구들도 많은데, 이렇게 뒤늦게 시작해서 되겠어? 어떻게 하려고 그래?"

나는 그 순간 좀 위축되고 민망하기도 했다. 그래도 이왕 도전하기로 마음을 먹었으니 자세를 낮추고 도와달라고 부탁하는 수밖에 없었다. 한

정된 기간 내에 성공적으로 공부할 수 있는 방법을 찾아내야 했기 때문이다. 그렇게 내게 애정 어린 핀잔을 주었던 그 후배는 내가 국가고시 공부를 하는 데 많은 도움을 주었다. 나는 그해 겨울의 두 달 동안 열심히 공부했다. 잠시 잠을 자는 시간 이외에는 온종일 오직 공부만 했다. 내 인생에서 그렇게 공부를 죽도록 열심히 했던 시기는 이전에도 이후에도 없던 것 같다. 그렇게 했음에도 불구하고 나는 의사 국가고시가 있던 날 직전까지도 꼭 해야 할 공부를 다 마치지 못했다.

결국 나는 그 후배의 도움으로 시험 전날 국가고시 시험장 주변에 여관방을 잡아 놓고 두 시간 정도만 잠을 잔 채 거의 밤을 지새우다시피 공부했다. 나는 일부 분량을 미처 다 보지 못한 상태에서 시험장에 도착했다. 춥고 졸리고 속은 불편했다. 시험 직전까지 나의 정신은 긴장과 혼미 상태를 반복했다. 마침내 시험이 시작되었고, 나는 있는 힘을 다해 고도로 집중력을 발휘했다. 그렇게 전쟁 같은 의사 국가고시가 끝났다. 나는 고사장을 나오면서 만세를 외쳤다. 공부를 도와주었던 그 후배가 시험은 어땠냐고 물었다. 나는 다시 만세를 부르며, 합격할 것 같으니 미리 축하해 달라고 말했다.

그렇게 나는 의사 국가고시에 무난히 합격했고 얼마 후 대한민국 정부로부터 의사면허증을 받았다. 그때 나는 인천에서 노동운동을 지원하는 형태의 보건의료운동을 하기로 결정했기 때문에 나의 선배가 거주하는 인천에 자리를 잡고 있었다. 의과대학을 졸업하고 의사면허는 받았지만, 나는 환자를 진료할 능력이 거의 없었다. 정상적인 경로대로 가자면 당연히 인턴이라는 수련과정으로 들어가야 했다. 하지만 나는 여러 가지 이유로 그렇게 하지 못했기 때문에 현장에서 환자를 진료하는 기술을 익혀야 했다. 개업한 선배를 찾아가서 환자 진료와 처지 방법들을 배웠다. 일차 진료 수준에서 자주 쓰는 약을 적절하게 사용하는 방법도 익혔다.

그때 나는 생계 문제도 해결해야 했다. 그래서 나는 서울에 있는 한 병원의 응급실에 취직했다. 처음에는 선배들이 응급실에서 진료하는 것을 보고 응급환자 처치방법과 요령을 배웠다. 나는 이틀에 한 번씩 쪽잠을 자며 응급실에서 밤을 지새웠다. 처음에는 힘들었지만 차츰 적응이 되었고 나름대로 보람도 있었다.

낮에는 동료 선후배들과 함께 우리 사회의 더 나은 발전을 위한 방안을 공부하고 토론했고, 인천 남동공단의 노동자 진료소에 나갔다. 인천 남동공단에는 노동문제를 법률적으로 지원하는 곳과 함께 노동자 진료소가 있었다. 이 진료소 운동은 도움을 필요로 하는 남동공단의 노동자들을 일차적으로 진료하고 건강문제를 상담하고 지원하는 보건의료운동의 일환이었다. 당시 인천 남동공단의 진료소는 앞서 소개한 파업진료와 함께 노동운동을 지원하면서도 보건의료 고유의 목적을 알리기 위한 보건의료운동의 실천 형태 중의 하나였다.

이 진료소 운동에는 인하대학교 의과대학의 운동권 학생들이 열심히 참여했다. 나는 의사면허를 가지고 있었기 때문에 선배로서 이들과 함께 했다. 그때 만났던 인하대 학생들은 지금 전문의가 되어 개업을 하거나 종합병원 등에서 자신의 역할을 성실하게 수행하며 열심히 살고 있다. 그리고 이들 중의 일부는 내가 공동대표로 있는 (사)복지국가소사이어티의 회원으로 참여하여 복지국가 운동을 지지하며 재정적 후원도 아끼지 않고 있다. 참으로 고마운 일이라고 생각한다.

임상의사의 길을 포기하다

1990년을 전후로 세상이 격변했다. 동구권이 무너진 것이다. 재야단체와 노동운동의 지도자들은 큰 혼란에 빠졌다. 우리 사회의 운동권 전반이 충격을 받았으며, 특히 의식했던 아니었던 간에 소련 등 동구권 사회주의의 경험으로부터 배울 점을 모색했던 사람들은 더 그랬다. 그때 우리나라 전체 민주진보운동의 지형은 이렇게 혼란을 겪으며 흔들렸지만, 인도주의실천의사협의회를 포함한 보건의료운동은 오히려 활기를 더해 갔다.

앞서 살펴보았듯이, 1988년 1월 1일부터 농어촌 지역의료보험이 전국적으로 실시되었다. 그리고 1989년 7월 1일부터는 도시 지역의료보험까지 실시됨으로써 마침내 모든 국민이 손에 의료보험증을 쥐게 되었다. 이렇게 우리나라의 의료보장제도가 확충되는 과정을 지켜보던 보건의료운동 진영은 예민하게 제도의 문제점을 포착해내고 대안을 생산할 정도로 역량이 크게 성장하고 있었다.

1989년 7월 1일로 예정된 도시 지역의료보험의 도입을 앞두고 보건의료운동 진영은 농어촌 지역의료보험의 한계와 문제점을 거울삼아 기존의 조합주의 의료보험제도를 직장과 지역의 구분 없이 통합하여 운영하자는 대안을 제출했다. 이것은 당시 농어촌의 조합주의 의료보험제도에 불만이 많았던 농민들이 강력하게 소망하던 방안이었다.

영민하게도 보건의료운동 진영은 때마침 조성된 당시 국회의 여소야대라는 정치적 상황을 잘 활용했고, 결국 1989년 2월 임시국회에서 농민과 보건의료운동 진영 등 대다수 국민의 여망을 반영한 국민의료보험법이 제정되었다. 그러나 이 법안은 1989년 3월 노태우 대통령의 거부권 행사로 무산되고 말았다. 하지만 이러한 과정을 통해 보건의료운동은 새로운 가능성을 보여주고 있었다.

1990년 전후의 시기는 동구권이 몰락하면서 나타난 우리나라 사회운동 전반의 위축과 함께 운동권에 속한 단체나 관련된 개인들도 새로운 모색을 시작해야 했던 전환의 시기였다. 나도 진로에 대한 새로운 모색을 시작했다. 그때 내가 내린 결론은 의대 졸업 후 미루어 두었던 정규 수련과정을 밟기로 한 것이었다. 그래서 나는 1993년에 인턴을 시작했다. 그리고 그해 겨울에는 시험을 봐서 레지던트 과정에 들어가야 했다. 그때 나는 내과나 가정의학과 같은 임상의학을 전공하는 방안을 깊이 고민했다.

하지만 나는 주저했다. 임상의사로서의 삶을 시작하게 되면 자연스럽게 사회운동과는 거리가 멀어지게 될 것이라고 생각했기 때문이다. 나의 선배들은 임상의사의 길을 걸으면서 사회운동에서 멀어져갔다. 나는 이런 일을 지켜보면서 삶의 조건이 달라지면 그렇게 되는 것이 인지상정일 수 있다며 이해하기로 했었다. 하지만 나는 그렇게 하고 싶지 않았다. 고등학교 3학년 때 이타적 인생을 설정했고, 청년기의 긴 방황을 겪으며 의과대학에서 어렵게 찾아낸 공익적 삶의 가치와 그것이 주는 행복을 잃어버리고 싶지 않았기 때문이다.

그래서 나는 전문성을 쌓으면서도 선배들이 갔던 경로와 다른 길은 없는지 모색해보고 싶었다. 이런저런 자료도 찾고 지인들에게 조언을 구하기도 했다. 나는 보건의료정책을 공부하기로 방향을 잡았다. 하지만 임상의학을 포기하는 것은 쉬운 결정이 아니었다. 그래서 1993년 가을쯤 서울의대 김용익 교수를 찾아갔다. 그는 당시 보건의료운동의 가장 유능한 지도자였다. 나는 김용익 교수에게 나의 진로에 대한 조언을 구했다.

그는 보건의료정책을 공부하는 것도 좋은 선택이라면서 서울대학교 보건대학원에 입학할 것을 권했다. 그리고 서울대학교 보건대학원의 문옥륜 교수를 소개시켜 주겠다고 했다. 그 후에도 여러 날을 깊은 고민 속에서 보냈다. 나는 의사로서 환자 진료를 좋아했다. 그래서인지 본능적으로 임상의학을 선택하는 쪽으로 마음이 기울곤 했다. 하지만 임상의학의 길로 가면 세월이 흐르면서 자연스럽게 보건의료정책과는 멀어질 것이 뻔했다.

나는 며칠 동안 생각에 생각을 반복했다. 임상의학을 선택하면 좋은 임상의사가 될 것이라는 확신이 들었다. 나를 찾아오는 환자를 잘 돌볼 것이며, 그런 과정 속에서 의사로서의 기쁨을 누릴 수 있을 것이라는 생각이 들었다. 이런 삶도 내가 지금까지 생각해온 이타주의를 실천하는 행복한 삶의 한 형태임에 틀림이 없다는 생각도 들었다. 그런데 나는 생각을 바꾸기 시작했다. 과거에 내가 겪은 소중한 경험 때문에 그랬다.

나는 의과대학 시절에 선후배들과 함께 보건의료운동의 일환으로 빈민지역에 가서 정기적으로 진료활동을 했었다. 우리는 이미 의사가 된 선배들의 기부와 학교나 대학병원 당국의 지원을 받아서 진료활동에 필요한 기구와 의약품을 충분하게 준비했었다. 진료 현장에는 고학년의 의대생들뿐만 아니라 의사면허를 가진 선배들도 참여했다. 진료 능력이 없는 학생들은 진료지원 활동과 함께 교육과 봉사 등의 지역사회 활동을 수행했었다. 이러한 진료활동은 우리에게 큰 만족감을 주었다.

그런데 차츰 하나의 문제의식이 생겨났다. 빈민지역 주민들도 우리나라의 국민이며, 이들도 헌법상의 권리인 행복추구권과 건강권을 국가로부터 보장받아야 한다는 것이 그것이었다. 질병치료와 건강관리는 부자들이나 중상층 국민들만이 누리는 사치적 재화가 아니라 사람이면 누구나 누려야 하는 필수적 재화이자 공공적 성격이 강한 재화라는 생각이 들었던 것이다. 우리는 그때 토론을 통해 의료서비스가 필요한 국민이면 누구나 제대로 된 병의원에 갈 수 있어야 한다는 데 합의했다. 그리고 빈민들의 의료이용과 건강권이 국가에 의해 제도적으로 보장된다면 우리가 했던 것과 같은 빈민지역의 진료활동은 점차 소멸할 운명이었다. 하지만 우리는 그렇게 되는 것이 옳다고 믿었다.

나는 보건의료정책을 전공하는 의사가 되기로 결심했고, 임상의학을 포기했다. 여기에는 두 가지의 이유가 있었다. 첫째, 내과나 가정의학과 같은 임상의학은 내가 아니더라도 전공하려는 사람들로 넘쳐났던 반면, 보건의료정책을 전공하려는 의사는 거의 찾아보기 어려웠다. 둘째, 한 사람의 유능한 임상의사가 진료실로 찾아오는 환자를 잘 치료하는 일도 소중하지만, 아예 병원을 찾지 못하거나 의료서비스에서 소외된 수많은 사람이 의료기관을 방문하거나 건강수준을 높일 수 있도록 보건의료제도를 선진국 수준으로 개선하는 일은 더 중요하다는 생각이 들었던 것이다.

보건의료정책 연구자 겸 시민운동가의 길

나는 김용익 교수를 통해 서울대학교 보건대학원 문옥륜 교수를 만나게 되었다. 대학로 마로니에 공원 앞의 서울대학교 보건대학원에서 처음 보았던 문옥륜 교수의 인상은 두 가지였다. 하나는 너무 자상한 이웃집 아저씨 같은 친근한 느낌이었다. 다른 하나는 엄청난 지식과 내공을 소유한 엘리트의 모습이었다.

그리고 그해 가을 동안 인턴생활을 하면서 짬짬이 서울대학교 보건대학원 입학시험을 준비했고, 다행스럽게도 무난히 합격했다. 그리고 1994년 3월, 나는 서울대학교 보건대학원에 입학했다. 하지만 나는 곧 휴학을 했다. 이번에 휴학한 것은 아주 현실적인 이유 때문이었다.

첫째, 보건대학원 석사 과정을 예방의학 전문의 과정과 함께 시작하는 것이 좋겠다는 조언이 있었다. 석사 과정은 2년인데, 예방의학 전문의 과정은 3년이었다. 1994년 당시, 나는 석사 과정에만 입학했고 예방의학 전문의 과정에는 들어가지 않은 상태였는데, 1995년도부터 예방의학 전문의 과정을 시작하기로 예정되어 있었다. 이 두 과정의 시작을 맞추는 것은 좋은 선택이었다.

둘째, 1993년 겨울에 막 출범한 〈진보와 연대를 위한 보건의료운동연합(약칭, 진보의련)〉이 자리를 잡으려면 더 많은 노력이 필요했다. 나는 이 단체에서 지도적 위치에 있었기 때문에 시간을 더 많이 써야 했다. 그리고 1994년에는 조합주의 의료보험제도의 통합일원화 운동에도 참여했다. 생계문제의 해결을 위해 동네의원이나 응급실 등에서 아르바이트도

해야 했다.

　1994년 당시 진보의련의 회원은 보건의료 분야에 종사하는 선배와 동료, 그리고 아직 대학생인 후배들을 모두 합쳐 약 20명 정도 되었다. 이 중에서 회비를 내는 회원은 10명도 채 되지 않아 재정적으로도 무척 열악했고, 회원들의 참여도도 낮았다. 하지만 나와 소수 중심 회원들의 열정만은 대단했다. 그리고 그해 연말이 되자 10명 정도의 열심히 단체 활동에 참여하는 회원들이 준비되었다.

　이에 우리는 우리 사회의 보건의료문제와 해법을 연구하고 홍보하는 사업과 보건의료운동을 확산하기 위해 후배들을 교육하는 사업을 강화하기로 결정했다. 이것이야말로 그때 역량이 부족했던 우리가 할 수 있는 가장 효과적인 일처리 방식이었다. 선택과 집중의 원리를 적용했던 것이다. 그때 나는 보건의료정책 분야에서 활동하기로 했으므로 자연스럽게 보건의료 분야의 각종 자료를 취합하고 분석하여 회원들과 공유하는 작업을 수행했다. 나는 차츰 이런 내용들로 분량이 작은 소책자를 매달 제작하는 일을 맡았다.

　그리고 그때 진보의련 대표였던 나의 선배는 보건의료운동의 확산을 위해 후배들을 교육하는 사업을 맡았고, 단체를 대표함과 아울러 다른 단체들과의 연대 활동을 담당했다. 그는 이 일을 소중하게 생각했기 때문에 많은 시간을 쏟아 부었다. 진보의련 활동을 하면서 우리가 가장 중요하게 생각했던 연대활동은 〈의료보험 통합일원화와 보험적용 확대를 위한 범국민연대회의(약칭. 의보연대회의)〉에 결합하는 것이었다. 우리는 이 활동에 꾸준히 참여하면서 우리의 역할을 다하고자 최선의 노력을 다했다.

1995년 봄에 보건대학원으로 돌아왔고, 석사와 예방의학 전공의 과정을 함께 시작했다. 꽤 힘들었던 또 하나의 시기가 시작된 것이었다. 나는 대학원 공부, 예방의학 전공의 수련, 진보의련 일을 포함한 보건의료운동으로 매우 분주했다. 그런데 생계문제도 해결해야 했다. 그때는 예방의학 전공의 월급이 워낙 박봉이라서 학비도 충당하기 어려웠다. 그래서 나는 주말에는 병원 응급실에서 일하는 경우가 많았다. 이런 생활이 3년 동안 반복되었다.

힘든 시기였지만, 나는 이때 너무나 소중한 지식과 경험을 많이 쌓을 수 있었다. 특히 문옥륜 교수를 스승으로 모시고 어깨너머로 배운 지식과 경험은 유익한 자산으로 이후 내게 큰 도움이 되었다. 문옥륜 교수는 전형적인 서울의대 출신의 엘리트였고 동시에 이웃집 아저씨 같은 자상함을 지녔다. 나는 문옥륜 교수의 엘리트로서의 학문적 열정과 보건의료문제에 대한 현실주의적 접근에서 많은 것을 배웠다. 그는 보건의료뿐만 아니라 경제와 사회 분야에 걸쳐 다방면의 석학이었고, 보건의료정책에서는 중도 실용주의적 관점을 가졌었다.

지금 생각해보면, 그것조차 내게는 유익한 경험이었다. 당시 서울대학교 보건대학원 정책학교실에는 알게 모르게 신분이 정해져 있었다. 서울의대를 졸업하고 서울대 보건대학원에서 공부하는 사람은 성골이었고, 나머지는 그냥 '기타'였다. 서울대 '기타' 학과를 졸업했건 '기타' 대학의 의과대학을 졸업했건, 이 둘 다 아니든, 모두가 '기타'이긴 마찬가지였다. 나는 여기서 출신대학에 대한 열등감을 여러 차례 경험했다. 이것은 내가 소위 '기타' 대학 출신으로 서울대학교 보건대학원에 와서 성골인 나의 스승 밑에서 성골 출신의 동료와 함께 공부했기 때문에 느끼는 감정이었다.

나는 이것을 극복해야 했다. 그래서 더 열심히 노력했다. 문옥륜 교수는 자상하게도 가끔씩 '잡종강세'라는 말을 사용함으로써 다양한 출신들이 뒤섞임으로 인해 더 나은 결과를 만들어낸다며 우리 모두를 격려하기도 했었다. 나는 서울대학교 보건대학원에서 예방의학 전공의로 보건의료정책을 공부하면서도 진보의련 편집장 역할과 의료연대회의 활동 등을 수행하느라 정신없이 이렇게 3년을 보냈다.

전문의 최초의 집권여당 전문위원

진보의련은 꾸준히 활동을 전개했다. 관심 영역도 의료보험 통합에서부터 의료공급체계, 공공보건의료, 보건소와 지역보건, 의료서비스 질 향상, 노동자 건강 등에 이르기까지 꽤 넓어져 있었다. 우리는 1998년 봄까지도 거의 매달 또는 두세 달에 한 번씩 우리의 활동을 알리고 바람직한 공공의료정책들을 소개하는 소책자를 꾸준히 발간했다. 홈페이지를 통해서도 국민건강권과 공공의료가 가진 중요성을 시민사회에 전파했다.

이렇게 진보의련 운동이 어려운 여건 속에서도 비교적 긴 세월 동안 생명력을 가지게 되었던 데는 조직 관리와 교육 사업을 담당했던 진보의련 대표의 헌신적인 노력이 큰 기여를 했다. 이에 더해, 나의 후배들인 서울대학교 보건대학원 예방의학 전공자들이 진보의련 운동에 참여함으로써 꾸준하게 힘을 보탰던 것도 진보의련 활성화에 크게 도움이 되었다.

1998년 2월, 나는 보건의료 분야의 시민운동가로서 내가 해오던 일들에 대해 책임을 다하려고 애썼다. 그리고 생계를 해결하기 위해 이틀에 한 번씩 경기도 고양에 있는 한 병원 응급실에서 밤을 새웠다. 아침에 퇴근하여 전철로 이동할 때면 몸도 마음도 추웠다. 그땐 외환위기의 파고가 민생을 덮쳤을 때였기 때문에 수많은 사람들이 추운 겨울을 보내야 했던 삭막한 시기라서 더 추웠는지도 모르겠다.

그리고 봄이 왔다. 경희대학교 대학원 박사과정이 개강했기 때문에 나는 필수과목을 이수하러 반드시 학교에 가야했다. 1년 전, 집안 경제사정 때문에 희망했던 영국 유학을 포기하는 대신에 선택했던 것이 경희대학교 대학원 의학박사(예방의학 전공) 과정 입학이었다. 그때에도 나는 보건의료운동, 대학원 수업, 응급실 진료 등의 일상을 쳇바퀴 돌듯이 반복하고 있었다.

그러던 3월의 어느 날, 김용익 교수가 전화를 했다. 새정치국민회의에 취직하겠냐고 물었다. 시민운동을 하고 있던 사람에게 갑자기 정당에 가라니, 좀 당황스러웠다. 요지는 이랬다. 50년 만의 수평적 정권교체로 김대중 정부가 들어섰는데, 집권여당인 새정치국민회의는 오랫동안 야당만 하다 보니 집권정당으로서의 역할을 수행할 만한 정책적 전문성이 부족했다. 그래서 각 분야별로 정책을 실무적으로 책임질 상당한 전문성을 지닌 '정책 전문위원'을 선발해서, 이들로 하여금 집권여당의 노선에 맞게 정부의 각 부처를 잘 견인하도록 하겠다는 것이었다.

이렇게 전문성을 수혈하면 김대중 대통령과 새정치국민회의가 대선 때 약속했던 정책공약들을 성공적으로 실천할 수 있고, 신뢰할 만한 집권세력으로 국민적 지지를 모으는 데 도움이 될 것은 자명했다. 이런 취지에 따라 분야별 전문위원 20여 명을 공채하기로 했던 것이다. 김용익 교수는 내게 이 시험에 응시하여 '보건의료 정책 전문위원'이 되는 것이 어떻겠냐는 제안을 했던 것이다.

나는 한 번도 기성 보수정당에서 일한다는 생각을 해 본 적이 없었다. 나의 정체성은 보건의료정책 연구자였고, 동시에 진보개혁 성향의 보건의료운동을 하고 있던 시민운동가였다. 그런 내게 이런 제안은 큰 고민이었다. 하지만 거부하기 힘들었다. 명분이 뚜렷했기 때문이다. 1997년 12월 대선에서 김대중 후보와 시민사회 간에 정책협약이 체결되었는데, 가장 중요한 것이 '의료보험제도의 통합일원화'였다. 그런데 이 일은 내가 지난 10년 동안 줄곧 옹호해왔고 시민운동으로 주창해왔던 것이었다.

시민사회 입장에서는 이번이야말로 이 기획을 성공시킬 좋은 기회였다. 그런데 김대중 정부의 대통령직인수위원회와 초기 집권세력은 처음부터 의료보험 통합 정책에서 추진력을 발휘하지 못하고 주춤거렸다. 이에 따라 정책협약의 당사자인 시민사회는 우려가 깊어졌다. 그때 심지어는 조합주의 의료보험제도를 실천하고 옹호해온 관료 출신의 인사가 김대중 정부의 초대 복지수석비서관으로 거론되는 일이 벌어졌다. 이에 대해 1998년 2월 9일 사회보장연구회, 사회복지정책학회 등의 학계와 의보연대회의는 성명을 발표하고 김대중 당선자에게 거세게 항의했다.[1]

상황이 이렇게 전개되자 시민사회단체들은 '투 트랙' 전략을 추진했다. 즉, 외부에서는 김대중 당선자가 공약했던 민주개혁의 실천을 촉구하며 압박하고, 동시에 김대중 정부와 집권여당 속으로 개혁정책을 실천할만한 능력 있는 사람들을 추천하거나 들어가게 하는 방법을 강구했다. 의료연대회의가 나를 집권여당의 보건의료 정책 전문위원으로 추천하고 들여보내려는 것이 바로 후자에 해당했다. 이런 상황 때문에 나는 김용익 교수의 제안을 받아들일 수밖에 없었다.

배수진을 치며 역사적인 복지개혁을 이루다

그때 나의 정체성은 보건의료운동을 하는 시민운동가이자 정책 연구자였다. 그래서 진보의련 대표를 비롯한 일부 지인들은 나를 말렸다. 하지만 나는 그들을 설득하며 일단 새정치국민회의에 들어가기로 결정했다. 다만, 나는 의료보험 통합 등 시민사회의 핵심 정책을 실천하기 위해 여당의 전문위원직을 맡는 것이므로 이 일을 2년 만에 완수하고 시민사회로 되돌아오겠다는 조건을 달았다. 김 교수도 그렇게 하자고 동의했다.

1998년 4월 초 집권여당인 새정치국민회의에서 공채 공고를 냈고 나는 지원서를 냈다. 얼마 후 시험을 보았는데, 약 20 대 1 정도의 높은 경쟁률을 보였다. 그때가 외환위기라서 취업 희망자들이 대거 지원했기 때문이었다. 나는 공채에서 합격했고, 5월 초부터 새정치국민회의 당사가 있는 여의도로 출근하기 시작했다. 이렇게 해서 나의 여의도 생활이 시작되었다.

그런데 여러 가지 어려운 점이 많았다. 우선 근무환경이 열악했다. 월급도 박봉이었고, 복지 같은 근로조건도 형편없었다. 이러니 유능한 사람들이 여기에 올 리가 없겠구나 싶었다. 이렇게 해서 나는 의사이자 전문의 자격을 가진 우리나라 최초의 정당 전문위원이 되었다.

지금도 그렇지만, 그때는 여야 정당이 영남과 호남을 기반으로 삼는 지역정당이었다. 새정치국민회의는 호남 기반의 정당이었던 만큼 당사에는 호남 사투리가 넘쳐났다. 나는 울산 출신이어서 오랜 서울생활과 나름의 노력에도 불구하고 경상도 억양이 여전했다. 그래서 처음에는 말을 꺼내기도 어색하고 서먹했다. 시간이 지나면서 나는 잘 적응했고, 나름대로 많은 실적을 남겼다.

나는 정책위원회에 소속되어 있었는데, 집권여당의 초대 정책위의장이었던 김원길 의원은 성격이 화통하고 두뇌의 회전이 매우 빠른 엘리트였다. 그는 전문위원들이 최고의 정책적 성과를 내도록 장려했고, 필요한 지원을 아끼지 않았다. 나는 물 만난 고기처럼 기민하게 움직이면서 최선을 다해 의사를 관철시켜 나갔다. 또 나는 〈보건의료 효율화 및 선진화 정책기획단〉 등의 정책기획단을 만들어 외부 전문가들을 초빙했다.

나는 여기서 개발된 정책들을 보건복지부의 정책과정에 최대한 투입해서 입법 또는 집행의 과정을 밟도록 했다. 이렇게 힘 있게 일을 추진하기 위해서는 나를 지지해줄 정치적 힘이 필요했다. 나는 최대한 신속하게 내가 일을 하는 데 필요한 정치적 힘을 탐색했다.

집권여당 내부에서 나는 여러 정치인의 도움을 받았지만 특히 두 사람의 지원은 결정적으로 중요했다. 새정치국민회의 초대 정책위의장이었던 김원길 의원과 국회 보건복지상임위원회에 소속되어 있던 같은 당의 이성재 국회의원은 내게 엄청난 정치적 지원군이었다. 외부에서는 나를 집권여당으로 보낸 김용익 교수와 의료연대회의 등의 시민사회단체가 막강한 정책적 능력과 물리적 능력으로 나의 활동을 지원했다.

나는 언제라도 사표를 쓴다는 생각으로 배수의 진을 치고 일했다. 나는 정책적 소신을 실천하는 데 있어서는 누구에게도 물러서지 않았다. 자연스럽게 보건복지부의 장·차관을 비롯하여 실장, 국장, 그리고 과장급 실무자들도 주요 정책에 대해서는 언제나 나와 먼저 의논하고 조율하는 방식으로 일을 했다.

돌이켜 생각해보면, 주·객관적인 여러 요인이 잘 맞아떨어지는 바람에 나는 어떤 국회의원보다도 더 결정적으로 중요한 일을 할 수 있는 자리에 있게 된 셈이었다. 그때만 하더라도, 집권여당의 당론은 강력했고 당의 최고지도자는 대통령이었다. 어떤 국회의원도 정책위원회에서 정해져서 정책위의장이 대통령에게 보고하여 허락받은 당론을 거역하기는 어려웠다. 만약 그렇게 된다면 그는 다음 선거에서 공천을 받기 어려울 수도 있기 때문이었다.

나는 이러한 힘의 관계를 적절하게 활용했다. 양보할 수 없는 핵심 정책에 대해서는 언제나 정책위의장의 재가를 받아냈다. 나는 이렇게 확보한 지위와 권한을 충분히 활용했다. 그래서 의료보험 통합일원화와 의약분업을 포함한 김대중 정부의 이정표가 될 만한 역사적인 복지개혁을 내 손으로 직접 기획·입안하고 정부와 조율하여 국회의 정치과정을 밟도록 할 수 있었다. 그때 나를 믿고 내게 일할 수 있을 만큼의 충분한 권한을 주었던 김원길 정책위의장과 임채정 정책위의장에게 감사드리고 싶다.

넷

세계적 자랑거리, 국민건강보험 창설에 헌신하다

1980년대 후반 의과대학 학생의 신분으로 의료보험 통합 운동을 목격하고 부분적으로 참여했다. 이후 1990년대를 관통하며 의료보험 통합일원화를 위한 시민운동에 적극적으로 참여했다. 그리고 1998년 5월부터는 집권여당의 보건의료정책을 실무적으로 책임지던 위치인 '보건의료 정책전문위원'의 시각으로 의료보험 통합의 최종 성과물인 국민건강보험제도의 창설을 위해 내게 주어진 모든 수단을 동원하며 최선의 노력을 다했다. 이 일은 10여 년에 걸쳐 끈질기게 계속된 시민사회운동의 거대한 승리이자 역사적인 성과물이다. 국민건강보험제도는 우리나라 최초의 보편적 복지이기 때문이고, 또 현재 우리 국민이 가장 신뢰하고 사랑하는 복지 제도이기 때문이다.

의료보험제도는 박정희 대통령의 작품인가?

우리나라에서 처음으로 의료보험법이 만들어진 것은 1963년 12월 16일이었다. 그 이듬해인 1964년 6월과 10월에 의료보험법 시행령과 시행규칙이 각각 제정되었다. 하지만 이것은 무용지물이었다. 이때의 의료보험법은 일국의 사회보장제도 구축이라는 중장기적 종합계획에 의해 체계적으로 마련된 것도 아니고, 경제사회적 여건에 바탕을 둔 국민적 요구에 의해 만들어진 것도 아니었다.[2]

5.16 쿠데타로 집권한 군사정부가 사회정의의 구현이라는 정치적 목적으로 의료보험법을 성급하게 졸속으로 추진했기 때문에 실패할 수밖에 없었다. 그때 군사정부는 황당하게도 의료보험법을 만들면서 법률의 강제성을 없애고 임의적용 방식을 채택하도록 했다. 당시의 어려운 경제적 여건과 빈곤상태를 고려해볼 때, 의료보험에 가입을 해도 되고 안 해도 되는 그런 임의적용 방식의 법률이 작동할 리가 만무했다. 이렇게 해서 군사정부는 의료보험법은 있되 실제로는 아무런 작동도 하지 않는 식

물상태를 13년 넘게 지속시켰다.

그리고 마침내 1977년 7월 1일을 기해 강제가입을 규정한 법정의료보험제도가 처음으로 실시되었다. 박정희 정권은 기존의 임의가입 형태로 잠자고 있던 의료보험법을 개정하여 500인 이상의 사업장 근로자와 공업단지의 근로자를 대상으로 강제가입을 규정한 현대적 의료보장제도의 첫발을 내디뎠던 것이다. 당시 500인 이상 고용사업장에 19개 조합과 공업단지 내 사업장에 486개의 조합 등 500개가 넘는 직장의료보험조합이 설립되었다.

이렇게 법정의료보험제도를 운영하면서도 박정희 정권은 재정적으로 전혀 책임지지 않았다. 각각의 직장의료보험조합이 스스로 의료보험 재정을 책임지는 조합주의 운영방식을 강제하였다. 의료보험 재정은 근로자와 사용자가 반씩 부담하도록 했다. 정부는 단지 전체 의료보험 시스템을 행정적으로 관리하는 데만 책임을 졌다. 박정희 정권의 이러한 법정의료보험에 대해서는 많은 사람이 오해를 하거나 잘못된 판단을 할 수도 있으므로 정확한 내용적 이해와 함께 객관적인 평가가 필요하다.

나는 2010년 6월 지방선거를 전후한 시기와 그해 여름의 기획대담, 그리고 2011년 신년기획 등으로 《경향신문》의 기획대담에 몇 차례 나간 적이 있었다. 이 기획대담에서 《경향신문》 관계자가 사회를 보는 가운데 두세 명의 전문가들과 함께 토론을 했다. 그때 놀라운 이야기를 들은 적이 있다. 한 참석자는 우리나라에서 가장 잘된 복지제도로 인정받고 있는 의료보험제도가 박정희 대통령의 작품이라는 말과 함께 보수진영도 이렇게 복지를 잘 할 수 있다고 강조했다.

나는 이분들이 의료제도나 복지를 전공한 분들이 아니라서 그럴 수도 있겠다고 생각하면서 그 자리에서 크게 반박하지는 않았지만, 입맛이 개운치 않았었다. 나는 이후에도 이런 종류의 글을 더러 본 적이 있다. 일부 보수논객들은 원래 복지는 역사적으로 보수진영으로부터 시작되었다고 강변하면서 우리나라의 사례로 박정희 대통령의 법정의료보험제도를 들었다. 진보논객들은 복지가 진보의 전유물이 아니라는 점을 강조하기 위해 보수진영이 추진한 복지의 대표적인 사례로 박정희 대통령의 법정의료보험제도를 들곤 했다.

내가 이런 말을 들으면서 가장 우려하는 것은 우리 사회 최고의 지식인으로 인정받고 있는 사람들조차 박정희 대통령이 도입했던 법정의료보험제도에 대해 도입의 배경이나 구체적인 내용을 잘 모르고 있다는 사실이다. 그럼에도 마치 본인들이 잘 아는 것처럼 언론과 대중 앞에 나가서 우리나라의 의료보험제도가 박정희 대통령의 작품이라고 말해버린다는 것이다.

1977년 7월 1일부터 500인 이상의 사업장 근로자와 공업단지의 근로자를 강제 가입시키는 법정의료보험제도를 박정희 정권이 시작한 것은 명백한 사실이다. 하지만 우리는 여기서 몇 가지의 중요한 사실들을 확인해볼 필요가 있다. 그래야 법정의료보험제도를 둘러싼 총체적 진실이 보이기 때문이다.

첫째, 박정희 정권의 법정의료보험제도는 서민과 보통사람들을 위한 것이 아니었다. 1977년 당시 우리나라의 의료보험조합 수는 총 521개였고, 이들 조합은 약 310만 명의 인구를 포괄하고 있었다. 그때 우리나라

인구의 단지 8.8%만이 법정의료보험의 혜택을 받았던 것이다. 여기서 우리나라 의료보장제도의 중심축을 이루는 의료보험제도의 본래적 의미를 잠시 살펴볼 필요가 있다.

의료보험은 의료기관과 환자 사이에 정부가 제3자로서 공적으로 개입하는 제도의 한 형태이다. 즉, 의료문제의 해결을 의료수요자인 국민과 의료공급자인 의료기관 사이에만 맡겨 놓을 경우에는 많은 문제가 생기게 된다. 우선, 의료기관이 환자에게 진료비를 마음대로 받게 되므로 이들 양자의 관계에서 약자의 위치에 있는 환자가 '정보의 비대칭성'이라는 불공정한 관계로 인해 언제나 손해를 보게 된다. 게다가 가난한 사람들은 아파도 돈이 없어서 아예 의료기관을 찾지 못하게 된다.

그래서 논리적으로 국민의 의료문제를 원활하게 해결하기 위해서는 정부가 나설 수밖에 없다. 정부는 공적 성격의 제3자 자격으로 의료보험 등의 의료보장제도를 운영한다. 이를 통해 돈이 있든 없든 국민 누구라도 의료서비스가 필요하면 의료기관에 접근할 수 있도록 보장하게 된다. 또, 환자의 건강 보호라는 입장에서 각종 법령을 통해 의료기관을 규제하고 통제하는 역할도 수행한다. 결국, 정부가 의료보험제도를 통해 의료기관과 국민 사이에 개입하는 이유는 국민의 건강을 보장하고 가계를 재정적으로 보호하기 위한 것이다.

그런데 박정희 정권은 의료보험제도를 통해 누구를 보호했는가? 건강 위험과 재정적 위험으로부터 어떤 국민을 보호했는지, 이것을 살펴보면 박정희 정권이 추진했던 의료복지의 성격을 알 수 있다. 그때 법정의료보험을 통해 국가로부터 보호를 받았던 사람들은 500인 이상의 사업장 근로자와 공업단지의 근로자들이었다. 이들의 가족까지 포함하여 1977년 당시 법정의료보험의 보호를 받았던 국민은 전체 인구의 8.8%에 불과했다.

이들은 다른 어떤 인구보다 높은 보수의 안정된 직장을 가진 우리 사회의 중상층 이상의 인구였다. 나는 복지의 이런 잘못된 '선별적 보호' 방침은 불의(不義)라고 생각한다. 이러한 복지제도는 기존의 사회 불평등을 더욱 심화시킬 따름이기 때문이다. 의료보장제도의 취지는 전체 국민을 보호하는 것이고, 특히 의료문제로 인한 건강 위험과 재정적 위험에 가장 크게 노출되어 있는 중하층의 국민을 우선적으로 보호하는 것이다. 그런데 박정희 정권은 정반대로 했다.

박정희 정권은 국민의 의료복지를 위해 돈을 쓰고 싶지 않았던 것이다. 의료보험제도를 운영하면서도 재정적 책임을 개별 의료보험조합들에게 다 떠넘겼고, 정부는 단지 행정 지도만을 담당하는 '작은 정부'의 조합주의 의료보험제도를 설계했다. 즉, 의료보험료를 낼 경제적 능력이 되는 인구에게만 의료보험 혜택을 주었던 것이다. 이런 제도 아래에서 서민 등 보통사람들은 의료보험제도의 혜택을 전혀 누릴 수 없었다.

둘째, 박정희 정권의 의료보험제도는 중화학공업의 발전을 위한 기술 인력 건강 정책의 일환이었다. 박정희 정권은 유신독재 체제에서 국가 엘리트들을 중심으로 하는 중화학공업 육성 정책을 본격화했다. 이의 성공을 위해 재벌 중심 체제를 구축하는 데 국력의 대부분을 쏟아 부었다. 그래서 박정희 정권은 집권 기간 내내 복지를 외면했다. 복지에 쓸 돈이 있으면 한 푼이라도 중화학공업의 발전에 투자하는 것이 옳다고 믿었기 때문이다.

1977년의 의료보험제도 또한 '복지를 외면했던' 박정희 정권의 대표적인 복지제도라고 할 수 있다. 박정희 정권은 의료복지를 가장 필요로 했던 농어민과 서민들을 위한 의료보장제도의 도입이 아니라 500인 이상의 사업장 근로자와 공업단지의 근로자들을 위한 의료보험제도를 도입했다. 이것은 의료보험료를 낼 능력이 있는 사람들만을 대상으로 의료보험제도를 운영함으로써 정부는 재정지출의 부담을 지지 않겠다는 의미 이외에도 중화학공업 등 공업단지에 종사하는 기술 인력의 건강을 보호하고 증진함으로써 정부의 산업정책을 뒷받침하겠다는 의미도 내포하고 있었다.

셋째, 박정희 정권의 법정의료보험제도는 정권의 정통성 부족을 보완하기 위한 것이었다. 중화학공업 중심의 산업화에 명운을 걸었던 박정희 정권이 짧은 기간에 이 일을 해내기 위해서는 무엇보다 자본의 축적이 필요했다. 동원할 수 있는 모든 수단을 사용하여 국내외의 자본을 끌어와야 했고, 이에 더해 국민의 소비를 줄이고 저축과 기업의 투자를 장려했다. 그래서 박정희 정권은 노동자들에게 저임금과 악조건의 근로환경을 감수하도록 요구했다. 이렇게 해서 기업은 저임금을 통해 더 많은 이윤을 남길 수 있었다. 박정희 정권은 이것을 고스란히 산업생산에 투자하도록 하는 국가 주도형의 압축적 경제성장을 도모했던 것이다.

박정희 정권의 산업정책은 상당한 성공을 거두었다. 하지만 그림자 또한 넓고 짙었다. 우선, 폭력적 공권력이라는 억압적 기제의 사용을 제도화한 유신체제는 민주주의와 인권을 말살했다. 다음으로, 수많은 근로빈민을 양산했다. 궁극적으로 중화학공업 중심의 산업정책은 성공했지만,

가난한 노동자의 수는 압도적으로 늘어났고 불평등은 심화되었다. 그리고 이들은 농촌을 떠나 도시로 몰려든 광범위한 도시빈민과 함께 유신체제의 잠재적 불안요인이었다. 야당과 재야 민주진영의 민주주의 요구와 노동자와 도시빈민의 잠재적 생존권 요구는 유신체제라는 정권의 정통성 부족과 결합하면 체제 안정의 큰 위협요인이 아닐 수 없었다. 서서히 정통성 없는 유신 정권의 위기가 다가왔다.

그런데 정치적 위기를 전후한 시기에 정권의 정통성 부족을 보완하는 데는 복지만큼 명분 있는 수단도 없다. 그래서 박정희 정권은 돈이 거의 들지 않으면서도 상징적 효과를 누릴 수 있는 의료보험제도를 도입했던 것이다. 이에 더해, 북한과의 체제 경쟁이라는 요소도 법정의료보험제도를 도입한 배경 중의 하나이다. 그때만 해도 북한은 군사뿐만 아니라 경제와 복지에서도 남한보다 우위에 있었는데, 특히 북한의 무상의료는 더 그랬다.

12년 만에 달성한 '전 국민 의료보험'

1979년 1월 1일부터 공무원 및 사립학교 교직원 의료보험제도가 실시되었다. 이 제도는 별도로 설립된 의료보험관리공단이 관리운영을 맡아보는 것으로서 1977년 7월에 설립된 법정의료보험인 직장의료보험과는 별도의 것이었다. 이로써 공무원과 교직원 및 그 가족 등 약 266만 명이 의료보험의 혜택을 볼 수 있게 되었다.

또, 1979년 7월 1일부터는 직장의료보험이 확대 적용되었는데, 300인 이상의 근로자를 고용하는 사업장도 그때부터 법정의료보험에 가입해야 했다. 이렇게 당연 적용되는 사업장이 많아진 것만큼 의료보험조합의 수도 늘어났는데, 1979년에는 의료보험조합의 수가 무려 612개로 늘어나 있었다.

그런데 조합원 수가 적은 영세 의료보험조합들은 재정적 곤란을 겪게 되었다. 주로 규모가 작은 조합들은 작은 회사들이니만큼 의료보험료 수입은 적고, 조합의 관리운영이 '규모의 경제'에 미달하여 이들 의료보험조합은 적자를 면하기 어려운 구조였다. 그래서 소규모의 단독조합들은 관리운영의 측면에서 규모의 경제를 달성하기 위해 점차 지구공동조합으로 통폐합시켰다.

그리고 1981년 1월에는 100인 이상을 고용하는 사업장을 의료보험제도에 포함시켰으며, 1982년 12월에는 16인 이상을 고용하는 소규모 사업장에도 의료보험을 강제 적용했다. 이렇게 직장의료보험은 제도의 수혜대상을 확대해오다가 1988년 7월부터는 5인 이상을 고용하는 소규모 사업장에까지 의료보험을 당연 적용함으로써 수혜 대상자를 크게 확대했다.[3]

그런데 문제는 농어촌과 도시의 주민들이었다. 1979년에 300인 이상 사업장의 근로자와 그 가족들에게까지 직장의료보험이 적용하고, 공무원과 사립학교 교직원 및 그 가족들에게도 공무원·교직원의료보험이 적용되었지만, 그때까지만 해도 전체 인구의 21.2%만이 의료보험 혜택을 누렸을 따름이었다. 이건 큰 문제였다. 정의롭지 못할 뿐만 아니라 사회계층 간 불평들을 심화시켰기 때문이다.

일반적으로 보수진영의 선별적 복지 논리는 국가복지를 가장 필요로 하는 국민을 자산조사를 통해 선별하여 최소복지를 제공하는 것이 기본이다. 이에 비춰보더라도 보호가 절실한 중하층 국민이 아니라 중상층 국민에게 보호를 몰아줌으로써 사회계층 간의 불평등을 심화시킨 박정희 정권의 괴상한 '선별적 보호' 정책은 보수의 관점에서도 거꾸로 가는 선별주의임에 틀림없다.

1979년 10.26사태 이전까지 박정희 대통령이 했던 의료보험제도의 성과는 1977년 7월에 500인 이상 대규모 사업장에서 시작했던 직장의료보험을 1979년 7월부터 300인 이상의 사업장으로 적용범위를 확대했고, 1979년 1월에는 공무원과 교직원이라는 안정적 직장을 가진 사람들까지 의료보험제도에 포괄한 것이다. 그런데 이로 인해 나머지 80%의 국민은 이중의 고통을 당했다.

첫 번째 고통은 역차별적인 '선별적 보호' 정책 때문에 사회계층 간의 불평등이 심화되었다는 것이다. 당시 산업화의 진전으로 인해 국민의 의료이용에 대한 욕구는 점차 증대되고 있었다. 하지만 이전과 달리 어떤 국민들은 의료보험제도라는 국가의 선별적 보호로 질적으로 한층 좋아진 의료기관을 이용할 수 있었고, 다른 국민들은 이를 그림의 떡처럼 바라만 볼뿐 경제적 장벽 때문에 아파도 의료이용을 할 수 없었다.

두 번째 고통은 당시 의료보험증이 없었던 대부분의 보통사람들은 이중의 어려움을 겪었다는 것이다. 박정희 정권은 의료보험제도를 도입하면서 당시 관행적으로 받던 가격의 절반 수준에서 의료수가를 결정했다. 이런 낮은 의료수가 책정에 대해 의료계의 일부 반발도 있었지만, 1977년

7월 당시 의료보험 수혜자가 전체 인구의 8.8%에 불과했기 때문에 의료계는 정부의 낮은 의료수가를 수용했다. 그런데 문제가 생겼다. 1979년을 지나면서 전체 인구의 20% 이상이 의료보험증을 가지게 되었는데, 낮은 의료수가로 인해 의료계의 수익이 줄었기 때문이다.

물론 의료보험제도가 적용범위를 넓혀감에 따라 환자 수가 늘었으므로 의료기관 입장에서는 진료수익이 늘어났다. 하지만 이후 의료기관과 의사의 수가 점차 늘어나면서 의료기관들은 의료보험증이 없는 환자들에게 더 많은 부담을 지웠다. 가령, 충수염이란 동일한 진단명으로 수술을 받는 동일 연령대의 두 환자가 같은 병원에 입원해서 수술을 받고 일주일 만에 퇴원한 경우를 생각해보자. 그런데 A씨는 안정된 직장을 가진 중상층 국민으로 의료보험증이 있고, B씨는 시골에서 농사를 짓는 가난한 국민으로 의료보험제도의 혜택이 없는 관계로 의료보험증이 없다.

나의 경험에 의하면, 가난한 B씨는 부유한 A씨보다 몇 배의 진료비를 더 내야 겨우 퇴원할 수 있었다. 1979년을 기준으로 부유한 A씨는 국가가 정한 의료수가에 따라 병원이 산정한 급여 진료비의 약 30%를 내면 된다. 그런데 B씨는 의료보험이 없으므로 진료비를 전부 자신이 내야 한다. 여기까지는 좋다. 그런데 B씨가 억울한 것은 진료비 단가가 아예 A씨와 다르다는 것이었다.

병원들은 A씨에게는 불가피하게 정부와 약속한 의료수가를 기준으로 진료비를 산정했는데 비해, B씨에게는 관행적으로 받던 의료수가 또는 그보다 더 높은 의료수가를 적용했다. 의료기관들은 법정의료보험 환자를 진료하면서 손해를 본다고 생각했던 부분을 의료보험증이 없는 환자들로부터 보상받았던 것이다. 세상에! 어떻게 정부가 이런 불의를 조장할 수 있단 말인가.

그래서 1980년대에 들어오면서 직장인이거나 공무원 또는 교직원이 아닌 사람들, 즉 농어촌이나 도시의 자영업자를 포함한 지역주민들을 어떻게 의료보험제도에 포함시킬 것인지, 이 문제가 최대의 과제였다. 당시의 군사정부는 유럽의 여러 선진국에서 시행하고 있던 조세에 기반을 둔 의료보장 방식은 전혀 고려하지 않았다. 그렇기 때문에 기존의 조합주의 의료보험제도에서 적용인구의 범위를 단계적으로 확대해나가는 방법이 유일한 해법이었다.

농어촌과 도시의 지역주민들은 소득의 격차가 심하고, 대부분은 소득 자체를 파악하기 어려웠기 때문에 의료보험제도를 도입하기가 기술적으로 쉽지 않았다. 설사 소득을 파악했다고 해도 가난한 지역주민들이 선뜻 강제적용 방식의 의료보험제도를 정치적으로 수용하기도 쉽지 않을 것이었다.

다시 말해서 의료보험 혜택을 환영하지만, 대부분의 농어촌과 도시 지역주민들은 가난한 형편 때문에 매달 의료보험료를 납부하는 것이 그렇게 쉬운 일은 아니었을 터였다. 그래서 정부는 1981년 7월부터 일부 농촌지역을 대상으로 지역의료보험 시범사업을 실시했다. 시범사업은 어떤 제도의 타당성을 검토해보기 위해, 또는 제도의 본격적인 실시에 앞서 나타날 수 있는 문제점을 미리 파악하여 대처하기 위해 실시하는 것이다.

그런데 그때 실시했던 시범사업은 군사정부가 지역주민들의 의료보장을 위해 나름대로 노력하고 있다는 모습을 연출하면서 지역의료보험의 도입을 피하려는 면피성의 의도가 다분했다. 그때 군사정부 입장에서는 조세방식으로 농어촌과 도시 지역주민들의 의료를 보장하지 못할 바에는 이렇게 소득수준의 향상 등으로 인해 의료보험제도를 수용할만한 상황이 무르익을 때까지 차일피일 지역의료보험의 도입을 미루는 것이 상책이었다.

하지만 1980년대 후반에 접어들자, 지역의료보험의 도입을 계속 미룰 수만은 없는 일이었다. 법정의료보험이 도입된 지 10년이 지나도록 농어촌과 도시의 지역주민들을 의료보장의 사각지대에 방치하는 동안 의료보험 혜택을 둘러싼 불균형으로 인한 사회적 갈등이 갈수록 심해졌기 때문이다. 게다가 1980년대 들어 연평균 7~10%의 고도성장을 이루었고, 국민의 사회권 의식도 점차 높아졌으므로 지역의료보험 도입을 더 이상 미루기도 어려운 상황이었다.

정부는 1988년 1월 1일을 기해 138개의 의료보험조합을 통해 약 826만 명의 농어촌 주민들에게 농어촌 지역의료보험을 적용했다. 또, 1989년 7월부터 117개의 의료보험조합을 통해 약 1,100만 명의 도시 주민들에게 도시 지역의료보험을 적용했다.[4]

이로써 우리나라는 1977년 7월 직장의료보험을 조합주의 방식의 법정의료보험으로 시작한 지 12년 만에 모든 인구를 의료보험제도에 포괄하게 되었다. 즉, 모든 국민은 손에 의료보험증을 쥐게 되었고, 마침내 '전 국민 의료보험' 시대가 개막되었다. 외형적으로는 보편적 의료보험제도가 확립된 것이었다.

'전 국민 의료보험'은 노태우 정권의 정치적 승부수

1989년 7월의 '전 국민 의료보험'은 박정희 대통령 시대의 직장의료보험과 마찬가지로 여전히 조합주의 방식을 따랐다. 그래서 '전 국민 의료보험제도'가 달성된 직후인 1990년대 초반까지만 해도 의료보험조합의 수가 무려 420개나 되었다. 우리나라 의료보험제도의 보편주의는 여전히 의료보험조합들이 각각 자율적으로 보험재정의 책임을 지고 있다는 점에서 의료보험제도의 본질적인 구조개혁 없이 그저 의료보험조합의 수를 증가시키는 방식으로 달성된 것이었다.

그런 의미에서 '전 국민 의료보험제도'는 본질적이고 구조적인 개혁을 통한 것이 아니라 기존의 것에 계속 더해가는 방식의 '추가적 개혁'일 따름이었다.[5] 그런 만큼, 의료보험제도의 위험분산 기능은 개별 의료보험조합 단위에 머물렀고, 사회·경제적 재분배 기능 또한 개별 조합 단위에서만 제한적으로 이루어졌다. 조합주의 의료보험제도의 한계는 그대로였던 것이다.

1980년대 중반까지도 우리나라는 전체 국민의 43% 정도만이 의료보험의 혜택을 보고 있었다. 절반 이상의 국민은 사각지대에 내몰려 있었는데, 직장인이나 공무원 또는 교직원이 아닌 사람들과 그 가족들이 여기에 속했다. 당시 살림살이가 가장 어려웠던 농어촌과 도시의 서민과 자영업자를 포함한 지역주민들은 의료보장의 사각지대에 있었다. 그동안 역대 군사정권은 이 문제를 해결할 의지가 없었기 때문에 차일피일 미루기만

했다.

1980년대 중반 들어, 재야 지식인과 학생들을 중심으로 민중운동의 조직적 구심이 강화되었다. 급기야 1987년 6.10 민주항쟁이 일어났다. 정치적 민주주의를 요구하는 들불 같은 투쟁은 마침내 1987년의 6.29선언을 이끌어냈다. 당시 집권당이었던 민정당의 노태우 대표는 6.29선언을 발표하고 직선제 개헌을 약속했다. 그리고 그해 7월부터 '1987년 노동자 대투쟁'이 시작되었다. 3개월 동안 진행된 노동자 대투쟁에서는 약 3,500건의 노동쟁의가 벌어졌으며, 무려 1,162개의 노동조합이 새롭게 만들어졌다.

1987년을 기점으로 우리나라는 정치적 민주주의에 대한 요구뿐만 아니라 노동자의 삶을 포함한 경제사회적 요구를 달성할 수많은 조직적 성과물을 남긴 셈이었다. 이러한 추세는 시민사회에서도 그대로 이어졌다. 정치적 민주주의 쟁취를 위해 재야인사들 중심으로 조직되어 있던 기존의 민중운동단체들 이외에도 보건의료와 환경 등 다양한 시민사회의 영역에서 새로운 조직들이 속출했다. 1987년 11월 21일 창립된 인도주의실천의사협의회가 대표적인 사례라고 하겠다.

1987년 6.10 민주항쟁의 성과와 노동자 대투쟁 및 시민사회의 새로운 조직화 추세에도 불구하고, 그해 12월 대통령 선거에서는 노태우 후보가 당선되었다. 야당에 유리한 정치적 환경이었음에도 김영삼 후보와 김대중 후보가 모두 출마를 강행함으로써 여당 후보가 어부지리를 얻은 측면이 강하였다. 취약한 정치적 환경에서 야당 후보의 분열을 통해 어렵게 당선된 노태우 대통령은 집권세력으로서의 정치적 안정을 필요로 했다.

이를 위해서는 1988년 4월 총선에서 더 많은 의석을 얻어야 했다.

이런 노력의 하나로 노태우 당선자와 집권세력은 농어촌 지역의료보험을 실시하는 정치적 승부수를 사용했다. 그는 이것이 총선을 앞두고 정치적 인기를 얻는 데 유리하다고 생각했다. 1988년 4월 총선에서 집권당은 국회의원 299석 중에서 125석을 얻음으로써 과반수 달성에는 실패했다.

그때 여당은 주로 농어촌 지역에서 이겼다. 집권세력이 농어촌에서 이겼던 데는 농어촌 지역의료보험이 일정하게 기여한 측면이 있을 것으로 판단된다. 도시에서 패배했던 집권여당은 도시지역에서의 정치적 경쟁력을 높일 필요가 있었다. 그래서 노태우 대통령과 집권세력은 도시지역에서 정치적 승리를 얻기 위한 방책의 하나로 도시 지역의료보험을 도입하겠다고 발표했다.

당시 야당들은 의료보험의 전 국민적 확대를 요구하고 있었고, 풀뿌리 시민단체들도 의료보험의 도시지역 확대를 강력히 촉구하고 있었다. 도시지역의 민심이 이미 그쪽을 향해 있었던 것이다. 그래서 노태우 대통령과 집권여당은 야당의 복지확대 의제를 선제적으로 낚아채기로 결정했다. 그 결과로써 1989년 7월부터 우리나라는 '전 국민의료보험' 시대를 맞게 되었던 것이다.

이전에는 의료보험의 보편적 적용을 포함한 국가복지의 확대를 기피했던 보수 정치세력이 이렇게 국가복지의 선제적 확대에 나섰던 이유는 분명하다. 그것은 민주주의의 획기적 진전을 의미하는 1987년 민주항쟁 이후의 민주주의 정치체제에서 여야 정당 간의 '정치적 경쟁'은 불가피했고, 여기서 이기기 위해서는 국민과 시민사회의 정치적 요구뿐만 아니라 경제사회적 요구에도 민감해야 했기 때문이다. 결국, 정치적으로 펼쳐지는 '경쟁적 불확실성'이 노태우 정권과 보수 정치세력으로 하여금 선제적으로 국가복지의 확대에 나서게 했던 것이다.[6] 그래서 '전 국민 의료보험'은 노태우 정권의 정치적 승부수였던 것이다.

조합주의 의료보험의 문제점

우리나라는 제2차 세계 대전 이후부터 1970년대까지 자본주의의 황금기라고 불리는 복지국가 시대를 거쳐 온 유럽 복지국가들을 제외하고 전후에 출범한 국가들 중에서 거의 유일하게 '전 국민 의료보험'을 달성한 나라가 되었다. 그것도 12년이라는 단기간에 이루어낸 것으로 세계적으로 유례를 찾기 어려운 기록적인 성과였다. 그럼에도 불구하고 '전 국민 의료보험'은 '추가적 개혁'이라는 구조적 한계를 안고 있었다. 의료보험조합들을 추가해 나가는 방식으로 적용인구를 늘리는 데만 급급하다 보니, 다음과 같은 문제점들이 노정된 것이었다.

첫째, 의료기관에서 환자가 부담해야 하는 본인부담금의 비율이 너무 높았다. 1990년 당시, 의료보험이 적용되지 않는 비급여 진료와 의료보험이 적용되는 진료의 본인부담을 포함한 환자의 실질적인 본인부담 비율은 전체 진료비의 59.7%에 달했다.[7] 의료보험제도의 보장성이 40%에 불과했던 것이다. 이렇게 보장성이 낮았던 것은 의료보험제도 도입의 수용성을 높이기 위해 국민들에게 의료보험료를 적게 징수하였고, 이에 더해 정부도 의료보험제도에 대한 재정 지원을 최소화했기 때문이다.

이렇게 해서 '저 부담-저 급여'의 한국형 의료보험체계가 만들어졌던 것이다. 문제는 이러한 '저 부담-저 급여' 방식이 저소득층에게 불리한 역진적인 의료보험제도라는 점이다. 본인부담금은 논리적으로 의료이용의 경제적 장벽인데, 이것이 부자들에게는 별 것이 아니겠지만 가난한 사람들에게는 의료기관 방문과 입원을 꺼리게 한다. 결국, 의료보험제도가 소득계층 간의 의료이용 격차를 획기적으로 줄여야 함에도 불구하고 실제로는 이러한 기대에 크게 미달했던 것이다. 이 문제를 해결하려면 의료보험료를 더 많이 징수하고, 정부의 재정 지원도 늘려야 한다.

그런데 조합주의 방식에서는 이것이 어렵다. 의료보험 조합들 간의 큰 재정격차 때문이다. 실제로 대기업 직장의료보험조합의 경우에는 가입자들이 소득수준은 높은 데 비해 비교적 건강하고 젊다. 그래서 이런 의료보험조합들은 보험재정의 여유가 많았다. 반면에 소규모의 농어촌 지역 의료보험조합이나 영세한 직장의료보험조합들의 경우에는 가입자들이 가난하고 연령도 높아서 언제나 이들 의료보험조합의 보험재정은 적자상태였다. 결국, 의료보험조합들 간의 심각한 재정격차 때문에 당시 우리나라 의료보험제도는 전반적으로 급여확대를 통한 보장성의 상향 조정이 불가능했다.

둘째, 조합주의 의료보험제도는 구조적으로 조합 단위로 쪼개져 있기 때문에 사회연대성의 원리를 해치고 관리운영의 비효율을 드러냈다. 1990년 당시, 우리나라는 국가로부터 의료보호를 받고 있던 인구를 제외한 전체 국민의 93.9%가 의료보험제도에 의해 409개의 의료보험조합에 속해 있었다. 이러한 조합주의 의료보험제도는 크게 세 부분으로 구성되었다. 인구의 10.8%를 포괄하고 있던 공무원·교직원 의료보험관리공단이 하나의 거대 조합이었고, 직장의료보험조합은 인구의 37.8%를 포괄하는 154개의 조합으로 구성되어 있었고, 지역의료보험조합은 인구의 45.3%를 포괄하는 254개의 조합으로 구성되어 있었다.

그런데 이런 조합주의 방식에서는 사회구성원 상호간의 '연대'가 조합의 범위 내에만 머물었고, 의료보험조합들 간의 심각한 재정 격차로 인해 전체적으로 사회연대성을 해치는 것으로 귀결되었다. 이것은 위험의 분산이라는 측면에서도 바람직하지 못했다. 농어촌 지역의료보험조합이나 소규모의 영세 직장의료보험조합에서는 위험 분산의 범위가 너무 좁아서 사회보험으로서의 의료보험 기능을 제대로 수행하기 어려웠다.

또한, 조합주의 방식은 관리운영의 비효율이 심각했다. 어떤 농어촌 지역의료보험조합들은 전체 보험재정의 20~30%를 관리운영비로 사용한 경우도 있었다. 현재 국민건강보험의 관리운영비가 보험재정의 3% 미만인 점을 생각해보면, '규모의 경제'를 도외시한 당시 조합주의 의료보험제도의 비효율성을 충분히 짐작할 수 있을 것이다.

10년간의 의료보험 통합 운동

조합주의 의료보험제도의 구조적 한계를 극복하기 위한 노력이 시민사회운동의 형태로 등장했다. 의료보험 통합일원화 운동이 그것인데, 무려

10년 넘게 계속되었다. 이 운동이 모습을 처음 드러낸 것은 농어촌 지역 의료보험 실시로 인한 농민들의 조직적 항의와 투쟁이 있는 이후였다.

대통령 선거에서 이긴 노태우 당선자와 보수 정치세력은 1988년 1월 초에 농어촌 지역의료보험 대상자들에게 의료보험료를 고지했다. 그때 책정된 의료보험료의 80%를 지역가입자들이 부담하도록 했다. 농어민들은 이것이 부당하다고 생각했다. 직장의료보험의 경우에는 책정된 의료보험료의 50%만 가입자가 내는 데 비해, 농어민들의 부담은 과도한 것으로 인식되었다.

이것은 연간 수입이 일정하지 않은 가난한 농어민들이 감당하기에는 버거운 것이었다. 결국 농어민들은 1988년 4월 총선이 있기 한 달 전부터 전국적인 반대 투쟁을 시작했다. 이에 집권 정치세력은 농어촌 지역가입자의 경우도 직장가입자처럼 책정된 보험료의 50%만 내도록 하겠다고 정치적으로 약속했다.

1988년 4월 총선이 끝나고 두 달 후인 6월부터는 농어촌 지역의료보험에서 드러났던 조합주의 의료보험제도의 구조적 한계를 극복하겠다는 목적을 내건 새로운 사회운동 연대조직이 모습을 드러냈다. 도시빈민운동, 농민운동, 보건의료운동단체들을 포함한 48개의 시민사회단체들이 모여 출범시켰던 '전국의료보험대책위원회'가 그것이다. 그런데 이때까지만 해도 아직 노동운동 세력은 이 연대적 사회운동에 참여하지 않았다.

'전국의료보험대책위원회'는 1988년 하반기에 의료보험 통합일원화와 건강보험료의 누진율 적용 등을 골자로 하는 국민의료보험법을 국회 보건복지위원회에 제출했다. 이때 김대중 주도의 평화민주당과 김영삼 주도의 통일민주당은 이 법안을 적극 지지했다. 김종필 주도의 신민주공화당도 이 법안을 지지했기 때문에 여소야대의 정치구조에서 국민의료보험법은 정부와 여당 지도부의 거센 반대에도 불구하고 1989년 2월 임시국회를 통과했다. 그러나 이 법안은 실현되지 못했다. 1989년 3월 노태우 대통령이 거부권을 행사했기 때문이다.

이렇게 해서 의료보험 통합일원화를 위한 1980년대 후반의 노력은 좌절되고 말았다. 하지만 '전국의료보험대책위원회' 활동은 사회보장에 대한 우리나라 최초의 집단적 문제제기이자 연대투쟁이었다는 점에서 의의가 크다 하겠다. 이후 노태우 대통령의 거부권 행사를 규탄하고 의료보험 통합운동을 이어가기 위해 1989년 5월 6일 노동자, 학생, 보건의료인, 도시빈민 등이 참여한 의료보장쟁취공동위원회가 결성되었다.[8] 이 단체는 노태우 대통령이 거부권을 행사한 통합의료보험법의 국회 재통과를 촉구하며 국민의료보험법 쟁취대회를 열고 서명운동 등을 벌였으나 별 성과를 거두지 못했다.

이후에는 의료보험 통합일원화를 포함한 사회정책 전반의 진보가 실현되기 어려운 정치적 환경이 조성되었다. 여소야대의 정치구조가 인위적으로 개편되면서 정치적 보수의 시대가 찾아왔기 때문이었다. 1990년 1월 22일 김영삼과 김종필이 각각 이끌었던 통일민주당과 신민주공화당이 여당이었던 민주정의당과 통합하여 민자당을 출범시키는 소위 '3당 합당'이라는 보수주의 정치변동이 일어났던 것이다. 이러한 정치적 보수화의 시기에는 진보적인 사회운동은 정치와 정책형성의 영역에서 주변부로 밀려났고, 시민사회의 운동도 퇴조하였으며, 노동운동은 탄압을 받았다.

김영삼 정부 시기였던 1994년에 새로운 정책 환경이 조성되었다. 김영삼 정부가 의료보장개혁위원회를 설치했고, 여기서 의료제도의 여러 부분을 개혁하는 방안이 논의되었기 때문이다. 이때 조합주의 의료보험의 문제점을 개선하기 위한 방안으로 소규모 의료보험조합의 통폐합이 제안되었다. 실제로 1990년 409개이던 의료보험조합 수가 1995년 373개로 줄어들었다. 시민사회운동은 이러한 변화된 환경에 적극적으로 개입하기 시작했다.

  1994년 4월 11일, 노동, 농민, 시민, 보건의료 등의 시민사회단체들이 참여하여 〈의료보험 통합일원화와 보험적용 확대를 위한 범국민연대회의(약칭, 의보연대회의)〉를 결성하였다. 의보연대회의는 의료보험제도의 통합일원화, 보험적용과 급여의 확대, 건강보험료 부담의 공평성 제고 등의 목표를 내걸었다. 의보연대회의가 정책 환경이 다소 좋아진 틈을 비집고 순식간에 전국적인 연대체로 등장할 수 있었던 것은 의보연대회의의 주도세력이었던 보건의료운동세력의 투쟁 경험 축적과 인도주의실천의사협의회 등 보건의료단체들의 조직적 준비 덕분이었다.

  의보연대회의는 이전에 비해 연대운동의 지평을 대폭 확장했다. 우선 노동계가 참여했다. 그리고 그때 새로운 사회운동의 흐름으로 간주되던 경실련과 참여연대 같은 시민단체들도 참여했다. 중산층 활동가들, 의료인 등의 전문가 그룹과 교수들의 참여도 두드러졌다. 의보연대회의는 이렇게 참여자들의 저변이 넓었고 활동방식도 급진적인 계급투쟁이 아니라 합리적이고 합법적이었기 때문에 좌우논쟁이나 급진파라는 딱지를 피할 수 있었고, 광범위한 국민적 지지를 얻을 수 있었다.[9]

당시 의보연대회의가 추진했던 운동은 본질적으로 정치운동이자 정책운동이었다. 그러므로 정당과의 연대와 함께 탁월하게 유능한 정책 전문가들의 역할이 매우 중요했다. 행정부나 정당의 정책 당국자들도 높이 평가할 수밖에 없을 만큼 정책 대안을 정교하게 잘 만들어야 했고, 이것으로 국민적 지지까지 얻어내야 했기 때문이다. 이 일을 하는 데는 전문가로서 김용익 교수의 정책적 유능함과 집요함이 빛을 발하였다.

또, 의보연대회의 운동의 정치적 성격 때문에 전문가들에 의해 아무리 좋은 정책이 준비되어 있다 하더라도, 이것을 정치적으로 관철하지 못하면 아무 소용이 없었다. 그래서 야당을 포함한 정치권과의 연계에도 각별하게 신경을 썼다. 이러한 성과를 바탕으로 의보연대회의는 조직적으로도 크게 발전하여 1998년경에는 민주노총, 경실련, 참여연대, 인도주의실천의사협의회, 의료보험노동조합 등 노동·농민·보건의료 72개 단체와 6개의 지역연대회의로 구성되어 있었다.

마침내 1997년 12월 대선이 다가왔다. 당시 김대중 후보와 새정치국민회의는 의료보험 통합일원화 등의 보건의료정책과 관련하여 의보연대회의와 정책연합을 맺고 있었다. 당시 여론조사에서 의료보험 통합일원화가 조합주의 방식보다 월등히 높은 국민적 지지를 받고 있었다. 게다가 유권자의 대다수를 구성하는 농민, 노동, 대표적인 시민단체 등이 모두 의료보험 통합일원화 운동에 포괄되어 있었다. 그래서 여야를 막론하고 이를 정치적으로 무시하기 어려운 상황이었다.

마침내 여당과 이회창 후보 쪽도 입장을 바꾸었다. 그래서 사실상 여야 합의로 대선 한 달 전인 1997년 11월 '국민의료보험법'이 국회를 통과했다. 이것은 의료보험의 완전 통합에 앞서 이루어진 1단계 통합인데, 227개의 지역의료보험조합과 〈공무원·교직원 의료보험관리공단〉을 통합하여 〈국민의료보험관리공단〉을 창설하는 것이 골자였다.[10] 그리고 당시 직장의료보험조합은 140개였는데, 이것은 그대로 두는 것이었다.

이 법은 1998년 10월 1일부터 시행되었다. 그래서 우리나라의 의료보험체계는 전체 인구의 36%를 포괄하는 140개의 직장의료보험조합과 전체 인구의 60.4%를 포괄하는 하나의 〈국민의료보험관리공단〉으로 구성되었다. 이후 김대중 정부에서 2단계 통합방안이 본격적으로 추진되었고, 마침내 1999년 1월 국회는 의료보험제도의 완전한 통합을 규정한 '국민건강보험법'을 통과시켰다.

드디어 국민건강보험제도가 창설되다

김대중 정부에서 이루어진 의료보험 통합일원화는 결코 쉬운 과정이 아니었다. 고난의 연속이었다. 당시 여당이었던 새정치국민회의는 국회의 의석이 고작 79석에 불과했다. 정치연합에 참여했던 김종필 총리의 자민련 의석 50석을 합쳐도 과반에 미달했다. 이후 범여권은 야당 국회의원 빼오기를 통해 153석을 만들었지만, 보건복지상임위원회는 범여권의 국회의원 수가 과반을 넘지 못하였다.

당시를 생각해보면, 나는 지금도 '어떻게 우리가 저 일을 해냈을까?'라는 생각이 들면서 온몸이 아찔해진다. 참 어려웠다. 총만 안 들었지 사실상 전쟁 같았다. 이해관계가 첨예하게 대립했다. 찬반 시위로 여의도는 몸살을 앓았다. 김대중 정부 집권 1년차였던 1998년 당시의 의료보험 통합을 둘러싼 대립 축은 이랬다. 찬성 측은 집권여당, 의보연대회의, 민주노총과 지역의료보험 노동조합 등이었고, 반대 측은 야당, 경총과 전경련, 한국노총과 직장의료보험 노동조합 등이었다.

찬성 측은 의료보험을 통합하는 것이 공익에 부합한다고 생각했다. 시민사회단체와 전문가들은 그런 점을 논리적으로 이해하고 국민을 설득했다. 반대 측은 많은 경우 경총과 전경련의 자본과 기업 이기주의 논리에서 벗어나지 못했다. 그들은 의료보험의 통합일원화가 이루어지면 지역의료보험에 속해 있던 부담능력이 낮은 농어촌 주민과 도시의 저소득층이 이용하는 의료비용의 상당 부분을 장차 기업이 부담해야 한다는 점을 싫어했다.

기존의 조합주의 의료보험제도와 달리, 모든 국민을 하나의 공적 보험자가 포괄하여 부담능력에 따라 건강보험료를 부담하게 하고 필요한 만큼의 의료서비스를 이용하게 하자는 통합주의의 대원칙이 그대로 실현되면, 실제로 기업과 사용자의 부담이 커질 것은 자명했다. 하지만 나는 그렇게 하는 것이 사회연대의 원리를 구현하는 것이고, 그것이 정의라고 믿었다.

반대 측이라고 해서 다 이렇게 이기적이고 공익을 덜 생각했던 것은 아니었다. 합리적 조합주의 옹호론자였던 나의 스승 문옥륜 교수의 경우가 그렇다. 문 교수의 조합주의 옹호론은 당시의 조합주의를 그대로 유지하자는 것이 아니라 조합주의의 장점을 살리면서 단점을 단계적으로 극복하자는 입장이었다. 규모가 작은 조합들의 통합을 통한 '규모의 경제' 달성, 또는 지역의료보험조합의 대규모 통합 등을 통해 단계적으로 통합을 추진하자는 것이었다. 그리고 조합주의를 유지함으로써 의료보험조합 간의 경쟁을 통한 장점을 살리면서도 조합들 간의 재정공동사업을 통해 격차를 줄이고 사회연대의 수준도 높이자는 주장이었다.

그런데 재미있는 것은 민주노총과 한국노총이다. 민주노총은 주로 대기업의 정규직 노동자들로 구성되어 있고, 한국노총은 주로 중소기업이나 처지가 별로 좋지 못한 기업의 노동자들로 구성되어 있다. 논리적으로는 의료보험의 통합일원화가 이루어져서 모두가 하나의 틀에 들어가게 되면 소득수준이 낮은 중소기업 노동자들은 이득을 보게 된다. 반대로 소득수준이 높은 대기업 노동자들은 손해를 보게 된다. 그런데 민주노총은 조합원들에게 손해가 되는 통합일원화를 적극적으로 추진했고, 한국노총은 조합원들에게 이익이 되는 통합일원화를 적극적으로 반대했다. 이건 완전히 아이러니가 아닐 수 없었다.

그럼에도 불구하고 이들은 자기의 주장을 관철하기 위해 자주 대규모 시위에 나섰다. 일이 이렇게 비논리적으로 진행되었던 이유는 간단했다. 지역의료보험 노동조합이 민주노총에 소속되어 있고, 이에 대항하던 직장의료보험 노동조합이 한국노총에 소속되어 있었기 때문이었다. 지역의료보험조합들은 그들의 존재 조건에서부터 통합일원화가 오랜 숙원이었다. 직장의료보험조합들은 이미 가지고 있던 기득권을 지역의료보험조합이나 지역가입자들과 나누는 것이 싫다는 점에서 경총이나 전경련과 동일한 이해관계를 가지고 있었다.

이렇게 해서 우리 사회는 기나긴 갈등의 시간을 보내야 했다. 그 과정에서 엄청난 갈등 비용을 치렀다. 이 갈등은 짧게는 1988년부터 시작된 10여 년의 양대 진영 간의 정책 전쟁이었고, 길게는 1980년대 초반부터 시작된 20여 년의 긴 전쟁이었다. 찬반을 주장하는 수없이 많은 집회가 열렸고, 상호 비난과 저속한 인신공격이 난무했다.

나는 줄곧 이런 전쟁 같은 긴 정책과정의 한 가운데 서 있었다. 여의도의 집권여당 정책위원회에서 근무하는 동안 이런 찬반 시위를 여러 차례 지켜봐야 했다. 그리고 통합일원화를 반대하는 한국노총의 대규모 시위가 있는 날이면 심한 정신적 스트레스를 겪어야 했다. 때로는 내가 근무하던 정책위원회 입주 건물의 유리창이 깨진 계란으로 도배가 되다시피 하는 경우도 있었다.

1999년 1월 국회를 통과했던 '국민건강보험법'은 건강보험 재정의 통합을 둘러싼 정치권의 논쟁과 정부의 통합 작업에 대한 준비 부족으로 인해, 1999년 10월 국회에서 수정법률안이 통과됨으로써 시행도 해보기 전에 수정되었다. 국민건강보험법 수정법률안에 따라, 국민건강보험제도는 조직은 2000년 7월 1일을 기해 하나의 공적 보험자인 국민건강보험공단으로 통합되고, 재정은 2002년 1월 1일을 기해 하나로 통합되도록 예정되었다.

그런데 이후 지역가입자 소득파악 문제로 여야 간에 정치적 갈등을 겪다가, 결국 야당 주도로 2001년 하반기에 건강보험법 개정안을 다시 통과시킴으로써 재정의 통합은 다시 1년 6개월이 유예되어 2003년 7월 1일부터 실시되었다.[11]

요약하자면, 우리나라는 2000년 7월 1일 의료보험의 통합일원화를 달성하여 마침내 국민건강보험제도를 창설하게 되었고, 직장가입자와 지역가입자 간에 재정의 통합을 달성함으로써 건강보험 재정까지 완전하게 통합을 이룬 것은 2003년 7월 1일이었다.

국민건강보험제도의 의의와 혜택

나는 1980년대 후반 의과대학 학생의 신분으로 의료보험 통합일원화 운동을 목격하고 학생운동 수준에서 참여했다. 이후 1990년대를 관통하며 의료보험 통합일원화를 위한 시민운동에 적극적으로 참여했다. 그리고 1998년 5월부터는 집권여당의 보건의료정책을 실무적으로 책임지던 '보건의료 정책전문위원'의 자격으로 의료보험 통합의 최종 성과물인 국민건강보험제도의 창설을 위해 내게 주어진 모든 수단을 동원하며 최선을 다했다.

이 일은 10여 년에 걸쳐 끈질기게 계속된 시민사회운동의 거대한 승리이자 대한민국 보건복지운동의 역사적인 성과물이다. 국민건강보험제도는 우리나라 최초의 보편적 복지이기 때문이고, 또 현재 우리 국민이 가장 신뢰하고 사랑하는 제도이기 때문이다. 끝으로, 국민건강보험제도의 창설이라는 의료보험 통합일원화가 가져온 중요한 효과 몇 가지를 짚어보자.

첫째, 의료보험 통합일원화를 통해 의료이용을 초래하는 질병 등의 '위험'을 모으는 범위가 넓어졌다. 1990년에 409개이던 의료보험조합들이 하나로 완전히 통합됨으로써 위험을 모으는 범위가 전국으로 넓어졌고, 이는 사회연대의 범위가 조합 단위에서 국가 단위로 확대되었음을 의미한다.

둘째, 의료보험 통합일원화를 통해 건강보험료 부담의 공평성(수평적 형평성)이 크게 개선되었다. 가령, 소득수준이 동일한 금천구의 자영업자 A씨와 강남구의 자영업자 B씨는 동일한 건강보험료를 내는 게 옳다. 소득수준이 동일하기 때문이다. 그런데 통합 이전에는 금천구의 A씨가 건강보험료를 B씨보다 더 많이 냈다. 금천구가 강남구보다 소득수준이 낮기 때문에 금천구 의료보험조합은 늘 재정적으로 적자였고, 그래서 건강보험료율을 높일 수밖에 없었다. 통합 이후에는 하나로 합쳐졌기 때문에 이런 불공평이 없어졌다.

직장가입자의 경우에도 마찬가지로 공평성이 크게 개선되었다. 가령, 통합 이전에는 대기업에 다니는 C씨는 중소기업에 다니는 D씨보다 소득에 비해 건강보험료를 덜 냈다. 왜냐하면 대기업은 보험재정이 남아돌았기 때문에 C씨의 기본급에만 건강보험료를 메겼는데, 이에 비해 중소기업이 속한 의료보험조합은 재정 여건이 어려워 D씨의 기본급뿐만 아니라 각종 부가적 봉급에까지 건강보험료를 메겼기 때문이었다. 그런데 통합 이후에는 건강보험료를 메기는 기준봉급을 통일함으로써 이런 일이 없어졌다.

셋째, 의료보험 통합일원화를 통해 부자가 가난한 사람을 돕는 효과(수직적 형평성)가 커졌다. 전 국민을 하나의 공적 보험자로 통합함으로써 소득계층 간의 재정적 재분배 효과가 매우 커졌다. 이는 국가적 차원의 사회연대성이 구현된 결과이다.

넷째, 의료보험 통합일원화를 통해 관리운영의 효율성이 높아졌다. 수백 개의 개별 의료보험조합들이 하던 일을 국민건강보험공단이 통합적으로 수행함으로써 불필요한 인력과 중복되는 사업을 줄였다. 이를 통해 얻는 이득이 매우 컸다.

다섯째, 정부의 책임성이 강화되었다. 조합주의 방식은 원래부터 정부의 책임과 재정 부담을 최소화하기 위해 도입되었던 것이다. 그런데 이것을 하나의 공적 보험자로 통합함으로써 정부의 재정적 책임뿐만 아니라 정치적 책임도 커졌다. 실제로 통합 이후 김대중 정부는 정부 재정의 투입을 늘렸고, 건강보험의 보장성 수준도 꾸준히 높였다. 이런 추세는 노무현 정부에서도 계속되었다.

그 결과, 1997년 우리나라 의료보험제도의 보장성은 48% 수준이었는데, 의료보험 통합 이후인 2002년에는 국민건강보험의 보장성이 52.4%에 이르렀다. 건강보험제도의 정상화와 급여확대를 위한 정부의 책임 강화는 이후 참여정부에서도 계속되었다. 그래서 국민건강보험의 보장성이 2004년 61.3%, 2005년 61.8%, 2006년에는 64.3%로 증가하였다. 10년 사이에 건강보험의 보장성 수준이 16% 포인트나 높아졌던 것이다.[12]

제2차 세계대전 이후에 독립한 국가들, 즉 당시에 이미 선진국이 아니었던 나라들 중에서는 대만을 제외하면 오직 우리나라만이 전 국민을 포괄하는 제대로 된 의료보장제도를 갖게 된 셈이다. 나는 이런 상황에 무척 고무되었다.

국민건강보험은 모든 국민을 포괄했다는 점에서 보편주의 복지에 해당한다. 하지만 국민건강보험의 급여 보장성 수준이 낮다는 점에서 '실질적' 보편주의를 구현하지는 못하고 있다. 그럼에도 불구하고 조합주의 의료보험의 통합일원화 이후에는 비교적 빠른 속도로 국민건강보험의 보장성 수준이 높아지고 있다. 구조적 차원에서는 성공한 것이다.

지금 전 세계의 개발도상국들이 우리나라의 국민건강보험제도를 배우고 싶어 한다. 해마다 여름이면 개발도상국의 공무원들과 관계 전문가들이 우리의 국민건강보험을 배우러 온다. 세계적 모범 사례가 된 것이다.

다섯

의약분업 정책과정의 중심에 서다

의약분업이 이대로 또 연기된다면 지난 40여 년 동안 연기되었던 것처럼 앞으로도 계속 그렇게 될 것이라는 생각이 들었다. '이렇게 끝나는 것인가', 그러면 '의약분업의 부재로 인한 온갖 문제들은 어떻게 되나?', '의약분업을 시발점으로 삼아 의료전달체계를 개혁하겠다는 나의 꿈은 여기서 좌절되고 마는 것인가?'

온갖 생각이 밀려왔다. 나는 굳게 마음을 먹었다. 강심장이 되고 얼굴에 철판을 튼튼하게 깔자고 작심했다. 여기까지 왔는데 여기서 좌절되면 보건의료제도 개혁의 기회가 앞으로 한동안은 없을 것이라는 생각이 들었기 때문이다.

「보건의료 선진화 정책보고서」의 탄생

나는 1998년 5월부터 집권여당인 새정치국민회의에서 '보건의료 정책 전문위원'으로 일했다. 시민사회에서 나를 파견한 셈이었고, 나는 언제나 내게 주어진 책무와 스스로 설정한 소명을 완수하기 위해 주어진 조건에서 최선을 다했다. 전문위원 직위는 이러한 책무와 소명을 실천하기에는 더 없이 좋은 곳이었지만, 직장으로서는 형편이 없었다. 예방의학 전문의인 내가 이런 정도의 월급이나 처우를 받는 게 타당한지를 따져보는 것은 그 자체로 사치였다.

여러 사람을 만나야 하고 활동량이 많았던 전문위원이라는 직업적 특성으로 볼 때, 이런 박봉과 저열한 처우는 경제적 어려움으로 이어졌다. 나중에는 이것을 조금이라도 보충하고자 경희대학교에 몇 학기 동안 겸임교수라는 이름의 시간강사로 강의를 나갔다. 그럼에도 불구하고 공익을 위한 책무와 스스로가 설정한 소명을 실천한다는 것은 매우 긴장되고 행복한 일이었다.

그렇게 1998년도를 보냈다. 당시 나는 김용익 교수가 실질적으로 이끌었던 의보연대회의와 긴밀하게 연계하면서 의료보험 통합일원화를 포함한 보건의료개혁을 위해 백방으로 뛰었다. 그리고 당시 우리가 설정했던 보건의료개혁 과제의 실현을 위해 새정치국민회의 소속 이성재 국회의원과 함께 일하면서 그의 힘겨운 투쟁을 지켜보았다. 이 두 사람은 대단한 집념과 놀랄만한 능력의 소유자들이다. 의료보험 통합일원화와 의약분업 등 우리나라 보건복지의 진보적 개혁을 위해 그들이 보여주었던 집요한 노력과 정치사회적 헌신은 충분한 존경과 감사를 받을만한 놀라운 것이라고 생각한다.

그리고 보건복지부에서는 이상용 과장이 주무과장을 맡아 고생을 많이 했다. 그때 집권여당의 정책위원회에는 내가 전문위원으로 있었고, 국회에는 보건복지상임위원회의 여당 간사인 이성재 국회의원이 있었고, 정부에는 실무적으로 우리와 호흡을 맞추었던 이상용 과장이 있었다. 그래서 주변에서는 이들 '이 씨' 성을 가진 세 사람이 정당과 국회와 정부에서 긴밀하게 공조하면서 의료보험 통합일원화 작업을 이끌고 간다는 말도 있었다.[13]

1998년 당시, 의료보험 통합일원화 과제 이외에도 해야 할 일이 몇 가지 더 있었다. 나는 그것들을 체계적으로 정리할 필요를 느꼈다. 그 과제들이 정치적 또는 행정적으로 우리 사회에서 충분히 수용될 만큼 논리적으로 빈틈이 없게끔 해야 했다. 그리고 그렇게 작성된 정책 패키지를 집권여당의 정책방향이나 당론으로 끌어올려야 했다. 이것이 내가 해야 할 전문위원으로서의 책무이자, 그때 내게 부여된 소명이었다.

지금 돌이켜 봐도, 내가 이러한 책무와 소명을 달성하는데 생각할수록 고마운 분은 정책위원회 의장이었던 김원길 국회의원이다. 그는 50년 만의 정권교체를 통해 집권한 여당이 행정부를 올바른 방향으로 잘 이끄는 것이 매우 중요하다고 생각했다. 수십 년 동안 정권 교체 없이 보수정당이 집권했었고, 여기에 길들여졌던 정부 관료들의 오랜 관성은 충분히 우려할 만한 것이었다. 당연히 집권여당이 자신의 정체성에 부합하도록 정부를 견인해야 한다는 인식이 클 수밖에 없었다.

그런데 그렇게 하기 위해서는 정부 관료들을 압도하거나 또는 어떤 방향으로 이끌고 갈만한 집권여당의 정책 의지와 능력이 요구되었다. 그래서 김원길 의장은 이런 취지에 부합하는 수준 높은 정책적 성과를 내기 위해 정책 활동을 지원하며 전문위원들의 사기를 높여주었다. 그는 유능한 정책을 개발하기 위해서라면 기꺼이 정책기획단을 만들도록 허락했고, 그런 활동을 적극 장려했다.

아마도 나는 50년 만의 정권교체라는 정치적 격변과 외환위기라는 국가적 위기 상황에서 집권여당에게 막중하게 힘이 실리는 정치적 조건과 김원길 정책위의장의 리더십으로 여당 내에서 정책위원회의 위상이 크게 높아진 상황으로 인한 이득을 가장 많이 본 사람에 속할 것이다. 그때 나는 '보건의료 효율화 및 선진화 정책기획단'을 만들었고, 김원길 의장의 승인을 받았다.

이 정책기획단의 위원장은 김상현 국회의원이었고, 부위원장은 이성재 국회의원과 김용익 서울대 교수가 공동으로 맡았다. 이 분들 외에 12명이 위원으로 참여했다. 나는 간사위원으로서 이 정책기획단의 운영을 맡았다. 이 정책기획단은 약 6개월의 집중적인 활동 끝에 「보건의료 선진화 정책보고서」를 발간했다.[14] 이 보고서는 여러 꼭지의 중요한 보건의료정책 패키지를 담고 있었으므로 이후 김대중 정부의 보건의료정책 방향을 설정하는 이정표의 역할을 수행했다.[15]

의료전달체계 확립이 중요한 이유

「보건의료 선진화 정책보고서」의 주요 정책들 가운데 가장 중요한 것이 의료전달체계를 확립하는 것이라고 생각했다. 이론적으로 의료는 필요를 기준으로 볼 때, 감기나 배탈 같은 가벼운 질환이 암과 같은 중증질환보다 훨씬 빈번하게 발생한다. 감기나 배탈은 자주 일어나는 반면에 치료의 부담은 가볍기 때문에 큰 병원에 갈 필요 없이 동네의원에서 간단하게 외래 진료를 받으면 된다. 이런 동네의원의 의료서비스를 '1차 의료'라고 한다.

그런데 수술이 필요한 충수염이나 폐렴 등으로 입원을 해야 할 경우에는 동네의원이 아니라 지역사회의 종합병원에 가야 한다. 이런 종합병원이 제공하는 의료서비스를 '2차 의료'라고 부른다. 이들 의료기관은 고난이도의 질환을 치료하기에는 시설이나 장비가 적합하지 않고, 상근하는 의사의 종류도 특정 기능을 수행하는 고도로 분화된 분과 전문의(가령, 신장내과 전문의 등)보다는 내과 전문의 등 과목별 전문의들이 주를 이룬다. 하지만 입원을 필요로 하는 수많은 질환은 고난이도의 중증이 아닌 한 이들 2차 의료기관에서 충분히 치료할 수 있다. 그렇게 하는 것이 효율적이고 실질적으로도 이득이다.

하지만 암과 같은 난이도가 높은 중증질환은 대학병원에서 치료를 받아야 한다. 이런 중증질환은 국가 전체적으로 필요의 크기는 작지만 매우 복잡하고 다루기가 어렵기 때문이다. 그래서 대학병원 같은 대형 종합병원에서 제공하는 고난이도의 복잡한 의료서비스를 '3차 의료'라고 한다.

여기서 의료전달체계란 의료서비스를 이렇게 필요에 맞게 적합한 의료기관을 순차적으로 이용하는 시스템을 말한다. 다시 말해서 감기나 배탈 같은 가벼운 질환은 동네의원을 이용하고, 충수염 수술 같은 중증도가 높지 않은 질환은 지역사회의 종합병원을 이용하고, 암 같은 중증질환은 대학병원을 이용하자는 것이다.

그런데 과거에도 그랬지만 지금도 우리 주변에는 감기나 충수염 같은 비교적 가벼운 질환으로 대학병원을 이용하는 사람들이 많다. 이것은 유럽에서는 찾아보기 어려운 현상인데, 국가 전체적으로는 심각한 의료자원의 낭비에 해당한다. 대학병원은 중증질환의 진료에 맞게 고도로 훈련된 고비용의 인력과 첨단장비가 운영되는 곳인데, 이러한 인력과 시설을 경증질환을 가진 사람들이 이용하는 것은 의료전달체계의 효율성을 떨어뜨리는 일임에 틀림이 없기 때문이다. 또, 경증질환자들이 이렇게 대학병원의 시설과 인력을 차지하다 보면 정작 중증질환자는 적절한 시기에 진료를 받지 못하게 된다.

반대로 중증질환을 가진 사람들이 대학병원이 아니라 동네의원이나 지역사회의 일반병원에서 치료받는 것도 옳지 않은 일이다. 1차 또는 2차

수준의 의료기관들은 중증질환을 집중적으로 다루는 데는 적합하지 않기 때문이다. 이런 경우는 과소진료에 해당한다. 결국, 질환의 경중과 성격에 맞게 적합한 의료기관을 이용하도록 하는 것은 과잉진료와 과소진료 모두를 극복하면서 '최적의 진료'를 온 국민에게 제공하는 가장 합당하고 효율적인 방법이다. 이것을 제도적으로 확립하자는 것이 의료전달체계 논의의 핵심이다.

그런데 우리나라에서 의료전달체계의 확립은 매우 어려운 과제이다. 동네의원부터 대학병원까지 모든 의료기관이 외래와 입원 진료를 경쟁적으로 하고 있기 때문이다. 동네의원이 입원실을 가지고 있고 대학병원이 외래진료에 집중하는 나라는 세계적으로도 그 사례를 찾아보기 어렵다. 우리나라에서는 동네의원과 병원이 경쟁하고, 병원과 대학병원이 경쟁하고, 심지어는 의원과 대학병원이 경쟁하고 있다.

그러다 보니, 동네의원과 병원들은 무리하게 고가의 장비를 구입하고 불필요하게 시설을 고비용으로 운영하게 된다. 이로 인해 의료기관의 경영이 어렵게 되고, 결국 국가 전체적으로 볼 때 아까운 의료자원이 경쟁적으로 낭비되고 있는 것이다. 이런 무분별과 무질서를 바로 잡아야 하는데, 이것이 '의료전달체계의 확립'이라는 정책과제이다.

그런데 이것은 정부가 우리 국민의 대학병원 이용에 규제만 가한다고 될 일이 아니다. 이런 규제로는 국민적 반발만 살 뿐 실효성은 별로 거둘 수 없다. 사람들이 대학병원으로 몰리는 데는 다 그만한 이유가 있기 때문이다. 대학병원이 환자를 끌어 모으는 매력이 크다는 것이 중요한 이유의 하나이다. 하지만 이것보다 훨씬 더 중요한 이유가 하나 있다. 그것은 동네의원이나 지역사회 종합병원의 매력과 신뢰가 부족하기 때문이다.

사실 대학병원에 가는 것은 매우 번거로운 일이다. 특히나 가벼운 질환을 가지고 멀리 대학병원까지 진료 받으러 가는 것은 더 그렇다. 그렇기 때문에 동네의원이나 병원이 국민으로부터 매력과 신뢰를 얻게 되면 상황은 크게 달라질 수 있게 된다. 나는 이런 식으로 의료전달체계를 확립하는 정책방안을 강구하는 것이 옳다고 생각한다. 물론 여기에 가벼운 질환으로 대학병원에 가는 경우에 경제적 불이익을 주는 장치를 더 강화하는 것 등의 규제 장치도 함께 사용하면 정책효과는 더 좋아질 것이다.

주치의제도가 필요하다

경증질환자들이 종합병원이나 대학병원 대신에 동네의원을 이용하도록 유도해야 한다. 그러기 위해서는 동네의원의 매력과 신뢰가 필요하다. 동네의원이 획기적으로 달라져야 한다. 동네의원의 매력과 신뢰를 높이려면 '의사-환자' 관계를 재구성하기 위한 제도적 조치가 필요하다. 이것은 동네의원이 수행해야 할 '일차의료'[16]의 정상화 없이는 달성되기 어렵다.

그래서 나는 집권여당의 전문위원으로서 '일차의료의 정상화'라는 목적을 달성하기 위한 정책수단으로 동네의원을 대상으로 하는 주치의등록제(단골의사제도)를 추진했다. 우리 국민은 신뢰 속에 언제든 찾아가서 상담과 진료를 받을 수 있는, 그리고 평소에 자신을 잘 알고 있는 친숙한 단골의사를 원하고 있기 때문이다. 당시에 나는 '의사-환자' 간의 신뢰관계를 제도화하고 싶었다.

우리나라는 이런 단골의사제도가 없기 때문에 환자들이 동네의원을 신뢰하지 못하고 '의사 장보기'를 하면서 의료와 약물을 남용하고 있다. 이는 일차의료에 대한 만족도와 신뢰도를 떨어뜨리고 국민의 의료비 부담을 증가시킨다. 이 문제는 보건의료 전문가들 사이에선 널리 알려져 있다. 하지만 해법을 구하는 일은 매우 어렵다. 이해관계가 복잡하게 얽혀 있기 때문이다.

단골의사제도는 효율성과 효과성이 매우 크기 때문에 정부당국도 제도 도입의 동기가 강하다. 하지만 의료계는 전반적으로 반대하고 있다. 정부가 단골의사제도를 통해 동네의원에 대한 통제를 강화해나갈 것이라고 생각하기 때문이다.

가정의학회는 대체로 단골의사제도의 도입을 지지한다. 이 제도가 국민에게 이득이 된다는 논리적 정당성에 더해, 가정의학과의 특성에도 잘 부합하고 장기적으로 유리한 점이 많다고 보기 때문이다. 하지만 대부분의 동네의사들은 반대한다. 이들 대부분이 단과 전문의이기 때문이다. 우리나라는 전체 의사의 90% 이상이 단과 전문의이다. 이는 단골의사제도를 도입하는 데 큰 걸림돌로 작용한다. 원래 주치의(단골의사)는 가정의학과 전문의나 내과 전문의처럼 환자의 상태에 대한 전반적 진찰과 관리가 가능한 의사로서 특정 전문분야의 의료지식보다는 포괄적 의료지식을 가져야 하기 때문이다.

우리나라의 동네의원은 다양한 분야의 전문의들이 특정 전문 과목을 내걸고 진료하고 있다. 그런데 포괄적 진료로 인해 단골의사제도에 가장 적합한 가정의학과 전문의는 아주 적다. 하지만 단골의사제도 도입에 부정적이긴 하지만 개업하고 있는 내과 전문의들은 그 수가 많은 편이다. 그런데 이들은 설득하기 어렵다는 문제가 있다. 이러한 악조건에도 불구하고 단골의사제도는 우리나라 의료전달체계의 선진화를 위해 반드시 도입해야 할 중요한 과제임에는 틀림이 없다. 그래서 나는 전문위원으로 재직할 때 단골의사제도를 지지하는 가정의학과 전문의들과 함께 이 정책을 연구하고 정치사회적으로 공론화하려고 노력했다.

단골의사제도의 필요성은 정책 전문가들 사이에서는 널리 알려져 있지만 아직 국민들은 잘 모르고 있다. 이에 대한 지식이 없고, 더구나 경험해 보지 않았기 때문에 더 그렇다. 그래서 우선적으로 단골의사제도의 필요성에 대한 공론화가 필요하다. 사실 이 일은 정부와 정치권이 해야 함에도 불구하고 하지 않고 있다. 누군가는 나서야 하는바, 시민사회와 전문가들이 나서서 이 문제를 먼저 공론화해야 한다. 고달프지만, 이것이 시민사회의 보건의료운동이고, 운동가들의 임무이다.

주치의제도 도입 방안을 준비하다

당시에 나는 단골의사제도(주치의 제도) 도입의 초석을 마련하고 싶었다. 이 일을 하는 데 가장 기본이 되는 것은 역시 국민들이 이 제도의 필요성을 충분히 인식하는 것이다. 여기서부터 시작하기 위해 단골의사제도가 얼마나 중요한지, 그 필요성을 간략하게 살펴보자.

첫째, 단골의사제도는 국가의료제도의 효율성 높여준다. 앞서 살펴본 것처럼, 단골의사제도는 의료전달체계의 확립을 위해 결정적으로 중요한 요소이다. 단골의사제도의 일차의료가 잘 작동하면 의료전달체계를 통해 국가의료제도의 효율성이 높아지는 것이다.

즉, 단골의사제도를 기반으로 '환자-의사' 간의 신뢰 관계가 정착되고, 동네의원이 책임성을 가지고 중증질환자를 대형병원으로 의뢰하고, 치료를 마친 환자를 대형병원으로부터 다시 역 의뢰받는 체계가 구축될 수 있게 된다. 이렇게 단골의사제도를 통해 의원과 대형병원 간의 역할 분담이 가능해진다. 이런 효율적 의료전달체계의 확립은 환자, 의사, 의료기관 모두에게 이득이다.

둘째, 단골의사제도는 질병관리의 효과성을 높인다. 고혈압, 당뇨병, 심장병 등의 만성질환을 가진 사람들의 가장 큰 문제는 약을 제대로 복용하지 않는 것이다. 이들 만성질환은 약을 제때 잘 복용하는 것이 무엇보다 중요하다. 정기적으로 약을 복용하지 않아서 사망하거나 병을 키우는 사람들이 너무나 많은데, 이는 심각한 보건문제가 되고 있다.

그래서 우리의 과제는 만성질환자가 약물 복용에 순응하는 정도를 높이는 것이다. 이 일을 하는 데는 의사가 중요하다. '의사-환자' 관계가 좋지 못하거나 의사의 의사소통 기술이 부족하면 복약 순응도가 낮아지기 때문이다. 따라서 단골의사제도가 필요하다. 평소 단골의사를 정하여 좋은 '의사-환자' 관계를 유지하면 환자의 복약 순응도가 높아지고, 결국 만성질환의 관리가 더 잘 이루어지게 된다.

셋째, 단골의사제도는 국가의료체계의 만족도를 높인다. 우리나라는 유럽 선진국들에 비해 국가의료체계에 대한 만족도가 높지 않은 것으로 알려져 있다. 이는 소득수준의 증가와 함께 급속하게 높아지는 국민의 기대 수준에도 원인이 있겠으나, 단골의사제도가 없음으로 인해서 발생하는 '환자—의사' 간의 문제에 기인하는 부분이 크다.

주치의제도를 실시하고 있는 유럽의 주요 국가들에서 일차의료에 대한 만족도가 매우 높은 데서 알 수 있듯이 단골의사제도의 시행은 국가의료체계에 대한 국민의 인식을 좋게 하고, 의료서비스의 이용에서 의료기관과 의료체계에 대한 국민의 신뢰를 높이는 데도 크게 기여한다. 수년간 한국에서 생활한 어떤 네덜란드 사람이 쓴 주치의에 대한 회고 글이 2006년 2월 5일자 《한국일보》에 실렸는데, 이 글은 주치의제도가 없는 나라에서 살고 있는 우리에게 많은 시사점을 준다.

한국에서 그리운 것이 있다면 주치의다. 그들은 아픈 이를 돌보는 아버지 같은 존재다. 주치의는 병원의 입구다. 어떤 전문의를 만나야 할지 모를 때 어디로 가라고 이야기를 해주기 때문이다. 100살 되시던 해에 내 할아버지는 이렇게 말씀하셨다. "첫 번째 의사는 걸어왔고, 두 번째는 말을 타고, 세 번째는 마차를, 네 번째는 자전거를, 다섯 번째는 오토바이를, 여섯 번째는 차를 타고 왔단다."(중략) 한국에서는 아프다고 느낄 때 본인이 어떤 의사가 적합할지 정해야 한다. 만약 틀리면 의사가 내게 잘못 왔다고 말해줄 것인지조차 확신할 수 없다. 그에 비해, 네덜란드는 훨씬 효율적이다. 병원에서 전문의는 뭐가 문제인지, 왜 환자가 더 전문적인 도움을 받아야 하는지, 주치의가 쓴 편지를 보고 실마리를 잡기 때문이다.

― 헨리 사브나이에

우리나라 정부도 단골의사제도가 필요하다는 데는 동의하고 있다. 실제로 1995년에 일부 개혁적 보건정책 공무원들의 노력으로 '가족등록제'의 시행 방안을 발표하기도 했다. 그러나 이는 곧바로 대한의사협회의 강력한 반대에 부딪혔다. 그럼에도 그해 5월, 정부는 이를 '주치의등록제'로 개명하여 다시 추진하기로 결정했다. 1996년 정부는 시범사업 지역(서초구, 안성군, 파주시)을 발표했다.

그러나 정부의 이러한 정책 의지는 해당지역 의사회의 반대로 무산되고 말았다. 이렇게 허망하게 실패한 데는 정부가 치밀한 기획 없이 일을 추진했기 때문이었다. 정부는 정책의 선의를 앞세워 시범사업이라도 해보려고 했지만, 당시 국민의 무관심 속에서 의사협회의 조직적인 반대에 부딪히자, 그것마저 무산되고 말았던 것이다.

나는 전문위원으로 일하는 동안에 단골의사제도 도입의 초석을 마련하고 싶었다. 다행스럽게도 단골의사제도는 1997년 김대중 대통령 후보의 대선공약에 '주치의등록제'라는 이름으로 포함되었다. 나는 이를 고리로 해서 단골의사제도를 집권여당 정책위원회의 당론으로 만들고 싶었다. 1995년과 1996년 정부의 실패 경험에서 보았듯이, 주치의제도는 제도의 특성으로 볼 때 정부와 집권세력의 추진의지가 아무리 강해도 의료계의 동의와 참여 없이는 한 발짝도 나아갈 수 없는 제도 유형에 속한다.

그래서 나는 김용익 교수와 시민사회 전문가들, 가정의학회의 주치의 제도 옹호론자들과 함께 충분히 연구하고 토론하면서 실행 가능한 방안을 함께 도출하기 시작했다. 이런 노력의 성과물은 1998년 12월에 발표된 「보건의료 선진화 정책보고서」에 담겼다.[17] 그런데 단골의사제도를 정책화하는 일은 여기서 멈췄다. 메가톤급의 정책 이슈가 등장했기 때문이었다. 바로 의약분업이었다.

의약분업이란 무엇인가?

우리 국민은 전통적으로 한의학 문화에 익숙해져 있다. 한의사들은 환자를 진찰하고 곧바로 침이나 약을 사용하여 치료한다. 질병의 진단 행위와 약의 조제 행위가 한의사에 의해 한 곳에서 이루어진다. 우리는 이런 의약 사용의 전통과 문화에 익숙해져 있다. 게다가 19세기 말에 서양의학이 들어왔지만 서양식의 의약분업은 이루어지지 않았고, 전통적인 방식대로 의사가 질병의 진단과 약의 조제를 함께 수행했다.

약국에서도 마찬가지의 일이 진행되었다. 약사는 약에 관한 전문가이므로 약을 조제하는 것이 이상할 것은 없다. 그런데 의사의 처방 없이 약사가 임의로 조제를 하는 경우에는 많은 문제가 발생할 수 있다. 약국을 방문한 환자가 어떤 증상을 호소하는 경우를 생각해보자. 약사는 약을 조제하기 위해 불가피하게 환자를 대상으로 문진 등의 진찰을 하게 되고, 해당 증상과 질환에 따라 약을 조제하게 된다.

결국, 의약분업이 이루어지지 않은 상황에서 의사와 약사는 정도의 차이는 있지만 모두가 진찰과 조제를 함께 수행했던 것이다. 그래서 하는 일이 비슷했던 동네의원과 약국이 경증 환자를 놓고 서로 경쟁했다. 이런 잘못된 의·약사 직능 간의 관계에서 의원과 약국은 경쟁적으로 약물을 과잉 투약하는 관행을 만들어냈다.

이렇게 약의 소비가 늘어나면 제약회사는 더 많은 수익을 올릴 수 있었다. 수익의 일부는 리베이트라는 이름을 달고 동네의원과 약국으로 흘러갔다. 더 많은 약을, 그것도 고가의 약을 환자에게 조제하면 할수록 약을 둘러싼 세 그룹, 즉 의사, 약사, 제약회사 모두는 경제적으로 이득을 보았다. 환자들도 한 곳에서 의와 약을 함께 해결하니 편리했다. 이런 암묵적 수궁 속에 혼란의 상황이 지속되어 왔던 것이다.

하지만 이것은 엄청나게 큰 문제를 만들어내는 심각한 상황이었다. 지난 수십 년간에 걸쳐 많은 사람들이 이러한 혼란 상황을 종결해야 한다는 데는 동의하고 있었다. 하지만 의·약 직능 간의 첨예한 이권 대립으로 갈등비용만 초래했을 뿐 언제나 없던 일로 되돌아가고 말았다.

나는 집권여당의 전문위원으로 있던 1998년부터 이 문제에 직면했고, 결국 갈등의 거대한 소용돌이로 빨려 들어가고 말았다. 그리고 끝내 우리 국민은 이 일을 해냈다. "진료는 의사에게, 약은 약사에게"라는 대원칙의 제도화를 의미하는 의약분업이 바로 그것이다. 의약분업이 수십 년 동안 의·약 직능 간의 갈등과 사회적 혼란이라는 비용을 치르고 마침내 2000년 7월 1일 실시되었던 것이다. 우선 의약분업의 정책목표부터 살펴보자.

첫째, 의약분업은 의약품의 오·남용을 방지하여 국민건강을 지키기 위한 것이다. 약의 오용은 약을 잘못 사용하는 것을 말한다. 의사는 약의 전문가가 아니고 마찬가지로 약사는 진료의 전문가가 아니다. 그래서 양쪽 모두 약을 잘못 사용할 가능성이 높아진다. 약의 남용은 약을 습관적으로 또는 필요 이상으로 복용하는 경우를 말한다. 우리 국민은 전 세계에서 가장 약을 많이 복용하고 살았다. 오·남용이 심각했던 것이다.

의약분업이 되지 않은 상황에서 약을 둘러싼 경제적 이해관계가 얽히면서 약의 오·남용 문화가 만들어졌다. 이에 따른 국민건강의 위해가 큰 문제였다. 항생제의 오·남용은 병원균의 항생제 내성 문제를 유발했고, 스테로이드 등의 약물은 많은 건강위해를 초래했다. 의약분업은 약의 오·남용을 제도적으로 줄임으로써 이런 문제들을 막을 수 있게 된다.

둘째, 의약분업은 국민의료비를 줄이고 불필요한 증가를 방지하기 위한 것이다. 우리나라는 그동안 의약분업의 미실시로 인해 약의 오·남용이 심각했고, 이것은 높은 약제비 지불을 유발했다. 의약분업으로 약 사용이 줄어들면 그만큼 국민의료비가 줄어드는 효과를 얻게 된다. 또, 의약분업을 통해 약의 오·남용을 줄이면 항생제 내성 등 약으로 인한 건강문제가 줄어들면서 이에 대한 의료비도 줄일 수 있게 된다.

셋째, 의약분업은 환자의 알 권리를 보장하고 의료서비스의 질을 높이기 위한 것이다. 우리 국민은 의사가 주는 약에 대해 거의 모르는 상태였다. 처방전이 공개되지 않았기 때문이었다. 그런데 의약분업으로 인해 처방전이 공개되면 의사의 처방을 약사가 체크하기 때문에 잘못된 처방이나 약물의 상호작용으로 인한 부작용을 사전에 막을 수 있게 된다. 또 약사가 복약지도를 하므로 환자의 잘못된 약물복용도 교정할 수 있어서 전반적으로 의료서비스의 질이 높아지게 된다.

의약분업을 둘러싼 주요 쟁점

언제나 의약분업의 당위성을 부정하는 사람은 거의 없다. 의약분업의 부재로 인한 여러 가지 혼란과 문제점 때문이다. 선진국들이 모두 의약분업을 하고 있는 데는 그만한 이유가 있었던 것이다. 그런데 막상 의약분업을 하자고 하면서 구체적인 의약분업 모델을 논의하게 되면 언제나 그랬던 것처럼 사회적 갈등만 깊어질 뿐 아무런 성과를 내지 못하였다.

여기에는 그만한 이유가 있었다. 약을 둘러싼 책임과 권한이라는 전문가적 지배권을 누가 더 많이 갖느냐를 두고 의사와 약사 직능 간의 다툼이 양보 없이 이어졌기 때문이다. 약에 관한 권한을 더 많이 더 결정적으로 가질수록 해당 직능의 권위와 지위가 높아질 뿐만 아니라 경제적 이득도 더 많이 발생한다.

그래서 막상 의약분업을 실시하는 것을 전제로 정부와 의약계 및 관계 전문가들이 본격적인 논의를 시작하면 가장 큰 관심은 언제나 의약분업의 모델이 어떤 것이냐에 있었다. 이제부터 의약분업 모델의 중요한 쟁점 내용을 하나씩 살펴보자.[18]

첫째, 조제가 무엇이고 누구의 권한이냐를 둘러싼 쟁점이다. 우리나라에서 약의 조제와 관련된 내용을 최초로 규정한 법률은 1953년에 제정한 약사법이다. 이 법의 제18조는 약사가 아니면 의약품을 조제할 수 없다고 규정하고 있었는데, 이는 약의 조제에 관한 약사의 배타적 독점권을 인정하는 것이었다. 그런데 1953년 약사법에서 조제를 규정하기는 했지만 조제의 정의를 정하지는 않았다.

그러다가 1974년 대법원 판례에 의해 처음으로 조제가 정의되었다. 이에 따르면, '조제는 처방에 따라 1종 이상의 약품을 배합하거나 1종의 약품을 사용하여 특정인의 질병에 대하여 특정 분량에 따라 특정한 용법에 적합하도록 하는 행위'를 말한다. 결국은 이렇게 정의된 '조제'가 누구의 전문적 권한이자 역할이 되어야 하는가, 이것이 의약분업의 기본적인 쟁점이었다.

둘째, 의사의 직접조제를 허용할 것인가를 둘러싼 쟁점이다. 서양의학의 관점에서 보면 의·약은 분업된 것이기에 당연히 의사의 직접조제는 배제되는 것이 옳다. 하지만 우리나라는 한의학적 전통과 문화의 영향으로 인해 의·약에 대한 이해가 서양과는 다르다. 그리고 1953년 약사법에서도 약의 조제를 약사의 배타적 권한으로 규정하면서도 이 법의 부칙에서는 의사의 직접조제도 인정하고 있다. 오랜 세월 동안 이것이 관행으로 굳어졌던 것이다.

의약분업 모델 논쟁에서 의사들은 최대한 직접조제를 희망했고, 약사들의 임의조제와 항생제 같은 전문의약품의 자유로운 판매를 금지해야 한다고 주장했다. 반면에 약사들은 의사의 직접조제를 금지해야 하며, 그럴 경우에만 약사들도 처방전 없는 약의 조제를 의미하는 임의조제를 금지할 수 있다고 생각했다.

셋째, 약사의 임의조제를 어디까지로 규정할 것인가를 둘러싼 쟁점이다. 원래 약사의 조제는 의사의 처방에 따라야 한다. 우리나라의 의료법은 의사가 아니면 진단하고 치료하는 행위에 해당하는 약의 처방 행위를 할 수 없도록 규정하고 있다. 그런데 약사법에는 약사가 의사의 처방 이외에도 국가가 만든 공정서나 대한약전에 의거하여 약을 조제할 수 있도록 허용하고 있다.

결국 의약분업은 이런 약사의 임의조제를 법률로 금지하는 것인데, 이때 처방에 의해서만 조제해야 하는 전문의약품의 범위를 어디까지로 할 것인지가 의·약 직능의 사활적 이해관계가 달린 중요한 쟁점이었다. 전문의약품으로 분류되지 않은 약은 일반의약품인데, 이것들은 약사가 포장 단위로 판매할 수 있기 때문이다. 전문의약품의 범위가 넓어지면 의사에게 유리해지고, 그 반대의 상황은 약사에게 유리하므로 의약품의 분류는 의약분업 모델에서 핵심적 쟁점이 되었다.

넷째, 의사의 처방방식을 둘러싼 쟁점이다. 의사가 처방전에 처방의약품을 기재할 때 약의 이름을 성분명(또는 일반명)으로 할 것인지, 아니면 상품명으로 할 것인지를 결정해야 한다. 가령, 두통약으로 흔히 사용되는 타이레놀은 특정회사의 상품명이고, 이 약의 성분명은 아세트아미노펜이다. 의사의 처방전 기재방식으로 약사들은 성분명을 주장하고 의사들은 상품명을 주장했다.

이는 곧 아세트아미노펜이란 성분의 약이 필요한 환자에게 의사가 약사들의 주장대로 처방전에 성분명을 기재하면 동일 성분의 약품을 만드는 수많은 회사 중에서 어느 회사의 상품을 고를 것인지는 약사의 권한에 속하게 된다. 이것은 의약품의 선택권을 어느 직능이 갖느냐는 문제인데,

경제적 이해관계가 걸려있기 때문에 결코 양보하려 들지 않았다.

다섯째, 대체조제를 둘러싼 쟁점이다. 대체조제는 의사가 처방한 의약품을 약사가 다른 의약품으로 대체하여 조제하는 것을 말한다. 이것은 의사가 특정 상품명으로 처방했을 때 약사가 필요한 경우 동일성분 동일함량의 다른 회사 상품으로 약을 대체하도록 허용할 것인지의 문제였다. 대체조제도 기본적으로는 처방방식과 마찬가지로 의약품의 선택권을 어느 직능이 갖느냐의 문제였기 때문에 의약분업 모델을 결정하는 데 큰 논란거리가 되었다.

다른 나라에서는 대체조제를 허용하는 경우가 많은데, 이는 약사에게 유리한 논거였다. 그러나 의사들은 대체조제를 인정하지 않는다는 입장을 견지했다. 대체조제를 허용한다는 것은 의사가 처방한 상품명 의약품과 약효가 동등한 상품이라야 논리적으로 성립하는데, 이것을 어떻게 입증할 것인지도 쟁점이었다. 그래서 의사들은 생물학적 동등성 시험을 통해 약효가 동등한 것으로 인정된 경우에만 대체조제가 허용될 수 있다는 입장이었다.

여섯째, 의약분업의 대상 의약품과 의약품의 분류를 둘러싼 쟁점이었다. 의약분업을 할 때 의사의 처방에 따라 약사가 조제해야 하는 의약품의 대상 범위를 어디까지로 할 것인지가 쟁점이었다. 주사제를 의약분업 의약품에 포함할 것인지도 논란거리였다. 우리나라는 병·의원 외래에서 주사제의 과도한 사용이 큰 문제였는데, 부끄럽게도 이런 일은 외국에서는 거의 보기 어렵다.

그래서 환자의 불편을 감수하고서라도 주사제 오·남용을 줄이기 위해 주사제를 의약분업에 포함시켜야 한다는 주장이 시민사회 전문가들을 중심으로 강하게 제기되었다. 그리고 의사의 처방에 의해서만 사용할 수 있는 처방의약품인 전문의약품과 비처방의약품인 일반의약품을 분류하는 문제는 언제나 첨예한 쟁점이었다.

일곱째, 의약분업을 직능분업으로 할 것인지 기관분업으로 할 것인지를 둘러싼 쟁점이다. 의사들은 직능분업을 원했다. 의사와 약사의 기능을 의미하는 직능분업으로 충분하다는 것이었다. 직능분업을 하게 되면, 병·의원들이 약사를 고용하여 별도의 조제기능을 둘 경우도 의약분업을 하고 있는 것으로 간주되는 것이다. 이 경우에는 규모가 큰 의원이나 모든 병원들은 직능분업의 수혜자가 된다.

약사들은 기관분업을 원했다. 기관분업은 의약품을 처방하는 기관과 조제하는 기관이 달라야 한다는 분업 방식이다. 이렇게 되면 병원 내에 고용된 약사가 조제하는 것은 허용되지 않게 된다. 특히, 병원의 의약분업 포함 여부는 의약분업 정책과정에서 엄청난 이슈였다.

여덟째, 의약분업의 제외대상자를 둘 것인지, 둔다면 누구로 할 것인지도 쟁점이었다. 대체로 공감했던 것은 입원 환자는 의약분업의 예외로 한다는 것이었다. 그런데 3세 이하의 어린이, 65세 이상의 노인, 그리고 장애인을 불편을 이유로 의약분업에서 제외해야 한다거나 정신과를 제외해야 한다는 등의 제외대상자를 두고도 의약분업 정책과정에서 많은 갈등을 겪어야 했다. 이외에도 약화사고에 대한 책임소재도 쟁점으로 다루어졌다. 의약분업 상태에서 약으로 인한 사고가 발생했을 때 의사와 약사 중 누가 법률적 책임을 져야 하느냐의 문제였다.

김대중 정부 이전의 의약분업 논쟁

우리나라에서 의약분업을 법적으로 처음 규정한 것은 1953년 12월에 공포된 약사법이다. 하지만 이 법률로는 의약분업을 실시할 수 없었다. 이 법률은 약사의 배타적 조제 권한, 의사의 직접조제, 약사의 임의조제를 모두 허용하고 있었기 때문이다. 이후 우리 국민의 소득수준이 조금씩 높아지고 의약품의 오·남용 문제가 제기되면서 의·약관계의 선진화를 추구하기 위해서는 반드시 의약분업이 이루어져야 한다는 당위론적 제안들이 여러 차례에 걸쳐 나오게 된다.

1965년에는 보건사회부에 의사 5명과 약사 5명으로 의약분업추진연구위원회가 구성되었다. 하지만 약사와 의사 직능의 이견으로 그 활동은 중단되고 말았다. 이후 1970년대에도 정부와 의약계에서는 의약분업을 논의하기 위한 많은 노력이 있었지만 모두 무산되었다.

1977년 7월 1일부터 법정의료보험제도가 실시되자, 이를 기점으로 의약분업을 추진해야 한다는 주장이 다시 제기되었다. 이에 대한의사협회와 대한약사협회는 의료보험제도하에서 의약분업을 점진적으로 추진하기로 하고, 의약분업 방안을 공동으로 연구하기로 합의했다. 그리고 1977년 8월 18일 양 단체는 의료보험제도에서 의약분업을 시도해 보기로 한다는 내용의 공동합의서를 발표했다. 이것은 이때까지 이루어진 의약분업과 관련한 최초의 합의였다. 하지만 이후 의약계는 모두 절박함을 보이지 않은 채 이익 타산만 하다가 유야무야되고 말았다.

그런데 1982년부터 목포, 강화, 보은 등 3개 지역에 지역의료보험 시범사업이 시작되었다. 장차 의료보험제도가 이런 식으로 점차 확대되면 의료이용의 경제적 장벽이 낮아지게 되고, 결국 환자들이 동네의원이나 병원으로 몰릴 것이었다. 이렇게 되면, 약국은 경영이 어려워질 것이 자명했다. 이에 대한약사회는 의약분업 카드를 다시 꺼내들었다.

이렇게 해서 정부는 지역의료보험 시범사업 3개 지역 중에서 도시지역 이어서 병·의원과 약국이 비교적 골고루 분포하고 있던 목포시를 대상으로 의약분업 시범사업을 실시하기로 결정했다. 목포시 의약분업 시범사업은 1984년 4월 1일부터 12월 31일까지 이해당사자 간의 계약에 의한 강제 의약분업을 실시했고, 이후부터는 임의 의약분업으로 바뀌었다. 이후 의·약 직능 간의 갈등으로 목포시 의약분업 시범사업은 1985년 10월 중단되고 말았다.

이후에도 '전 국민 의료보험'을 앞두고 의약분업 방안에 대한 논의가 정부와 의약계 간에 계속되었다. 그리고 1987년 12월 29일, 정부는 3단계 의약분업 실행방안을 발표하였다. 그러나 대한의사협회의 반대로 별 다른 진전을 보지 못하였다. 결국 의약분업 카드는 수면 아래로 내려갔고, 의약분업 없이 농어촌부터 시작하여 도시까지 지역의료보험이 전면적으로 실시되고 말았다. 그때까지만 해도 많은 국민들이 약국에서 사실상 1차 의료를 해결하고 있었으므로 약국 이용에서 나타나는 국민의 부담을 줄여주어야 하는 문제가 등장하였다.

그래서 1989년 10월부터 약국의료보험을 실시하였다. 이는 약국을 의료보험의 요양기관으로 지정하고, 종래의 관행에 따라 약국이 조제한 의약품에 대해 의료보험이 적용되는 것을 말한다. 의사의 처방이 없는 전문의약품의 조제까지도 모두 정부의 법정의료보험이 인정하는 것이었다.

이렇게 해서 우리나라는 '전 국민 의료보험'으로 과거에 비해 의료이용의 경제적 장벽이 낮아진 조건에서 1차 의료를 담당하던 병·의원과 약국이 무분별하게 서로 경쟁하며 환자를 유치하는 무한경쟁의 시대를 맞게 되었다. 이것은 심각한 부작용을 초래할 것이었다. 그래서 정부는 1991년 7월부터 의약분업을 도입하기로 하고 약사법 개정안을 입법 예고했다. 하지만 의약계의 합의 없는 논란 속에 1991년 연말 국회에서 의약분업 관련 조항이 삭제됨으로써 또 다시 의약분업은 무산되고 말았다.

그런데 우리나라에서 의약분업 문제를 다시 논의하게 만든 중요한 사건 하나가 1993년에 벌어졌다. 한약분쟁이 그것이다. 한약분쟁의 본질적인 이슈는 약사가 한약의 조제를 할 수 있느냐 하는 것이었다. 1970년대 이후 약사 수가 급증하자 약국들은 경영을 개선하기 위해 한약 취급을 크게 늘렸다. 한의사들도 그 수가 급증하여 개원 한의원들이 어려움을 겪자, 한약을 둘러싼 양 직능 간의 갈등이 심해졌다.

결국 충돌이 일어났고, 정부와 국회는 이를 수습하기 위해 1994년 1월 약사법을 개정하였다. 여기서는 한약의 조제와 관련하여 한약사제도를 신설하고, 한방과 양방의 이원화를 원칙으로 해서 한방 내의 의약분업을 추진하며, 기존 약사들에 대해서는 기득권 인정 차원에서 두 번에 걸쳐 한약조제약사 시험에 응시할 자격을 인정해주도록 했다.

그런데 거대한 폭발을 일으킬 뇌관은 우연한 곳에 숨겨져 있었다. 1994년 1월 약사법을 개정하면서 의약품의 조제와 관련하여 한방의 의약분업

뿐만 아니라 양방의 의약분업 관련 내용도 함께 규정했기 때문이다. 이때 개정된 약사법에 담긴 의약분업 관련 주요 내용은 다음과 같다.

첫째, 의사와 약사 간의 직능분업을 한다. 둘째, 의약분업 대상의약품은 전문의약품과 일반의약품의 2분류 체계로 한다. 셋째, 약사가 종사하지 않는 의료기관은 원외처방전을 발급해야 한다. 넷째, 처방전에는 상품명과 성분명을 모두 사용할 수 있으며, 대체조제 시에는 의사의 동의를 받는다. 다섯째, 의약분업의 시행 시기는 부칙 제3조에서 규정한대로 1997년 7월에서 1999년 7월 사이에 대통령령으로 정하는 날로 한다.

시간이 흘러가면서 약사법이 정한 의약분업 실시 시기가 다가오자, 정부는 1996년 11월 8일 국무총리 자문기구로 의료개혁위원회를 설치했다. 그리고 1997년 12월, 의료개혁위원회는 3단계 의약분업 모델을 확정하여 정부에 건의하였다. 내용은 다음과 같다. 1단계(1999년): 항생제, 스테로이드 제제, 습관성 의약품 등 제한적 전문의약품에 대해 의약분업을 실시한다. 2단계(2002년): 주사제를 제외한 전 의약품에 대해 의약분업을 실시한다. 3단계(2005년): 모든 전문의약품에 대하여 의약분업을 실시한다.

그런데 의료개혁위원회의 이 의약분업 방안은 중요한 의약분업 쟁점사항에 대해 아무런 대안도 제시하지 않았다. 이후, 김대중 정부가 출범할 때까지 정부는 의약분업과 관련하여 구체적인 준비를 거의 진행하지 않았다. 사실 그때는 정부뿐만 아니라 대한의사협회와 대한약사회, 그리고 관계 전문가들을 포함한 어느 누구도 의약분업을 현실의 실현가능한 정책으로 여기기 않았다.

정부 관료들도 그때까지 역사적으로 늘 그래왔던 것처럼 약사법이 정한 의약분업 실시 시기가 다가오면 그때 가서 의약분업을 다시 연기하면 된다는 생각을 가지고 있었던 것이 틀림없다. 1953년의 약사법 제정 이래로 지난 40여 년간 늘 그렇게 해 왔던 것처럼 말이다.

정부의 의약분업 추진이 벽에 부딪히다

김대중 정부가 본격적으로 일을 시작하자 보건복지부는 의약분업과 관련하여 바짝 긴장하게 되었다. 의약분업은 김대중 대통령의 대선 공약이었고, 또 새 정부의 100대 국정과제에도 포함되어 있었기 때문이다. 이에 보건복지부는 1998년 5월 21일 의약계를 포함한 각계의 대표들로 의약분업추진협의회를 구성하여 법률이 정한 의약분업 실시를 위한 준비를 본격적으로 추진했다. 보건복지부 차관이 위원장을 맡았던 의약분업추진협의회는 1998년 8월 24일 열린 4차 회의에서 의약분업 실시방안을 발표했다.

이날 발표한 의약분업 실시방안의 기본원칙은 ① 현행법의 기조에 따르고, ② 의약분업 실시 시기는 1999년 7월 1일로 하고, ③ 국민의 부담과 불편을 최소화하는 방향으로 추진한다는 것이었다. 이날 함께 발표한 의약분업 추진의 세부사항을 살펴보면, ① 의약분업 대상의약품은 주사제를 제외한 모든 전문의약품으로 하고, ② 외래환자에게 원외처방전 발행을 의무화하되 병원급 이상 의료기관은 병원 내와 외 조제를 환자의 선택에 맡기고, ③ 의사의 처방전에는 일반명과 상품명을 모두 사용하되 상품명으로 기재하고 대체불가 표시를 하는 경우에는 생물학적 동등성 시험을 거친 의약품에 대해서만 대체가 가능하도록 했다.

　김대중 정부의 의약분업 추진이 이렇게 급속하게 진행되자, 이때까지 의약분업이 실제로 실시되지는 못할 것이라며 사실상 팔짱을 끼고 있던 의약계의 움직임도 활발해졌다. 의약분업 추진의 역사에서 늘 의약분업을 부정적으로 바라보거나 적극적으로 반대해왔던 대한의사협회는 일이 이렇게 진행되자 긴장하며 동요하기 시작했다. 의약품을 많이 사용하여 의약분업과 이해관계가 큰 내과와 소아과의 개원 의사들은 대한의사협회 집행부에 강경한 목소리를 전달하기 시작했다.

　이들은 의약분업추진협의회가 발표한 의약분업 방안에 거세게 반발하며 6세 미만 소아의 의약분업 제외, 상품명 처방과 대체조제 불가, 단계적 의약분업 실시 등을 요구했다. 개업 의사들의 이런 분위기는 대한의사협회 집행부에게 큰 부담이 되었다. 이에 의협 집행부의 대표는 의약분업추진협의회 제5차 회의에서 공식적으로 퇴장을 선언하고 말았다.

　실제로 대한의사협회의 회원 대부분은 의약분업 실시를 반대했다. 의협이 1998년 10월 19일부터 회원 1만 명을 대상으로 조사한 바로는, 응답자의 67.2%는 의약분업 자체를 반대했다. 법률이 정한 대로 1999년 7월부터 의약분업을 실시해야 한다는 데 찬성한 응답자는 6%에 불과했고, 90.6%는 연기나 유보 또는 실시하지 말아야 한다고 응답했다. 이는 약에 대한 권한이 경제적 이해관계와 밀접하게 연관되어 있었기 때문이다.

　대한약사협회는 기본적으로 의약분업을 하자는 입장이었다. 약사들의 경제적 지위가 점차 낮아지고 국민소득의 증가와 함께 이러한 추세는 더 심화될 것이므로 대한약사협회는 어떻게든 의약분업에서 새로운 길을 찾고자 했다. 그러나 반대하는 의견도 만만치 않았다. 의사의 처방에만 의존하는 약사는 전문직능이라기보다는 단순 업무를 하는 직능으로 전락하여 사회적 지위의 하락을 초래할 것이라는 주장이었다. 그때 대한약사협회 집행부는 반대파를 설득하며 정부의 의약분업 추진에 적극적으로 참여하며 의사를 개진했다.

대한병원협회는 그때까지 느긋하게 상황을 지켜보고 있었다. 의약분업을 실제로 실시하더라도 병원은 별 상관이 없다고 여겼기 때문이다. 대한병원협회가 가장 두려워한 것은 기관분업이었다. 그때까지 논의되던 의약분업 추진방안이 직능분업이었기 때문에 의약분업 정책과정의 여러 참여자 중에서 대한병원협회가 가장 유리한 결과를 얻었던 것으로 평가할 수 있겠다.

시민사회의 대표자와 전문가들도 의약분업추진협의회에 참여하고 있었는데, 이들의 의견은 집권여당이던 새정치국민회의 정책위원회에 주로 반영되었다. 왜냐하면 이 사람들이 내가 만들었던 〈보건의료 효율화 및 선진화 정책기획단〉의 위원으로 참여하고 있었기 때문이다.

의약분업 정책과정의 중심에 서다

나는 1998년 5월부터 전문위원으로 근무하기 시작하면서 처음에는 의약분업에 거의 신경을 쓰지 못했다. 그때의 최우선 정책과제가 의료보험 통합일원화였기 때문에 온통 여기에 매달려야 했기 때문이다. 나는 의약분업추진협의회의 진행 상황은 정부의 보고를 통해 어느 정도 알고 있었다. 의약분업추진협의회의 의약분업 실시방안이 발표되었던 1998년 8월 24일까지만 해도 별 문제없이 일이 잘 진행되고 있는 것으로 보고받았다. 이때까지만 해도 나는 상황을 파악하는 정도에 머물러 있었다.

그런데 개원 의사들이 거세게 반발하였고, 대한의사협회가 크게 동요하는 분위기가 포착되자 나는 김용익 교수의 조언을 들으며 부지런히 움직이기 시작했다. 많은 사람을 만났다. 대한약사회와 대한의사협회의 집행부, 시민사회단체 간부들, 관계 전문가들, 소아과와 내과 개원의협의회 관계자들을 두루 만났다. 정부의 관계 국장이나 과장과는 수시로 만났다. 이러한 성과들이 모여 마침내 1998년 10월 20일 새정치국민회의의 의약분업 실시방안이 발표될 수 있었다.

당시 집권여당 정책위원회가 발표했던 의약분업 실시방안의 주요 내용은 다음과 같다. 첫째, 의원뿐만 아니라 병원까지 참여하는 완전의약분업이라야 한다. 둘째, 의약분업에 참여하는 병원, 의원, 약국의 이해관계를 엇비슷하게 조정하며, 보험약가를 낮추어 그 절감분으로 처방료와 조제료를 인상한다.

집권여당 정책위원회의 의약분업 방안에서 가장 주목할 점은 병원도 의약분업에 참여해야 한다는 것인데, 이것은 의약분업추진협의회의 직능분업과 다른 것으로 기관분업이었다. 우리는 추가적으로 "병원의 외래조제실 폐쇄"를 제안했다.

나는 집권여당의 의약분업 방안이 이미 파산해버린 정부 의약분업추진협의회의 의약분업 실시방안을 대신하는 새로운 협상의 기준이 될 수 있다고 생각했다. 우리의 방안은 병원을 의약분업에 끌어들이는 완전의약분업인 기관분업이기 때문이었다.

기관분업이 실시되면 대한약사회는 약국들이 병원 외래에서 나오는 엄청난 양의 처방전을 받아 큰 이득을 볼 수 있었다. 또 대한의사협회는 의약분업추진협의회의 방안대로 직능분업으로 갈 경우 의약분업으로 인한 불편이 없는 병원으로 경증환자들이 몰릴 것을 우려했는데, 우리의 방안에 따라 기관분업이 되면 의원이나 병원이나 처지가 같아지는 것이었다.

그런데 정부가 주도했던 의약분업추진협의회의 의약분업 실시방안이 대한의사협회의 반대로 인해 파국적 상황에 도달하면서 1998년 11월이 되자, 국회에서는 1999년 7월의 의약분업 실시가 현실적으로 불가능하다는 이유로 의약분업 3년 연기론이 제기되었다. 기다렸다는 듯이, 의료계와 약계는 국회에 의약분업 연기를 공식적으로 청원했다. 11월 23일 대한의사협회가, 11월 27일 대한약사회가, 그리고 12월 2일에는 대한병원협회가 의약분업 연기를 국회에 청원했다. 이에 일부 국회의원은 무기한 연기를 주장했고, 상당수의 국회의원은 2년 연기를 주장했다.

나는 의약분업이 이대로 연기된다면 지난 40여 년 동안 연기되었던 것처럼 앞으로도 계속 그렇게 될 것이라는 생각이 들었다. '이렇게 끝나는 것인가!', 그러면 '의약분업의 부재로 인한 온갖 문제들은 어떻게 되나?', '의약분업을 시발점으로 삼아 의료전달체계를 개혁하겠다는 나의 꿈은 여기서 좌절되고 마는가?' 온갖 생각이 밀려왔다. 나는 굳게 마음을 먹었다. 여기서 좌절되면 보건의료제도 개혁의 기회가 앞으로 한동안은 없을 것이라는 생각이 들었기 때문이다.

나는 김원길 정책위의장에게 의약분업 관련 상황을 충분히 설명하고 대책 없는 의약분업 연기는 불가하다고 설득했다. 이성재 국회의원도 국회에서 배수진을 치고 의약분업 연기 불가 입장을 고수했다. 김용익 교수는 시민사회를 중심으로 의약분업 추진이 의약품 리베이트 문제를 해결하는 중요한 해법이자 시대적 과제임을 공론화하는 데 열중했다.

의약분업을 둘러싼 상황이 이렇게 긴장을 더해가자 언론과 여론의 주목을 받았다. 그런 가운데 새로운 상황이 발생했다. 12월 3일, 김대중 대통령이 집권여당 총재권한대행과 당 3역의 주례보고를 받는 자리에서 의약분업 문제를 당이 주도적으로 추진하라고 지시했던 것이다. 나는 이런 지시를 받아낸 김원길 정책위의장이 얼마나 고마웠는지 모른다. 의약분업을 하지 말자는 말의 다른 이름이었던 '의약분업 연기론'을 넘어설 수 있는 중요한 계기가 마련된 것이었다. 하지만 상황은 우호적으로 풀리지 않았다. 국회의 상황은 여전히 어려웠다.

그때 국회 보건복지상임위원회 위원은 16명이었는데, 새정치국민회의 소속이 6명, 범여권에 속했던 자민련 소속이 2명이었고, 야당인 한나라당 의원도 8명이었다. 의약계 출신 의원들이 유독 많았다. 병원장 또는 의사 출신 국회의원 5명은 모두 한나라당 소속이었다. 제약업계 또는 약사 출신 국회의원은 새정치국민회의에 2명, 자민련에 1명, 한나라당에 2명으로 총 5명이었다.

국회 보건복지상임위원회가 마치 의약분업 관련 직능의 대표자 회의 같은 형국이었다.[19] 그러니 의약분업 같은 사안은 당론이 잘 먹혀들기 어려웠다. 그럼에도 불구하고 그때만 해도 정당 총재의 뜻이나 당론은 무시하기 어려웠다. 지금과는 비교할 수 없을 정도로 정당의 수뇌부가 공천권을 독점적으로 쥐고 있었기 때문이다.

한나라당은 대한의사협회와의 우호적 연대 속에 의약분업의 무기한 연기를 주장했다. 집권여당의 의약분업 추진 의지에도 불구하고 약계 출신 의원들을 포함한 일부 여당의원들도 의약분업 연기 대열에 합류했다. 이성재 의원은 대통령의 뜻과 의약분업 당론을 앞세우며 범여권 의원들을 설득했고, 여론을 등에 업고 배수진을 치며 국회 내의 이러한 연기 흐름을 힘겹게 막고 있었다. 그런데 그가 이렇게 버티는 데도 한계가 있었다.

나는 이런 상황을 돌파할 방법을 김용익 교수와 의논했다. 하지만 마땅한 방법이 없었다. 대통령의 지시를 받아 집권여당의 정책위원회가 의약분업 추진 의지와 방침을 밝혔음에도 불구하고, 국회 보건복지상임위원회 소속의 범여권 국회의원들 일부조차 의약계의 로비를 받아 야당과 함께 의약분업 연기를 시도하는 상황에서 무슨 다른 방법이 나오기는 어려웠다. 그렇다고 이성재 국회의원의 배수진을 친 원내투쟁에만 의존할 수도 없었다.

나는 김원길 정책위의장에게 다시 매달리기로 했다. 나는 정중하면서도 단호하게 '의약분업 연기는 불가합니다'라는 제목의 글을 작성해서 그에게 보고했다. 다음은 이 글의 전문이다.

의약분업 연기는 불가합니다

의약분업은 지난번 의장님께서 말씀하신 대로 1년 연기를 할 수는 있지만, 지금 결정되어서는 곤란합니다. 왜냐하면 다소라도 연기하면 대한의사협회와 대한약사회가 의약분업 모형을 합의하지 않고 또 질질 끌 것이기 때문입니다. 따라서 먼저 합의하게 하고 후에 의장님께서 실무적인 준비를 위해 1년 연기해준다는 선물을 주는 것이 맞겠습니다. 이것이 수준의 차이지만, 아주 중요한 것이라 생각됩니다.

의약분업의 연기는 그 자체에 그치는 것이 아니라 그 때문에 보건의료개혁 작업이 다 연기될 것입니다. 그렇게 되면 개혁세력은 힘을 크게 잃게 됩니다. 보건의료선진화정책기획단이 만든 정책을 수행하기가 매우 어려워질 것입니다. 의약분업 연기 여부는 보건의료개혁 추진에 분수령이 될 것입니다.

최악의 경우에는 보건복지위원회에서 표결 처리하여 지더라도 원내 대책을 통해 본회의에서 부결시키는 방법이라도 써야 할 것 같습니다.

내일 총리와의 면담에서 의약분업을 예정대로 실시하는 데 대한 동의를 꼭 얻어 주십시오.

1998년 12월 10일 오후 10시

정책위원회 부위원장 이성재
보건의료기획단 부위원장 김용익
보건정책전문위원 이상이 올림

나는 이렇게 김원길 정책위의장을 설득했다. 그때 새정치국민회의 정책위원회는 의료계와 약계가 의약분업을 반드시 실시하겠다는 약속을 하고 의약분업 모형을 합의해 오면, 1년 정도 의약분업의 실시를 연기해 줄 수 있다는 입장을 내부적으로 결정했던 것이다. 그런데 이들 의약계가 자발적으로 합의할 리는 만무했다. 합의를 성사시킬 책사가 필요했다.

나는 김원길 의장에게 김용익 교수로 하여금 의료계와 약계 간의 협상을 추진하도록 하자고 건의하여 허락을 받아냈다. 그래서 김용익 교수는 새정치국민회의 의약분업 실시방안을 준거로 삼아 대한의사협회와 대한약사회를 협상의 장으로 불러냈고, 협상이 진행되었다.

집권여당 정책위원회가 김용익 교수를 통해 합의를 중재한 협상은 소수의 참여자에 의해 매우 조용하게 진행된 정책과정의 시기였다. 당시 정부는 완전히 배제되었다. 정부는 의약분업추진협의회 합의에 근거한 정부의 의약분업 방안이 관련 참여자들에 의해 거부당한 사실을 스스로 인정하고 있었기 때문에 새정치국민회의가 새로운 합의를 중재하겠다는 요청에 동의했던 것이었다.

이에 대해, 정부는 만약 새정치국민회의의 중재 노력에도 불구하고 합의에 이르지 못할 경우에는 정부의 방안대로 추진한다는 당·정간의 확고한 의지 표명을 요구하였고, 우리는 그렇게 하기로 합의했다.

이 협상에는 대한의사협회와 대한약사회만 참여했다. 병원협회는 새로운 협상이 자신에게 불리하다고 판단하여 참여하지 않았다. 1999년 1월 9일 시작되었던 김용익 교수 중재의 의약분업 협상은 2월 9일 제6차 협상까지 진행되었으나 끝내 합의에 도달하지 못했다.[20] 하지만 그때의 협상과정을 통해서 의약 양 직능은 병원까지 포함하는 완전의약분업의 원칙에 동의하였고, 과거에 비해 이견의 크기를 많이 좁혀놓았다. 대한약사회는 수용했지만 대한의사협회 지도부의 최종적인 거부로 2월 12일 집권여당 중재의 의약분업 협상은 끝내 결렬되고 말았다.[21]

집권여당 정책위원회에서 나의 입장이 난감해졌고, 설상가상으로 악재가 몰려왔다. 의료계는 의약분업 반대운동을 더욱 강화했다. 대한의사협회 고문인 서재희 박사[22]는 의약분업 연기를 건의하는 서신을 김원길 정책위의장에게 제출했다. 대한병원협회도 의약분업의 연기를 거듭 주장하며 2월 18일 김원길 정책위의장에게 연기 건의서를 제출했다.

그럼에도 불구하고 나는 의약분업 추진 의지를 조금도 꺾지 않았다. 모든 상황을 김원길 정책위의장에게 설명하고 대책을 논의했다. 새정치국민회의 정책위원회는 애초에 공언했던 대로 원칙적인 입장을 견지하기로 했다. 즉, 당시 의약계 등 관련 당사자가 새로운 합의에 실패했기 때문에 이제 정부와 여당은 의약분업을 정부의 방안대로 밀고 나가기로 방침을 정했던 것이다. 그리고 2월 18일의 당정협의를 통해 이를 공식적으로 결정하였다. 김원길 의장과 김모임 장관은 2월 18일 여의도 당사에서 당정협의를 갖고 이익단체들의 반발에도 불구하고 의약분업을 예정대로 다가오는 7월에 실시하기로 결정하였다.[23]

이에 따라 정부는 의약분업 실시를 위한 차질 없는 준비에 최선을 다하겠다는 입장을 표명했다. 하지만 현실적으로는 시간이 촉박했다. 정부 관료들도 내심 1년쯤 의약분업이 연기되어 준비할 시간을 가졌으면 했다. 나는 다시 김원길 의장을 설득했다. 이제 1년 연기가 문제가 아니라 의약분업 실행방안에 대한 합의가 문제였다. 우리는 의약분업 실시 합의에 강조점을 찍고 1년을 연기하는 전략적 선택을 했다.

이에 김원길 의장은 의료계와 약계 간의 의약분업 모형에 대한 완전한 합의 도출이 아니라도 합의를 도출하여 의약분업을 반드시 시행하겠다는 약속을 문서로 한 후 건의를 해오면 의약분업을 1년 연기해 주겠다고 발표했다.

나는 김용익 교수와 함께 분주하게 움직였다. 당시 대한의사협회와 대한약사회는 새정치국민회의의 제6차 중재안이 그때까지의 모든 방안 중에서 가장 합리적이고 수용할만하다는 데 모두 동의하고 있었다. 다만, 개원 의사들의 반발이 문제였다. 김용익 교수가 다시 물밑에서 설득 작업을 추진했다. 나는 김용익 교수와 함께 "의약분업에 대한 건의서"의 초안을 작성했다.

이 건의서는 의약계와의 물밑 논의를 거치면서 약간의 표현 수정도 이루어졌다. 마침내 일이 성사되었다. 1999년 2월 24일, 대한의사협회 회장과 대한약사회 회장의 공동명의로 서명된 건의서가 제출되었다. 이에 따라, 김원길 정책위의장이 대통령에게 의약분업 1년 유예 방침을 보고하였고, 의약분업 1년 연기가 언론에 대서특필되었다.

한편, 정부는 의·약 양 단체의 회장이 의약분업 관련 합의문에 서명하고, 이를 정부에 건의해 와야 수용할 수 있다는 입장을 표명하였다. 이에 의협회장과 약사회장은 3월 2일 여의도 맨하탄 호텔에서 다시 만나 〈의약분업 관련 합의문〉에 서명하였다. 합의문은 다음과 같다.

합의문

대한의사협회와 대한약사회는 의약분업과 관련하여 다음의 각 항과 같이 합의한다.

1. 의약분업추진협의회 결과를 토대로 정부가 제출한 의료법개정안과 약사법개정안은 부칙의 실시 시기만 1년 연기하여 이번 국회 회기 내에 통과하여야 한다.
2. 우리 양 단체는 국민회의 의약분업 중재(안)의 미비점을 조속히 보완하여 국민들에게 최선이 되는 의약분업 모형을 도출하고, 그 모형이 제도화될 수 있도록 국민들을 대표하는 시민·소비자 단체와 같이 적극적으로 노력한다.
3. 상기 노력을 2개월 내에 완료하여 새로운 의약분업 모형을 합의 도출하게 되면, 정부와 국회 보건복지위원회, 그리고 새정치국민회의는 지체 없이 본 합의내용을 관련법에 반영하는 개정안을 마련한다.
4. 상기 노력에도 불구하고 2개월 내에 새로운 의약분업 모형을 합의 도출하는 데 실패할 경우, 의료법개정안과 약사법개정안에 따라 정부의 의약분업정책에 협력하여 국민의 불편이 없도록 노력한다.

1999년 3월 2일
대한의사협회 회장 유성희
대한약사회 회장 김희중

1999년 3월 5일 오후 5시경 국회 보건복지상임위원회에서 의료법개정안과 약사법개정안이 통과되었다. 그리고 동 법률안이 3월 9일 본회의에서 처리됨으로써 정부의 의약분업추진협의회 제4차 합의안의 내용을 그대로 담은 채로 실시 시기만 1년 연기되었다.

역사적인 '의약분업 5.10 합의'가 타결되다

'의약분업 관련 합의문'에는 의료계와 약계가 2개월 이내에 시민단체의 중재를 수용하여 새로운 의약분업 모형을 합의 도출하도록 되어 있었다. 그러므로 이후의 의약분업 정책과정에서는 시민사회단체의 영향력이 매우 커졌다.

의약분업은 1년 연기되었으나, 대한의사협회와 대한약사회는 양자택일의 선택 상황에 놓이게 되었다. 즉, 합의한 대로 시민사회단체의 중재로 새로운 의약분업 모델을 만들 것인지, 아니면 보건복지부가 주도해서 만들었던 의약분업추진협의회의 의약분업 방안으로 돌아가든지, 이 둘 중의 하나를 선택해야 했다.

양 단체 모두 의약분업추진협의회의 의약분업 방안보다는 새정치국민회의의 완전의약분업 방안을 더 선호했으므로, 이를 기준으로 시민사회단체 중재[24]의 협상에 나서는 것이 이익이었다.

마침내 1999년 3월 29일 〈의약분업 실현을 위한 시민대책위원회〉가 구성되었다. 이 위원회는 이후 7차례에 걸친 토론회를 개최하였다. 그리고 정부와 국회는 여기서 합의가 이루어진다면 시민대책위원회가 제시하는 대안을 채택할 의사가 있음을 밝혔다. 마침내 5월 10일 우여곡절 끝에 한 편의 드라마가 펼쳐지게 되었다.

경실련 강당에서 대한의사협회의 내부 갈등으로 진통 끝에 예정 시간보다 약 2시간 늦게 기자회견을 열고 의협과 약사회가 시민대책위원회의 의약분업 방안에 동의하여 '의약분업에 대한 대한의사협회와 대한약사회의 합의문'에 서명하였다.

보건복지부는 5.10 시민단체 합의안을 수용할 방침을 밝혔다. 그리고 의약분업의 차질 없는 시행을 위해 보건복지부 차관을 위원장으로 하는 〈의약분업 실행위원회〉를 구성하여 실무적인 준비를 추진했다.

이 위원회의 임무는 "지난 5월 시민단체 주관으로 의사회와 약사회가 합의한 의약분업 시행방안을 기초로 국민 불편을 최소화할 수 있는 방안을 강구하고, 대 국민 홍보와 실시준비 사항에 대한 정부 및 각 관련 단체의 협조체계를 구축하고, 각종 건의사항을 검토하는 것"이었다. 아울러 정부는 이 위원회의 결정을 통해 처방료·조제료 등을 현실화하며 약가마진을 최소화하여 의약품 납품비리를 제거하고, 의원은 외래환자, 병원은 입원환자를 중심으로 진료하게 하는 의료이용 관행을 확립하고, 의약품 유통체계를 현대화하고, 우수약국관리제도 등을 시행할 것이라고 밝혔다.[25]

의약분업실행위원회는 1999년 9월 17일 제2차 회의에서 의약분업 시행방안을 확정하여 발표하였다. 여기서 의협과 병협을 대표하는 위원 2인은 퇴장하고 말았으나 정부는 실행위원회의 방안을 10월 1일 입법예고했다.

이로써 의협과 병협이 반대하는 속에서 다른 모든 참여자가 동의한 정부의 약사법개정안이 11월 국회에 제출되었다.

이후 국회의 심의과정에서 의료계(특히 병원계)의 강력한 반대로 인해 다소의 논란을 겪었으나, 결국 실행위원회의 방안 그대로 1999년 12월 7일 국회 본회의를 통과하게 되었다. 이렇게 결정된 의약분업 모델의 중요한 내용 중 일부를 요약하면 다음과 같다.

① 의약분업 대상 기관 및 환자: 모든 의료기관의 외래환자에 대한 원외조제를 의무화한다.
② 보건소는 대상기관에 포함하되, 보건지소는 예외로 한다.
③ 의약분업 대상 의약품: 주사제를 포함한 전문의약품을 대상으로 한다.
④ 처방 및 조제 방식: 처방전 기재 의약품의 명칭은 일반명 및 상품명을 병용하되, 상품명 처방도 필요한 경우 동일 성분·함량·제형의 다른 의약품으로 대체조제가 가능하다. 또, 약사가 처방을 변경 또는 수정하여 조제하고자 하는 경우 의사의 사전 동의가 필요하다. 약사가 대체조제를 하고자 하는 경우에는 환자에게 사전에 고지하고 환자가 이의를 제기하면 동의를 받아야 하며, 그 처방전을 발행한 의사에게는 추후 통보해야 한다.

1999년 12월 7일 의약분업 관련 법률이 확정됨으로써 이제 우리나라도 선진국형의 의약분업제도를 실시할 수 있게 되었다. 나는 그날 만감이 교차했다. 무엇보다 기뻤다. 내가 해야 할 일을 완수했다는 사실에 행복감이 밀려왔다. 그러면서도 떠오르는 장면이 하나 있다. 맨해튼 호텔에서 1999년 3월 2일의 합의문에 서명하도록 하기 위해 대한의사협회 유성희 회장과 대한약사회 김희중 회장을 만났던 장면이 그것이다. 나는 그날 그분들의 결단을 존경한다. 당시 각 협회의 내부 사정이 얼마나 어려웠는지, 그 내막을 잘 알고 있던 나로서는 두 분 회장님의 통 큰 결단이 오늘날 의약분업 성공의 밑거름이 되었다는 데 대해 깊이 감사드리지 않을 수 없다.

여섯

더 나은 사회를 향한 도전이 시련에 직면하다

제주공항을 통해 서울 홍제동에 위치한 경찰청 보안국의 대공분실로 끌려가는 중이었다. 끌려가면서 생각해도 황당했다. 수갑을 찬 채로 비행기에 탔다. 나는 비행하는 중에는 수갑을 풀어달라고 요구했다. 이 수갑이 도대체 왜 내게 채워졌는지, 도무지 이해할 수 없었다. 비행기가 떠 있는 동안 나는 정신을 집중했다. 의료계와 힌나라당이 의약분업 정책에 사회주의 딱지를 붙일 때부터 뭔가 찜찜하더니, 결국 그것이 이렇게 연결되었다는 생각이 들었다.

생각이 이렇게 정리되자, 나는 대책을 세워야 했다. 가장 먼저 해야 할 일은 김용익 교수에게 내가 체포된 사실을 알리는 것이었다. 비행기가 김포공항에 도착한 후, 나는 다시 수갑을 차기 전에 급하게 어머니에게 전화를 한 통만 하자고 공안경찰에게 부탁했다. 그리고는 재빨리 김용익 교수에게 '체포되어 서울 도착'이라는 문자 메시지를 넣었다.

의료대란을 겪다

1999년 12월 7일, 새로운 의약분업 방안을 담은 약사법개정안이 국회 본회의를 통과했다. 정부는 남은 6개월 동안 착실하게 실무적 준비를 서둘러야 했다. 이 과정에서 의약계도 적극적으로 협조해야 할 일이 많았다.

이렇게 일이 잘 진행되면, 2000년 7월 1일부터 우리나라도 유럽 선진국들이 하고 있는 것처럼 의약분업을 실시할 것이었다. 이는 1953년부터 시작된 40여 년의 논란에 종지부를 찍고 그동안 의약분업의 부재로 인해 초래되었던 온갖 부작용과 문제점들을 해결할 수 있게 됨을 의미하는 것이었다.

그러나 일은 그렇게 흘러가지 않았다. 곧바로 의료대란이 기다리고 있었다. 개업하고 있던 의사들은 의약분업 자체를 싫어했다. 말로는 완전의약분업을 외쳤지만, 실은 의약품의 사용을 통해 막대한 음성적 수입을 얻고 있던 기존의 방식을 선호했다.

그런데 대한의사협회는 공적 기관이었기 때문에 명분과 논리를 중시할 수밖에 없었다. 그래서 의약분업 모델의 근간이 된 5.10 합의를 했고, 의약분업 실행 방안을 결정하기 위한 정부의 논의과정에도 참여했던 것이다. 이렇게 회원과 의협 간의 이견이 컸던 것이 화근이었다. 대한의사협회는 당시에 더 이상 회원들의 동의와 지지를 모아내고 통제할 능력과 권위를 가지고 있지 못했다.

1999년 11월 30일, 대한의사협회 산하의 의약분업대책위원회는 장충체육관에서 약 3만여 명이 참석하는 대규모 의사 집회를 열었다. 이날 집회에서 의료계는 정부의 의약분업 방안을 반대했다. 심지어는 5.10 합의에 도장을 찍었던 당시의 대한의사협회 회장에게 공개적으로 야유를 보내기도 했다. 이것은 의료계가 5.10 합의 자체를 인정하지 않겠다는 것으로 해석될 수 있는 부분이다.

이후 의약분업을 반대하는 강경론자들이 대한의사협회 조직을 장악하기 시작했다. 이들은 의약분업에 대한 회원들의 불만을 매개로 공적 의료제도의 판을 크게 흔들고 싶어 했다. 이후의 의료대란 과정에서 의료계는 의약분업 사안을 넘어서서 보건의료제도에 대한 그동안의 온갖 불만을 표출하며 강경한 투쟁을 이어갔다. 이렇게 해서 우리 사회는 합리적 해법이 보이지 않는 갈등의 긴 터널로 들어섰다.

1999년 12월 21일, 의료계는 의권쟁취투쟁위원회(의쟁투)를 발족시키고 본격적인 투쟁에 나섰다. 이로써 의료계의 제1차 파업이 시작되었다. 2000년 2월 17일, 의쟁투는 휴진 투쟁의 형태로 전국적인 대정부 규탄대회를 열었다. 이날 서울 여의도 문화광장에 3만 8천여 명이 참여했다. 여기서 의쟁투 위원장은 의약분업 반대뿐만 아니라 저수가 건강보험제도에 대한 거부도 함께 표명했다. 의료계의 요구는 갈수록 눈덩이처럼 커져갔고, 정부는 해법을 찾지 못했다.

2000년 4월 4일부터 6일까지, 또 다시 의료계는 전국적인 파업을 벌였다. 제2차 파업이 시작된 것이었다. 이런 파업은 대한민국 역사상 처음 있는 일이었다. 전공의들도 4월 6일부터 3일간에 걸쳐 파업을 단행했다. 그러나 정부는 예정대로 의약분업을 추진한다는 입장을 견지했다. 여기에는 김대중 대통령의 확고한 의지가 중요한 역할을 했다.

김대중 대통령은 보건복지부 장관의 보고를 받는 자리에서 "의약분업은 의사도 싫어하고, 약사도 싫어하고, 국민도 불편해서 싫어한다. 그래서 어렵다. 이처럼 모두가 싫어하지만 의약분업은 국민의 건강을 위해 좋은 제도이다. 그러므로 어떤 어려움이 있더라도 의약분업은 꼭 해야 한다."[26] 이후 의료대란이 최악의 상황에 달했을 때에도 김대중 대통령은 당대에 어려움 때문에 비난을 받더라도 이에 구애받지 않고 훗날 역사의 평가를 받겠다고 하면서 의약분업 추진에 대한 확고한 소신을 밝혔다.

온갖 협상에도 불구하고 상황은 최악으로 치달았다. 의약분업 시행을 불과 10일 앞둔 2000년 6월 20일 전국의 의료기관들이 문을 닫았다. 의료계의 제3차 파업이 시작된 것이었다. 이번에는 동네의원뿐만 아니라 전공의들의 사직투쟁으로 종합병원의 외래진료까지 파업에 참여하였다. 우리나라 보건의료 역사상 최초로 전국 의료기관의 전면적인 파업사태가 일어났다. 의료대란이었다.

그럼에도 불구하고 정부는 법률이 정한 대로 2000년 7월 1일부터 의약분업을 실시했다. 하지만 의료대란의 상황에서 의약분업 제도가 작동할 리 만무했다. 이 제도는 의사와 약사 양 직능의 유기적인 협조 없이는 운영되기 어려운 특성이 있기 때문이다. 어쩔 수 없이 정부는 7월 한 달은 제도의 계도기간으로 설정하고 실제 의약분업은 8월 1일부터 시작하기로 결정했다.

그런데 의료계의 투쟁은 8월에도 계속되었다. 이렇게 의약분업 반대 투쟁이 장기화된 이유는 개원 의사들이 주도했던 초기의 투쟁이 종합병원 전공의와 의대 학생들의 참여로 이어짐으로써 주도세력이 바뀌었기 때문이다. 전국의 의대교수들도 투쟁에 참여했다. 의료계의 투쟁은 그해 겨울까지 계속되었고, 11월 11일에 가서야 최종적인 협상 성과가 도출되었다. 이로써 의료대란은 종지부를 찍었고 역사적인 의약분업이 제대로 시작될 수 있었다. 하지만 의약분업 반대투쟁의 여진은 이후에도 계속되었다.

'의료계 5적'으로 불이익과 심적 고통을 겪다

1999년 12월 7일 약사법개정안이 국회 본회의를 통과하자, 나는 내게 주어진 책임과 소명을 다했다는 생각이 들면서 뿌듯한 감격을 느꼈다. 하지만 얼마 지나지 않아 의약분업을 둘러싼 모든 상황이 뒤틀리기 시작했다. 의료계가 12월 21일 의쟁투를 만들어 의약분업 반대를 위한 투쟁 체제로 들어갔기 때문이다.

의쟁투는 2월 17일 서울 여의도 문화광장에서 대규모의 규탄대회를 열었다. 나는 동향을 알아보기 위해 집회에 참석했다. 여기서 몇몇 선배 의사들을 만났다. 그들 중에는 나를 경멸하듯 무시하거나 빈정대는 사람도 있었다. 하지만 이건 전화로 악담을 퍼붓는 데 비하면 그래도 나은 편이었다. 나는 마음이 편치 않았다. 몸도 마음도 추웠다.

의료계의 2차 파업이 진행되고 있던 4월 초쯤이 되자, 나는 의약분업과 관련하여 할 수 있는 일이 거의 없었다. 의료계는 투쟁의 강도를 높이면서 사회적 합의로 형성된 의약분업의 틀 자체를 전복하겠다는 태세였다. 이들의 요구는 이미 정책적 조정의 수준을 넘어섰고, '선 투쟁론'이 의료계 지도부를 장악했기 때문이었다.

집권여당 정책위원회에서도 나의 입지는 좁아졌다. 당시 이해찬 의원이 정책위의장이었다. 그는 5.10 합의에 근거한 의약분업이 잘못된 것이라고 말했다. 대신에 김영삼 정부의 의료개혁위원회가 제안했던 3단계 의약분업 방안이 옳다고 주장했다. 이것은 의료계가 주장하던 내용과 같았다. 집권여당 정책위의장이 정책위원회 전체 회의에서 이런 이야기를 공공연하게 하는 것을 보면서 나는 절망했다. 이후에도 나는 그를 김원길 의장이나 임채정 의장의 리더십과 비교하면서 한숨을 내쉬는 일이 잦아졌다.

당시 안팎의 정황으로 볼 때, 내가 할 수 있는 일이 별로 없다는 사실을 깨달았다. 떠날 때가 된 것이다. 나는 집권여당 전문위원으로서 내게 주어진 책무와 과제들을 모두 이루었는지 검토하기 시작했다. 의료보험 통합일원화와 의약분업 정책결정을 이루어냈다. 나는 김대중 정부 때 이루어졌던 이 역사적 과업에 주도적으로 참여했다는 데서 자긍심을 느꼈다. 하지만 한 가지 아쉬운 것은 단골의사제도였다. 이것은 긴급하게 떠올랐던 의약분업 때문에 정책의제의 설정 단계에서 진전을 멈춰버렸다.

곰곰이 생각해보니, 의료계가 법률로 결정된 의약분업 정책을 뒤집으려고 전면적인 반대 투쟁을 전개하는 상황에서 의료계의 협조 없이는 제도의 설계와 작동 자체가 불가능한 단골의사제도를 정책의제로 삼는 것은 시기적으로 적합하지 않았다. 내가 전문위원으로서 할 수 있는 일은 거의 남아있지 않았던 것이다.

게다가 의료계의 동료 선후배들은 공익을 위해 헌신한 나의 행적을 마치 우리 사회의 안녕을 해치고 의료계를 배신한 것으로 간주했다. 정책위원회의 환경도 과거와 달라졌다. 힘들었다. 나는 떠나기로 마음을 먹었다.

2000년 4월 초순경부터 새로운 일자리를 알아보았다. 원래 교수가 되려고 했으니 의과대학의 예방의학이나 의료관리학 교수 자리를 찾아봤다. 고려대학교에 연구교수 자리가 하나 있다고 연락이 왔다. 나는 갈 의향이 있다고 대답했다. 그래서 그쪽 교수 한 사람이 일을 추진했다. 그런데 얼마 후 안 된다는 연락이 왔다. 내가 의약분업을 주도한 사람이기 때문에 위쪽에서 거부해서 안 될 것 같다고 했다. 나는 앞으로 교수 자리 얻기가 쉽지 않겠다는 생각이 들었다.

어느 날 문옥륜 교수를 방문했다. 이화여자대학교 예방의학 교수 자리를 논의했다. 즉석에서 문 교수는 은퇴하는 이화여대 예방의학 교수에게 전화를 걸어서 의사를 타진하고 적극 추천해줄 것을 부탁했다. 그런데 포기했다. 예방의학 주임교수가 단호하게 거부했기 때문이다. 그녀는 문 교수와의 통화에서 내가 의약분업을 주도한 김용익 교수 라인이라서 안 된다고 했다. 문 교수가 그렇지 않다며 설득하고 부탁도 했지만 소용이 없었다.

여기저기를 살펴봐도 서울에는 의과대학 교수 자리가 나지 않았다. 그래서 지방의 국립대학을 알아봤다. 강원대와 제주대에 의료관리학 교수 공채가 동시에 났다. 나는 제주대학교를 선택했다. 그때만 해도 내가 서울을 떠나 있는 기간은 길어야 2년이라고 생각했다. 그렇다면 제주도 생활을 한 번쯤 경험하는 것도 좋을 것 같았다. 특히, 제주도는 1997년 문옥륜 교수가 제주시로부터 수주받은 '제주시 지역보건의료계획 연구'를 내가 진행하면서 어느 정도 애정이 생겼었기 때문에 비교적 결정하기가 쉬웠다.

2000년 5월쯤, 나는 교수 공채 지원서를 내기 위해 제주대학교를 처음 방문했다. 내가 지원서를 낸 의과대학 예방의학교실에는 2명의 교수가 있었다. 한 명은 산업의학 전공이고 다른 한 명은 역학 전공이었다. 나는 보건정책과 의료관리 전공으로 공채에 응시한 것이었다. 지원서를 낼 때까지만 해도 별 문제가 없었다. 제주의대 학장도 인사를 하러 갔을 때 우호적으로 맞아주었다. 게다가 지원자는 나 혼자였다. 나는 예방의학 전문의 자격과 의학박사 학위를 가지고 있고 연구실적도 충분했기 때문에 논리적으로는 문제가 될 일이 없었다.

하지만 일이 순조롭진 않았다. 의약분업으로 인한 의료계의 파업투쟁 때문이었다. 나는 당시 의료계로부터 의약분업 추진으로 의료계에 손해를 끼친 '의료계 5적'의 한 명으로 간주되었다. 나라를 팔아먹은 '을사 5적'에 빗댄 말이었다. 하지만 나는 이런 말에 신경 쓰지 않았다. 오히려 내가 공익을 위해 중요한 일을 했다는 징표이자 사회적 훈장이라고 생각하기로 했다. 그런데 제주대학교 의과대학 교수 공채에서 이것이 문제가 되고 있었다.

나는 제주대학교 예방의학 교수 중의 한 명으로부터 전화를 받았다. 그는 의과대학 학장이 의료계의 의약분업 반대 투쟁을 빌미로 나를 비토하려는 것 같다는 이야기를 했다. 나는 교수 공채의 발표 심사를 받으러 제주대학교에 갔다. 심사위원으로 육지에서 온 예방의학 교수 2명과 제주의대 학장, 그리고 제주의대 예방의학 교수 2명 등 5명이 참여했다. 나는 이날의 발표 심사를 통과했고, 2000년 9월 1일부로 제주대학교 의대 교수가 되었다.

나중에 나는 이날의 발표 심사와 관련한 숨은 이야기를 예방의학 교수 중의 한 명으로부터 전해 들었다. 나는 단독 지원자이므로 심사위원 과반의 지지를 얻어야 교수로 임용이 될 수 있었다고 한다. 그런데 이 교수의 말에 의하면, 나는 '3 대 2'로 질 수도 있었다는 것이다. 의대 학장은 예방의학 교수 공채 지원자를 심사하는 외부 심사위원을 위촉할 때는 의례적으로 예방의학 교실에 복수로 추천을 의뢰하도록 되어 있었다. 그런데 내과 전공자였던 의대 학장은 그렇게 하지 않고 외부 심사위원 2명 모두를 자신이 직접 위촉했던 것이다.

이것은 어떤 의도가 있다고 생각할 수밖에 없는 정황이었다. 상황이 이렇게 전개되자, 제주의대 예방의학 교수들은 학장의 의도를 의심하면서 긴장했다고 한다. 만약, 학장이 직접 섭외했던 외부 심사위원 2명이 학장의 뜻에 따라 함께 움직였다면 나는 그때 교수가 될 수 없었다는 것이다. 그런데 내가 운이 좋았는지, 외부 심사위원 2명 중의 한 명이 서울대학교 보건대학원 교수 출신으로 나의 스승인 문옥륜 교수와 매우 가까웠고, 나와도 잘 아는 사이였다. 그때 그 심사위원이 나에 대해 부적격 의견을 냈으면 나는 제주대학교 교수가 되지 못했을지도 모른다.

가시방석에서 시작한 제주도 생활

나는 8월 30일부로 집권여당의 전문위원직을 그만두었다. 2년 4개월이나 일하던 곳을 막상 떠나려니 섭섭했다. 당시 신기남 의원이 제3정책조정위원장이었다. 나의 직접 상사였다. 신기남 의원은 친척과 지인들 중에 의사가 많았다. 그렇지만 그는 내가 상세하게 설명한 의약분업 방안과 의료계로부터 들었던 이야기들을 종합하여, 나의 입장이 옳다는 결론을 내린 후로는 어떤 외부의 압력이나 로비에도 흔들리지 않았.

그나마 내가 이해찬 정책위의장 체제에서 몇 개월이라도 더 버틸 수 있었던 것은 신기남 의원의 지지 덕분이었다. 그런데 내가 떠난다고 하니 신기남 의원은 무척이나 섭섭하게 생각했다. 마지막 인사를 하러 간 자리에서 신기남 의원은 내게 이렇게 말했다. "당신과 똑같은 유능하고 소신이 있는 의사를 후임 전문위원으로 추천해주고 가시오." 나는 그렇게 하겠다고 약속했다.

그리고 나는 그 약속을 지키기 위해 이 사실을 김용익 교수에게 말했고, 함께 적합한 사람을 물색했다. 그래서 찾아낸 사람이 지금 복지국가 소사이어티 운영위원장으로 활약하고 있는 예방의학 전문의이자 복지국가 전문가인 이상구 공동대표이다. 이후 신기남 의원과는 복지를 공통분모로 삼아 그때의 인연을 지금까지 이어오고 있다.

2000년 9월부터 제주도 생활이 시작되었다. 10월쯤 되자 차츰 제주 생활이 안정적인 상태로 접어들었다. 제주대학교 안에 학생기숙사가 있는데, 그 옆에는 외국이나 육지에서 온 교직원을 위한 독신자 숙소가 있었다. 나는 여기에 입주했다. 습도가 높은 탓에 이 단칸방은 늘 곰팡이가 피어 있었다. 다소 불편했지만 공짜였기에 그럭저럭 지낼 만했다. 무엇보다 1년 또는 2년만 있다가 서울에 교수 자리가 나면 올라갈 수 있을 것이라고 생각했기 때문에 더 잘 견딜 수 있었다.

그런데 이때까지도 의료계의 의약분업 반대 투쟁은 계속되고 있었다. 2000년 9월이 지나면서 전국의 의대 교수들과 학생들도 투쟁에 참여하는 방안을 논의하고 있었다. 당시에 제주의대 교수들도 투쟁에 참여하는 방안을 논의하는 회의를 열었었다. 나는 불편했다. 그래서 피해 있었다. 그들도 불편했을 것이다. 대놓고 말은 못해도 의약분업을 주도했던 '의료계 5적' 중의 한 명이 옆에 있으니, 그 불편함이 오죽했겠는가.

그런데 내가 더 눈치 보이고 힘들었던 것은 제주의대 학생들이었다. 전국의 의대학생들이 투쟁의 대열에 합류했고, 심지어 11월에는 의사국가고시를 거부하는 방안을 논의하고 있었기 때문이었다. 제주의대 학생들이 나를 어떻게 볼지, 나는 가시방석에 앉은 것 같았다. 혹시라도 이들이 의약분업 정책을 주도한 '의료계 5적' 중의 한 명이라는 이유로 나의 수업을 거부하겠다고 나서면, 나는 어떻게 해야 하나? 이런 소심한 생각도 들었다.

하지만 제주의대 학생들은 그렇게 하지 않았다. 나는 그들이 고마웠다. 이렇게 시간은 흘러갔고, 나는 당시 연구와 강의에 최선을 다했다. 그러면서도 한 달에 최소한 한두 번 정도는 서울에 올라갔다. 나는 보건의료정책 연구자이자 동시에 시민사회 운동가였기 때문이다. 당시 서울에서 진행되던 보건의료 시민사회운동은 나의 중요한 정체성 가운데 하나였다.

사회주의 정책으로 매도당한 의약분업

의약분업 반대 투쟁을 통해 자신감을 갖게 된 의료계는 이후 김대중 정부와 본격적으로 각을 세웠다. 반면, 한나라당과는 긴밀하게 연대했다. 이회창 총재가 이끌던 한나라당이 이념적으로 보수 성향을 강화하는 기조를 견지하자, 의료계 내에서도 의료보험 통합과 의약분업을 사회주의 정책이라고 공공연하게 거론하는 사람들이 많아졌다. 이에 더해, 의료계는 우리나라가 의료사회주의로 갈 것인지 또는 의료자본주의로 갈 것인지를 선택해야 할 때라며 정부여당을 압박하기도 했다.

의료계는 의료제도를 통해 의료에 개입하는 정부의 정책을 의료사회주의라고 규정했던 것이다. 그들의 입장에서 보면, 의료보험 통합일원화와 의약분업은 정부가 개입하여 의료계를 옥죄는 전형적인 의료사회주의에 속하는 것이었다. 의료계는 진료비 통제 등과 같은 정부의 개입에서 최대한 벗어나 시장의 자유를 더 많이 획득하길 원했다. 국가가 의료에 깊이 개입하는 유럽 방식보다는 시장주의 의료제도를 채택한 미국 방식을 더 선호했다.

의약분업을 계기로 대정부 투쟁을 경험했던 의료계는 이후부터 보건의료에서 시장의 원리를 중시하는 보수적 이념으로 뭉치는 경향이 나타났다. 의료계는 김대중 정부와 집권여당을 의료사회주의 정책을 추진한 좌파세력으로 매도하면서 한나라당과 긴밀하게 교류했다. 한나라당도 의료계의 이런 흐름에 적극 호응했다. 그리고 이때부터 한나라당에서도 의약분업을 사회주의 정책이라고 비난하는 경우가 많아졌다.

실제로 《연합뉴스》의 보도에 의하면, 2001년 7월 24일 한나라당은 김대중 정권의 정책을 사회주의 정책이라고 공격하며 색깔론을 제기했다. 이날 한나라당 김만제 정책위의장은 인천 계양문화회관에서 열린 시국강연회에 앞서 발표한 강연 자료를 통해 "김대중 대통령은 외국에서도 용도 폐기된 낡은 사회주의적 정책을 쓰고 있다"고 주장했다. 여기서 그는 사회주의적 정책의 단적인 예로 의약분업을 들었다.[27]

한나라당 김만제 정책위의장이 의약분업을 사회주의 정책으로 규정한 데 대해 집권여당인 민주당은 강력하게 반발했다. 민주당은 논평을 통해 "김 의장은 의약분업도 사회주의도 제대로 모르는 얼치기 정책전문가"라고 강도 높게 비난하며, "미국, 독일, 프랑스 등 서방 선진국에서 실시하는 의약분업이 사회주의 정책이라는 주장은 세계적 개그"라고 힐난했다.[28] 그럼에도 김만제 정책위의장은 "의약분업은 철저한 좌파 정책"이라고 거듭 주장했다. 당시 이런 이념 공세에 대해 장기표 씨는 이렇게 질타했다.[29]

> "한나라당 김만제 정책위의장이 의료보험 통합, 의약분업, 주5일 근무제 등의 정책을 놓고 사회주의라고 비판했는데, 이런 정책을 사회주의라 한다면 선진국들은 전부 다 사회주의이다. 김 의장이 보혁(保革) 구도로 몰아가는 것이 한나라당에 유리할 것이라고 생각해서 그런 발언을 했을 것 같은데, 이는 어리석기 짝이 없다."

이때까지만 해도 이러한 흐름이 나의 시련이 시작될 징조라는 것을 전혀 알아채지 못했다. 사회주의라는 딱지붙이기를 하면서 정부의 개입주의 복지전략을 비판하고 '작은 정부'의 논리를 옹호하는 한나라당과 김만제 정책위의장의 이런 행보는 이후에도 계속되었다. 2001년 중반기를 넘기면서 이회창 총재와 한나라당의 정치적 힘은 더욱 강해졌고, 집권세력은 힘을 잃어갔다.

특히, 2001년 9월에 접어들면서 대북정책을 둘러싼 정치적 갈등이 고조되었다. 이로 인해, 김종필 총재의 자민련이 김대중 정부와 결별을 선언했다. 집권여당은 정치적으로 더 어려워졌다. 대선 지지율 조사에서 이회창 총재의 압도적 우위 속에 차기의 집권이 유력했던 야당은 이념적으로 강공 드라이버를 걸고 있었다.

이때쯤 나의 제주도 생활도 1년을 맞고 있었다. 나는 1년 동안 연구에 매진하면서도 시민사회 운동을 위해 서울도 자주 왕래했다. 서울에 교수 자리가 있는지 탐색하는 것도 멈추지 않았다. 연구와 활동의 중심지는 서울이었기 때문이다. 나는 10월 초순 어느 날 서울대학교 보건대학원에 갔다가 이상한 소리를 들었다. 공안세력이 보건의료운동 단체를 수사하고 있다는 것이었다.

당시 나는 우리의 진보의련 운동은 그런 일에 관련된 적이 없지 않느냐며 웃어 넘겼다. 하지만 당시 이념 대결이 과잉이던 한나라당 우위의 정국에서 의료계와 한나라당이 연일 의약분업을 포함한 김대중 정부의 주요 복지 정책을 사회주의로 몰아가는 데 대해서는 뭔가 찜찜했다.

8년간의 긴 재판 과정

2001년 10월 초 어느 날, 나는 공안세력이 보건의료운동 단체 한 곳을 덮치려고 한다는 소리를 들었다. 이것은 익명으로 배달된 한 장의 편지 때문이었다. 추석 연휴 다음날인 10월 4일 오전 9시, 서울 용산구 갈월동에 있던 민중의료연합 사무실 우편함에 이상한 편지가 한 통 꽂혀 있었다. 발신자도 적혀 있지 않은 두 장짜리 편지의 주요 내용은 다음과 같았다.[30]

"민중의료연합 귀하. 저는 귀하가 민중을 사랑하는 활동에 적극 동참하고 있는 무언의 동조자이며 지지자입니다. 제가 이렇게 글을 보내게 됨은 안타까운 일이 눈앞에 일어나고 있어 많은 망설임 끝에 글을 쓰게 되었습니다. 다름이 아니오라 최근(9월 25~28일) 경찰 보안수사대와 서울지검 공안부에서 최근의 이완된 집권당의 이미지 쇄신을 위해서 민주세력을 구태의연한 좌익 이데올로기로 몰아세워 국민을 우롱하기로 합의한바, 그 대상이 바로 민중의료연합입니다."

그리고 이 편지에는 수사기관이 이미 이 단체가 만든 문건을 이적표현물로 감정해 놓았으며, 잠복·미행·전화감청 등을 통해 구속 대상자를 확정해 놓은 상황이라고 적혀 있었다. 게다가 이 편지에는 구속 대상자에 대한 체포일자가 10월 8일에서 10일 사이라고 적혀 있었다. 그리고 이 편지의 두 번째 장에는 체포영장 발부 대상자의 이름과 단체 내의 직책까지 상세하게 적혀 있었다.

이 편지를 처음 발견한 민중의료연합의 상근자는 이것을 누가 장난으로 보낸 편지라고 생각했다. 내용이 너무 황당한 데다 체포 대상자로 적혀 있던 사람들이 민중의료연합 회원들이 아니라 또 다른 보건의료운동 단체인 〈진보와 연대를 위한 보건의료연합(이하 진보의련)〉 소속의 의사와 약사 등 의료인들이었기 때문이다.

다음날인 5일에도 똑같은 내용의 연희우체국 소인이 찍힌 편지 2통이 특급등기로 민중의료연합 사무실로 배달되었다. 이 단체 관계자들은 수소문 끝에 몇 년 전에도 수사기관 내부 관계자의 제보로 보이는 편지가 배달된 적이 몇 번 있었고, 실제 편지의 내용대로 구속 사태가 벌어졌다는 사실을 전해 들었던 것이다. 그래서 이 단체는 이 편지가 수사기관 종사자의 양심적인 내부고발일 가능성이 크다고 판단하여 편지내용을 7일 밤늦게 인터넷에 공개했다.

10월 6일쯤, 나는 서울대학교 보건대학원에서 갔다가 진보의련 회원인 한 후배로부터 이 이야기를 전해 들었다. 나는 장난이려니 하고 대수롭지 않게 여겼다. 그리고 다음 날 나는 제주도로 내려와서 여느 때와 다름없이 밤늦게까지 연구실에 있다가 학교 안에 위치한 숙소에 가서 미국에서 발생했던 9.11 테러 관련 뉴스를 보느라고 밤늦게 잠이 들었다.

10월 8일, 아침 일찍 밖에서 문을 두드리는 소리가 들렸다. 그러더니 갑자기 여러 명이 나를 덮쳤다. 잠도 덜 깬 상태에서 나의 손목에는 수갑이 채워졌다. 그들은 내 방을 구석구석 수색하더니 몇 권의 책을 챙겼다. 그들은 수갑을 채운 상태에서 나를 연구실로 데려 갔다. 연구실에서 몇 권의 책을 압수물로 가져갔다. 모두 내 전공과 관련된 것들이었다. 나는 어이가 없었다.

나는 서울 홍제동에 위치한 경찰청 보안국 대공분실로 끌려가는 중이었다. 끌려가면서 생각해도 황당했다. 수갑을 찬 채로 비행기에 탔다. 나는 비행 중에는 수갑을 풀어달라고 요구했다. 이 수갑이 도대체 왜 내게 채워졌는지, 도무지 이해할 수 없었다. 비행기가 떠 있는 동안, 나는 정신을 집중했다. 의료계와 한나라당이 의약분업 정책에 사회주의 딱지를 붙일 때부터 뭔가 찜찜하더니, 결국 그것이 이렇게 연결되었다는 생각이 들었다.

생각이 이렇게 정리되자, 대책을 세워야 했다. 가장 먼저 해야 할 일은 김용익 교수에게 내가 체포된 사실을 알리는 것이었다. 비행기가 김포공항에 도착한 후, 나는 다시 수갑을 차기 전에 급하게 어머니에게 전화 한 통만 하자고 공안경찰에게 부탁했다. 그리고는 재빨리 김용익 교수에게 '체포되어 서울 도착'이라는 문자 메시지를 넣었다. 김 교수는 내가 체포된 것이 무엇을 의미하는지 금방 이해하고 대책을 세울 수 있을 것이라고 생각했다.

나는 홍제동 대공분실로 끌려갔다. 밤샘 조사를 받았다. 진보의련 대표와 나를 포함한 회원 8명이 홍제동으로 끌려온 것이었다. 나는 대공분실 조사실에서 수면부족과 모멸감의 고통 속에서 철저하게 기획된 비열하고도 황당한 심문과 조사를 3일 동안 받았다. 10월 10일, 나를 체포해왔던 경찰청 보안4과는 검찰의 지휘를 받아 우리들 중에서 나를 포함한 4명에 대해 국가보안법 위반 혐의로 구속영장을 신청했다. 하지만 법원은 11일 영장실질심사에서 우리 4명의 구속영장을 모두 기각했다.

나는 이날 밤 늦게 구치소에서 풀려났다. 경찰청 보안국이 기획과 조작을 통해 이적단체 구성 죄목으로 구속영장을 청구했지만 모두 기각된 것이었다.[31] 이들은 우리 네 명 중에서 두 명에 대해 다시 구속영장을 신청했다. 법원은 이번에도 구속영장을 모두 기각했다. 이적단체를 구성했다는 죄목의 국가보안법 위반 사건에서 이렇게 두 번씩이나 구속영장이 기각된 사례는 이전에는 전혀 없었다. 말도 안 되는 일이 벌어진 것이었다.

이렇게 구속영장이 연이어 두 번이나 기각되자, 시민사회에서는 이번 사건이 국민건강권 쟁취를 위한 진보의련의 의료공공성 강화 운동에 이적 혐의를 뒤집어씌운 경찰청의 공안탄압이라며 거세게 항의했다. 그리고 언론에서도 시민사회의 이러한 주장을 보도했다. 이후 검찰 공안부는 불구속 상태에서 진보의련 대표와 나를 국가보안법 위반 혐의로 기소했다. 이때부터 기나긴 법정투쟁이 시작된 것이었다.

나는 이렇게 어이없는 공안사건이 왜 기획되었는지 추적하고 싶었다. 그때까지 드러난 정황으로 볼 때, 내가 정책결정에 깊숙이 개입했던 의료보험 통합과 의약분업을 사회주의 정책이라고 매도했던 의료계가 의심스러웠다.[32] 내가 알고 지내던 의료계의 한 고위 인사가 나의 이러한 의심에 대해 자기도 의료계 내부의 여러 정황으로 그렇게 판단하고 있다고 말했다. 한나라당의 작품일 수도 있다는 생각이 들었다. 다만, 이건 정황상 나의 추측에 불과하다.

하지만 그때 내가 구속되었다면 가장 큰 이득을 보는 집단은 의료계와 한나라당이었다. 만약 내게 구속영장이 떨어졌다면 어떻게 되었을까? 국가보안법상 이적단체인 진보의련 수괴 중 한 명이 집권여당 정책위원회에 침투하여 의료보험 통합과 의약분업이라는 사회주의 정책을 추진했다며 보수정치세력의 공격이 연일 이어졌을 것이다. 이들의 입장에서는 안 된 일이었지만, 법원의 구속영장 기각으로 공안세력의 이러한 기획 의도는 빗나가버렸던 것이다.

나는 풀려나온 뒤에 대책을 논의하기 위해 김용익 교수를 찾았다. 김용익 교수는 진보의련 사건에 대해 단번에 이렇게 말했다. "이번 일은 공안세력이 진보의련을 이적단체로 만들어서 의약분업 정책과 김대중 정권을 한꺼번에 잡으려는 고도의 정치적 기획이다." 이후 일부 언론은 진보의련 사건을 "한나라당의 집권이 확실시되던 상황에서 있을 수 있었던 정권말기의 '보험용' 사건"이라고 해석했다.[33]

나는 검찰청에 가서 공안검사 앞에서 몇 차례 조사를 받았다. 이것도 힘들었지만, 기나긴 재판과정도 힘들기는 마찬가지였다. 2002년 2월 21일, 서울중앙지법에서 첫 번째 재판이 시작된 후, 거의 한 달에 한 번씩 재판을 받았다. 2003년 6월 4일 1심 선고를 받기까지 나는 15번이나 서울중앙지법 피고인석에 앉아 있어야 했다. 항공료를 주는 것도 아니면서 이렇게 길게 재판을 끄는 것이 찜찜했다. 유죄선고를 위한 알리바이를 만들려는 것 같은 느낌을 받았기 때문이다.

공안검찰은 재판과정에서 공안문제연구소 직원을 출석시켜 진보의련의 각종 공개된 문건과 압수한 서적에 대해 이적표현물 딱지를 붙이기 시작했다. 서적과 문건이 이적표현물이라면, 이 서적을 보관하고 문건을 만든 단체는 이적단체가 될 것이 뻔했다. 나는 공안검찰의 이러한 시나리오에 재판부가 호응하고 있다는 느낌을 받았다. 공안문제연구소는 각종 시국재판에서 문건과 서적을 감정해서 용공 딱지를 붙여온 경찰청 산하 기관이었다.

아니나 다를까, 나의 이 불길한 느낌은 현실이 되고 말았다. 나는 1심 재판부에 의해 유죄를 선고받았다. 그리고 이 선고는 신문과 방송 등 모든 언론에 보도되었다. 2003년 6월 8일자 《경향신문》은 이를 다음과 같이 보도했다.[34]

"서울지법 형사21부(재판장 황찬현 부장판사)는 8일 '진보와 연대를 위한 보건의료연합(진보의련)'을 결성하여 사상학습을 해온 혐의(국가보안법상 이적단체 구성 등)로 불구속 기소된 ㅈ대 의대 이모 교수(39)에 대해 징역 10월에 자격정지 1년, 집행유예 2년을 선고했다. 법원이 진보적인 보건의료단체에 대해 국보법상 이적단체로 규정하기는 처음이다."

나는 1심에서 징역 10개월에 집행유예 2년을 선고받았다. 황당하고 어이없는 일이었다. 의료의 공공성 강화를 위한 사회운동을 통해 공익에 헌신해온 보건의료정책 전문가를 이적단체의 수괴로 만들어버리는 우리 사회의 기득권 구조가 큰 절벽처럼 느껴졌다. 나는 분노 속에서 차츰 지쳐가기 시작했다. 하지만 이 싸움에서 반드시 이겨야 했다. 그래야 내가 헌신했던 의료보험 통합과 의약분업이 헌법에 보장된 국민건강권을 올바르게 보장하는 복지국가의 정책으로 제대로 자리를 잡을 수 있을 것이기 때문이었다.

나는 고등법원에 항소했다. 고등법원의 재판은 7월 31일부터 시작되었다. 이번에는 5번 정도 피고인석에 앉는 것으로 재판이 모두 끝났다. 이것으로 1심과 2심을 합하여 20번 넘게 피고인석에 앉는 일이 마감되었다. 2003년 12월 9일, 2심 재판부인 서울고등법원 형사5부(재판장 전봉진 부장판사)는 나에게 선고유예 판결을 내렸다.[35] 이는 유죄 취지의 판결이지만 사실상 무죄나 다름없는 것이다.

2심 판결은 공안검찰의 유죄 주장과 나의 무죄 주장을 적당하게 절충한 것이었다. 이 판결로 인해 나는 교수직에서 쫓겨나지 않아도 되었다. 만약 1심의 집행유예 판결이 2심에서도 그대로 이어졌다면, 나는 공무원법이 정하는 바에 따라 곧바로 교수직에서 물러나야 했다. 그럼에도 불구하고 억울했다. 진보의련이 이적단체라는 검찰의 주장을 2심 재판부가 유죄로 인정한 것이었기 때문이다. 나는 대법원에 상고했다. 내가 작성했던 상고 이유서의 내용을 요약하자면, 사실상 딱 한 줄이었다. "진보의련은 이적단체가 아닙니다."

나는 2003년 12월 9일의 2심 재판 결과에 불복하여 곧바로 대법원에 상고 서류를 접수했다. 그리고 3년 넘는 긴 세월이 흘렀다. 마침내 2007년 3월 3일 대법원 판결이 나왔다. 대법원 2부(주심 김용담 대법관)는 진보의련이 이적단체가 아니라고 판결했다. 나의 손을 들어준 것이었다. 대법원은 진보의련 사건을 서울고등법원으로 파기 환송했다. 이러한 대법원의 무죄 선고는 신문과 방송에 일제히 보도되었다.

이것으로 끝난 것이 아니었다. 공안검찰은 집요하게도 파기 환송된 고등법원의 재판에서 이적표현물을 소지했다고 나를 몰아붙였다. 내 연구실에서 압수했던 것으로 국내의 대학교수가 저술한 연구용 서적이나 보건의료운동 문건에 이적표현물이라고 딱지를 붙인 것이다. 그럼에도 불구하고 파기 환송 심리를 담당한 고등법원 재판부는 2007년 8월 10일 내게 무죄를 선고했다.

공안검찰은 참으로 집요했다. 그들은 내가 이적표현물을 소지했다며 나를 국가보안법 제7조 위반 혐의에 묶어서 고등법원의 무죄판결이 잘못되었다며 2007년 8월 22일 대법원에 상소했다. 그리고 또 2년이 지났다. 2009년 8월 20일, 대법원은 공안검사의 상소를 기각했다. 마침내 나는 완전히 무죄가 된 것이다.

2001년 10월 8일 아침에 학교 숙소에서 자다가 체포된 날로부터 따져 보면, 나는 거의 8년이나 되는 긴 세월 동안 고통을 당했던 것이다. 그것은 내가 기득권에 연연해하지 않고 의료의 공공성 확충을 통한 국민건강권의 옹호라는 이름의 공익에 사심 없이 봉사하고 헌신했다는 이유 때문이었다.

박근혜 정권의 감사원장으로 출세한 그때의 부장판사

진보의련 사건의 1심 재판부는 서울지법 형사21부였고, 재판장은 황찬현 부장판사였다. 내가 보기에, 그는 진실을 보려고 하지 않았다. 1심 재판부는 공안검찰이 공안문제연구소를 동원하여 어떤 근거나 공신력도 없이 엉터리로 각종 압수자료에 이적표현물 딱지를 붙이는 것을 상당 부분 받아들였다. 그래서 내가 소지했던 책과 진보의련 문건들은 시뻘건 이적표현물로 둔갑했고, 진보의련은 이적표현물을 제작하고 소지한 이적단체가 되고 말았다.

1심 재판부의 재판장이었던 황찬현 부장판사는 진보의련 사건에 대해 의례적이고도 보수적인 판결을 했다. 내가 정말로 국가보안법을 위반한 이적단체의 우두머리라면, 나를 엄하게 처벌했어야 옳았다. 그런데 그는 고작 징역 10개월에 집행유예 2년을 선고했다. 나는 그를 현실에 안주하는 보수적이고 협량한 재판관이라고 생각한다. 그는 엄청난 죄목으로 유죄를 인정해 놓고는 고작 집행유예를 선고했다. 이것부터가 말이 안 되는 것이다.

진보의련 사건은 국가보안법 위반 사건의 역사에서 희한한 몇 가지의 기록을 남겼다. 첫째, 경찰청 보안국이 국민건강권과 공공의료 확충 운동을 이적단체 구성 등의 국가보안법 위반 사건으로 조작하면서 덤벼들었지만, 법원이 두 번이나 구속영장을 기각한 역사상 최초의 사건이었다. 둘째, 하급심 재판부가 의료의 공공성 확충을 위해 사회운동을 벌이던 보건의료단체에 대해 국가보안법상 이적단체로 규정한 최초의 사건이었으나, 이를 대법원이 파기환송하며 무죄를 선고한 사건이기도 했다.

한편, 진보의련 사건에 대해서는 나중에 경찰청 스스로도 의혹이 있는 사건으로 분류했다. 2004년 11월 18일 참여정부의 경찰청은 경찰청사에서 경찰 관련 과거 의혹 사건을 조사하기 위해 경찰 5명과 민간위원 7명 등 12명으로 구성된 '과거사 진상규명위원회'(위원장 이종수 한성대 교수)를 꾸렸다. 이 위원회는 10대 의혹 사건을 '과거사 진상규명위원회'의 조사 대상에 올렸다. 그런데 이 10대 의혹 사건에 진보의련 사건이 포함되었던 것이다.

10대 의혹 사건은 경찰청이 스스로 선정한 것이었다. 당시에 경찰청은 조사대상의 선정 기준으로 △경찰력의 부당한 개입으로 역사에 오점을 남겼거나 억울한 피해 등이 발생한 사건, △시민단체 등에서 진상규명 대상으로 거론하는 사건, △논란이 되고 있거나 의혹이 제기되는 사건 등이라고 밝혔다.

경찰청은 한나라당 이회창 총재가 차기 대통령이 될 것이 확실시 되던 김대중 정부 후반기에 내부의 공안세력이 기획했던 진보의련 사건을 이렇게 스스로 의혹 사건으로 분류했다. 더 재미있는 것은 '과거사 진상규명위원회'의 간사를 맡았던 부서가 바로 진보의련 사건을 기획했던 경찰청 보안국장이었다는 사실이다.

나는 최근 진보의련 관련 자료를 인터넷으로 검색하다가 진보의련 사건 1심 재판에서 재판장을 맡았던 황찬현 씨의 동정을 우연히 알게 되었다. 그가 박근혜 정부의 감사원장으로 내정되어 국회에서 청문절차를 밟고 있었던 것이다. 나는 황찬현 씨가 감사원장의 자격이 없다고 생각한다. 하지만 그의 과거 행적으로 볼 때, 민주주의를 퇴행시키고 이념적으로 강경 보수를 추구하는 박근혜 정부에는 잘 어울릴지도 모르겠다.

국회 청문회 과정에서 민주당의 홍익표 의원은 황찬현 감사원장 후보자가 했던 판결 중에서 진보의련 판결을 문제로 삼았다. 홍 의원은 청문회에서 당시 황 후보자가 진보의련를 이적단체로 인정했고, 국가보안법상 고무찬양죄 위반으로 판결했는데, 그 사건은 결국 대법원에서 무죄로 파기 환송됐다고 비판했다. 그러면서 홍 의원이 덧붙인 말은 다음과 같다.[36]

"당시 진보의련의 강령을 보면, '사회적 약자의 건강권 강화와 무상의료' 등이 포함돼 있다. 그리고 진보의련의 주장 중에서 상당 부분은 지난 18대 대선 과정에서 박근혜 대통령이 공약으로 제시했던 '의료공공성 강화' 등과 일치한다. 이제 시대가 변했으니, 후보자가 좀 더 균형적 사고를 갖춰야 한다."

나는 이 사건 때문에 국가정상화추진위원회라는 극우성향의 단체로부터 친북-반국가 행위 인사 100인에 포함되었다. 말도 안 되는 일이다. 나는 맹세코 친북 행위를 한 적이 없다. 북한에 대해서는 대한민국의 보통 국민들과 같은 생각을 가지고 있다. 즉, 나는 북한을 평화와 통일의 대상으로 바라보고 있지만, 북한의 반 인권적 독재체제를 강도 높게 비판한다.

나는 맹세코 반국가 행위를 한 적이 없다. 지금까지 살아오면서 우리 국민의 보편적 이익을 위해 대한민국의 헌법이 명시하고 있는 행복추구권과 국민건강권을 보장하는 일에 헌신해 왔다. 나는 더 나은 사회를 만들기 위해, 공익의 실현을 위해 한 사람의 전문가로서 나를 필요로 하는 시민사회와 집권여당에서 최선의 노력을 다했다. 이것이 이 시대에 죄가 된단 말인가.

김대중 정부 말기에 경찰청과 검찰의 공안세력들이 보험 들기와 한탕주의의 불순한 의도로 진보의련 사건을 기획하지 않았더라면, 나는 기나긴 세월의 고초를 겪지 않았을 것이다. 물론, 극우세력으로부터 친북-반국가 행위 인사라는 이념적 딱지붙이기의 대상이 되는 일도 없었을 것이다.

또, 대한민국의 사법부가 정의의 관점에서 국민의 기본권을 제대로 지켜주었다면, 그래서 1심 재판부가 불순한 의도로 기획된 터무니없는 국가보안법 위반 사건에 대해 무죄를 선고했더라면, 나는 그 이후의 고초를 많이 덜었을 것이다. 물론, 대법원은 나에게 무죄를 선고했다. 온갖 고초를 치르고 난 후에서야 말이다.

그런데도 일부 몰지각한 극우 보수 세력은 의료공공성 확충을 정책적으로 추진하고 복지의 확대를 사회운동을 통해 주장함으로써 공익의 신장에 기여한 나를 친북—반국가 행위 인사로 몰고 있다. 나는 이렇게 명예를 훼손당하고 있다. 나는 이래서는 우리 사회의 정의로운 발전은 어려울 것이라고 생각한다.

일곱

의료민영화 저지 투쟁의 선봉에 서다

이명박 정부의 의료민영화 추진 입장은 강고했다. 심지어 촛불집회가 최고조에 달했을 때조차도, 이 대통령은 대국민 담화에서 '의료민영화'를 추진하지 않겠다는 말 대신에 '건강보험 민영화'를 추진할 계획이 없다는 내용의 발표를 했다. 국가의료보장제도인 국민건강보험을 민영화하지 않겠다는 것은 하나 마나 한 당연한 이야기였다. 그런데 시민사회와 광장의 촛불이 진정으로 원했던 '의료민영화 포기'라는 요구는 결코 들어주지 않았다.

결국, 제주도에서 일이 터졌다.

배제된 보건복지 자문교수들

2001년 겨울, 나는 진보의련 사건으로 불구속 상태에서 검찰의 조사를 받고 있었다. 대통령 선거가 1년 남짓 남겨진 이때, 대선 후보들의 지지율을 묻는 각종 여론조사에서 김대중 정부의 여당에서는 누가 나와도 희망이 없었고, 한나라당 이회창 후보는 압도적인 지지를 받고 있었다. 당시 의료계는 이념적 차원뿐만 아니라 정책적 수준에서도 한나라당과 긴밀하게 교감하며 연대하고 있었다.

이들 두 세력은 공히 의약분업을 사회주의 정책으로 간주하고 있었기 때문에 대선 이후 한나라당 정권이 들어선다면 의약분업은 폐지될 운명에 처하거나 사실상 기능 불능의 상태로 수정될 것이 뻔했다. 2000년 7월 창설되었던 통합 의료보험제도인 국민건강보험도 재정통합 등 일부의 내용이 도로 분리됨으로써 후퇴하거나 최악의 경우에는 조직까지 다시 분리되는 새로운 모형의 조합주의 의료보험제도로 회귀할 가능성이 컸다.

나는 진보의련 사건으로 검찰의 조사를 받는 와중에도 김용익 교수를 좌장으로 이성재 전 국회의원, 이태수 교수, 김연명 교수, 문진영 교수 등의 정책 전문가들과 자주 모였다. 이들은 모두가 김대중 정부에서 보건의료 및 복지 분야에서 걸출한 개혁을 이루어내는 데 참여해서 함께 고생했던 시민사회의 전문가이자 운동가들이었다. 이때 우리는 한나라당이 사회주의 정책이라고 몰아붙였던 의약분업 등의 보건복지 정책을 이후 어떻게 지켜낼지를 고민했다.

방법은 하나밖에 없었다. 정치적으로 막아내야 했다. 그렇게 하는 데 가장 좋은 방법은 우리가 추진했던 보건복지 개혁을 지지하는 믿을 만한 정치인이 차기 대통령으로 당선되는 것이었다. 우리는 집권여당의 주요 대선 후보들을 접촉했다. 그런데 주요 후보들 가운데 누구도 김대중 정부에서 우리가 추진했던 보건복지 정책을 굳게 지켜줄 것 같지 않았다. 그들 중의 어떤 정치인은 일부 정책에서 한나라당과 비슷한 이야기를 하는 경우마저 있었다.

그러던 어느 날이었다. 우리 중의 누군가가 노무현 전 해양수산부장관이 어떻겠냐고 말했다. 그때까지만 해도 노무현 후보는 대선에 나설 준비를 막 시작하고는 있었지만 지지율이 형편없었다. 당시 우리 중의 누구도 노무현 후보가 대통령이 될 것으로 보지는 않았다. 그럼에도 불구하고 우리는 노무현 후보 쪽과 접촉했고, 그로부터 우리의 공익적 보건복지 정책 노선을 확고하게 지켜주겠다는 약속을 받아냈다.

우리는 노무현 후보를 열심히 도왔다. 대선이라는 이후의 긴 정치과정을 통해, 설사 그가 대통령이 되지는 못하더라도 민주당의 유력 정치인으로 성장해준다면, 그의 집요함과 투쟁력으로 볼 때 충분히 강한 야당의 정치 지도자로서 우리의 보건복지 정책들이 파탄나지 않도록 최대한 막아줄 수 있을 것으로 기대했던 것이다.

2002년 3월 9일, 민주당 대통령 후보 경선이 제주도에서 국민 참여경선 방식으로 처음 시작되었다. 여기서 노무현 후보는 유권자들에게 거대한 가능성을 보여주었다. 그리고 이후의 광주 경선에서는 돌풍을 일으켰다. 이렇게 해서, 그는 민주당의 대통령 후보가 되었다. 우리는 자연스럽게 노무현 후보의 보건복지 공약을 만드는 일을 담당했고, 2002년 여름에는 민주당 노무현 후보의 자문교수가 되었다. 이후 복잡한 정치과정을 거쳐 마침내 노무현 대통령의 참여정부가 탄생했다.

우리는 흥분과 기쁨을 감출 수가 없었다. 국민건강보험, 의약분업, 국민기초생활보장 등 한나라당이 사회주의 정책으로 딱지 붙였던 주요 보건복지 정책들을 지켜낼 수 있을 것이었기 때문이다. 그냥 지켜내는 정도가 아니라, 우리 손으로 이들 제도의 문제점을 개선하고 충실도를 높일 소중한 기회를 가질 수 있을 것이었다. 뿐만 아니라, 국민의 정부 때 긴급하게 제기되었던 의약분업 등의 개혁 과제에 밀려 손대지 못했던 중요한 보건복지 정책들을 정책의제로 다룰 수 있을 것이라고 생각했다.

우리는 지난 10여 년의 긴 세월 동안 시민사회의 전문가이자 운동가로서 투쟁하고 준비해왔던 보건의료의 공공성 확충 방안을 이제 새롭게 출범하는 노무현 정부에서 정책적으로 실행함으로써 대한민국 헌법이 규정하고 있는 국민건강권을 제도적으로 실현할 수 있을 것 같았다. 그때 우리는 그렇게 생각했다. 그리고 노무현 후보의 당선 이후 며칠에 걸쳐 모든 언론에서는 보건복지 분야의 노무현 사람들이라며 우리의 이름이 거론되었다. 우리는 이 새로운 상황에서 우리가 해야 할 일들을 구상하며 기대감에 부풀어 있었다.

그런데 상황이 이상하게 돌아갔다. 2003년 초에 꾸려진 대통령직인수위원회에 우리들 중 누구도 인수위원으로 참여하지 못했다. 초대 보건복지부 장관으로 유력하게 거론되었던 이성재 전 국회의원이나 김용익 교수 이름도 내각의 명단에서 찾아볼 수 없었다. 누군가에 의해 우리가 배제당하고 있다는 생각이 들었다.

우리 보건복지 분야의 자문교수들은 이렇게 참여정부의 대통령직인수위원회 단계에서부터 배제되고 밀려났다. 후보 시절에 노무현 대통령은 보건복지 분야를 우리에게 맡기겠다고 분명하게 약속했었다. 나는 아직도 그 목소리를 선명하게 기억하고 있다. 그런데 무슨 일이 있었던 것일까.

우리는 노무현 대통령 후보의 보건복지 공약을 만들었다. 이 공약은 김대중 정부의 정책을 계승하고 발전시켜 보건의료의 공공성을 강화하자는 내용으로 채워져 있었다. 아마도 참여정부의 실세들은 이것이 부담스러웠던 것이었다. 이미 삼성과 손잡고 민간의료보험을 강화하고 영리병원을 추진할 계획을 가지고 있었던 참여정부의 시장주의 실세들은 이렇게 보건복지의 공공성 강화를 강조하던 우리 그룹을 배제했다.

인간적으로 미안했던지, 참여정부의 청와대는 이성재 전 국회의원을 2003년 7월부로 국민건강보험공단 이사장에 임명했다. 그리고 김용익 교수에게는 2004년 2월 9일 출범한 대통령 직속의 '고령화 및 미래사회위원회' 위원장 자리를 주었다. 나는 이것이 어떤 하자가 있는 인사라고는 생각하지 않는다. 이 두 사람은 모두 이 자리를 감당할만한 충분한 역량을 갖추고 있었기 때문이다. 실제로 이들은 여기서 많은 업적을 남겼다.

그런데 이들이 맡았던 자리는 보건의료 분야의 주요 정책을 결정하고 집행을 통괄하는 보건복지부 장관이나 이들 정책을 조율할 수 있는 청와대 수석비서관 직위가 아니었다. 건강보험공단 이사장은 정부의 정책에 따라 법률과 정관이 정한 기관의 업무를 일상적으로 수행하는 곳이었고, 미래사회위원회는 장기적 관점에서 미래의 정책과제를 연구하는 곳이었다. 우리는 여전히 참여정부의 보건복지 정책과정에서 배제되어 있었던 것이다.

다만, 전통적 지지자들이 떠나감으로써 참여정부의 인기가 하락했던 집권 후반기에 김용익 교수가 청와대 사회정책수석으로 간 것은 그나마 정책 라인에 기용된 것으로 볼 수 있었다. 하지만 이것도 참여정부의 임기 후반기였던 데다, 당시 대통령의 정치적 경호실장이라고 불리던 강력한 보건복지부 장관의 기세에 눌려 보건복지 정책과 관련하여 그가 할 수 있는 일은 별로 없었다.

그래서 나는 참여정부 시기 내내 외곽에서 우리가 만들었던 대선 공약을 실천할 수밖에 없었다. 이 과정에서 나는 참여정부의 의료민영화 노선과 충돌하는 일이 잦아졌다.

국민건강보험공단 건강보험연구원장이 되다

2003년 7월, 김대중 정부 당시 의료보험 통합과 의약분업 정책결정과정에서 오랫동안 나와 손발을 맞추며 함께 고생했던 이성재 전 국회의원이 국민건강보험공단 이사장으로 임명되었다. 그로부터 몇 달이 지나고, 11월경에 나는 이성재 이사장의 요청으로 건강보험 정책을 연구하고 이사장을 자문하기 위해 연구자문위원으로 국민건강보험공단에서 겸직을 했다. 그래서 이때부터 나는 일주일에 절반 이상을 서울에서 근무했다.

한편, 참여정부의 첫 번째 보건복지부 장관이 된 사람은 김화중 서울대학교 보건대학원 교수였다. 나는 처음에는 김 장관과 비교적 무난하게 잘 지냈다. 왜냐하면 김 장관은 내가 서울대학교 보건대학원에서 공부할 때 교수였고, 이후 민주당 비례대표 국회의원을 할 때도 우호적인 관계를 유지했기 때문이었다. 그런데 2004년 봄부터 사이가 틀어지기 시작했다. 참여정부가 본격적으로 추진했던 경제자유구역의 영리병원 관련 정책 때문이었다.

나는 의료제도의 공공성을 지키기 위해 그때까지 최선의 노력을 다해왔었다. 김영삼 정부의 의료개혁위원회에서 민간의료보험 도입 논의 등이 초보적 수준에서 제기될 때조차, 나는 시민사회에서 이를 문제로 삼으며 반대했었다. 더불어, 의료의 공공성을 높이기 위해 시민운동 차원에서 할 수 있는 일은 다 하고자 노력했었다. 그런데 내가 대선 기간 동안 자문교수로 참여하여 열심히 도왔던 노무현 대통령의 참여정부가 본격적인 의료민영화를 추진했으니, 이에 대해 나는 기겁할 지경이었다.

당시 나의 직책은 국민건강보험과 관련된 주요 정책에 대해 이사장에게 필요한 전문적 지식을 제공하고 정책적 자문을 수행하는 것이었다. 그런데 당시 주요 정책 현안이 의료시장 개방과 경제자유구역의 영리병원 허용 문제였기 때문에 나는 이 분야에 대한 집중적인 고민을 진행했다. 이와 동시에 더욱 전문적인 연구를 위해 서울대학교 보건대학원의 조병희 교수팀에게 '시장개방 등 환경변화가 의료보장에 미치는 영향'이라는 제목의 연구용역을 주도록 연결했다. 나는 이렇게 참여정부의 의료민영화 추진을 조기에 막아보고자 분주하게 움직였다.

참여정부의 보건복지부는 청와대의 명을 받고 경제부처에 의해 등을 떠밀리면서 의료시장 개방 등의 의료민영화 추진에 시동을 걸었다. 같은 시기에 참여정부의 국민건강보험공단은 이를 저지하기 위해 시민사회운동 세력과 손을 잡고 반대투쟁을 벌였다. 이성재 이사장의 지지와 묵인하에 내가 이 일을 추진했기 때문에 당시 보건복지부는 나를 좋아하지 않았다. 그래서 김화중 장관과도 다소 부담스러운 관계가 되고 말았다.

나는 참여정부의 첫 번째 보건복지부 장관이었던 김화중 교수가 원래는 의료민영화와 거리가 먼 사람이라는 것을 잘 안다. 그는 서울대학교 보건대학원에서 지역사회 간호학 전공으로 공중보건 분야를 오랫동안 연구하고 강의했던 교수로서 의료민영화를 앞장서서 찬성했을 리가 없기 때문이다. 그럼에도 김 장관은 참여정부의 청와대와 경제부처로부터 가해지는 지시와 압력에 차츰 순응했다. 나는 국민건강보험공단 연구자문위원으로 있으면서 시민사회와 적극적으로 연계하며 이런 보건복지부를 공격했다.

이런 와중에, 국민건강보험공단이 경제자유구역 외국병원의 내국인 진료 허용 문제 등 '의료시장 개방'을 주제로 발주했던 조병희 교수팀의 연구용역 성과가 중간보고 형태로 제출되었다. 이 보고서의 주요 결론은 내국인에게 진료를 허용하는 경제자유구역 외국병원 추진을 중단해야 하며, 본격적인 민간의료보험 도입 논의를 중단해야 한다는 것이었다. 나는 이 보고서에서 제시된 의료민영화 반대 논리를 시민사회에 적극적으로 확산시켜 나갔고, 나의 이런 노력은 보건복지부를 불편하게 만들었다.

2004년 7월 1일, 김근태 장관이 참여정부의 두 번째 보건복지부 장관으로 취임했다. 그러자 시민사회 진영에서는 민주주의자 김근태 장관의 취임에 대한 기대가 컸다. 가령, 〈건강권 실현을 위한 보건의료단체연합〉은 성명서를 내고, "새 장관이 '의료의 시장화'를 추진한 전임 김화중 장관의 반국민적인 정책방향과는 질적으로 전혀 다른, 진정으로 국민의 건강과 복지를 위한 정책을 펼쳐주기를 진심으로 바란다."라며 기대를 표시했다.

하지만 시민사회의 이러한 기대와 달리, 김근태 장관도 청와대와 경제부처의 의료민영화 추진 의지를 막아내지는 못했다. 아마도 청와대 핵심부의 강력한 의료민영화 추진 의지에 무력감을 느꼈을 것이다. 이후 김근태 장관은 신중하고 조심스러운 행보를 이어갔다. 심지어는 김근태 장관의 보건복지부는 조병희 교수팀이 2004년 9월 국민건강보험공단에 제출했던 연구용역보고서인 '시장개방 등 환경변화가 의료보장에 미치는 영향'을 언론에 공개하지 못하도록 이성재 이사장에게 압력을 가했다. 나는 공개를 주장했지만, 이성재 이사장은 공단 조직에 돌아올 피해를 고려해서 차마 공개하지 못했다.

나는 김근태 장관이 경제자유구역에 설치될 외국인 영리병원의 내국인 진료 허용을 처음부터 반대하고 있다는 것을 잘 알고 있었다. 그럼에도 불구하고, 김근태 장관은 자신의 반대 입장을 지켜내지 못했다.

심지어, 그는 청와대와 경제부처의 의료민영화 추진을 논리적으로 비판함으로써 자신의 반대 주장을 지지해주는 국민건강보험공단의 연구용역 보고서를 공개하지 못하도록 막았다. 그 보고서를 공개한다는 것은 청와대의 뜻을 거스르는 것이었기 때문이다. 차츰 김근태 장관은 기존의 방침을 바꾸며 돌아서기 시작했다.

결국, 김근태 장관의 보건복지부는 공공의료의 대규모 확충을 전제로 경제자유구역에서 외국인 영리병원의 내국인 진료를 허용하겠다고 발표했다. 이후 11월 16일, 노무현 정권은 국무회의에서 경제자유구역 외국인 영리병원의 내국인 진료를 허용하는 법률 개정안을 가결했다. 이후 이 법률은 11월 28일 국회재경위원회에 상정되었다. 그러자 시민사회단체들은 거세게 반발했고 투쟁에 나섰다.

2004년 11월 28일, 시민사회단체들은 국회 앞에서 농성투쟁에 돌입했다. 이들은 '보건의료인 경제자유구역 외국인 영리병원 및 의료개방 허용 반대 결의문'을 통해 국민건강권을 지키기 위해 강력하게 투쟁하겠다고 선언하면서 다음과 같이 요구했다.[37] ① 노무현 정부는 '경제자유구역법' 개악안을 즉각 폐지·철회하라! ② '경제자유구역법' 개악안을 발의한 경제부총리 이헌재는 즉각 사퇴하라! ③ 국민의 건강을 포기한 김근태 보건복지부 장관은 즉각 퇴진하라! ④ 국회는 우리 의료제도의 붕괴를 초래할 '경제자유구역법' 개악안을 거부하라!

지금도 이런 광경이 눈에 선하다. 나는 2004년도 내내 참여정부의 의료민영화 추진을 반대하느라고 시민사회단체 활동가들을 두루 만났고, 국회를 드나들며 이들과 함께 반대 투쟁에 앞장섰다. 이렇게 지내던 2004년 10월 어느 날, 국민건강보험공단은 건강보험연구센터 소장을 공모했다.

오래 전부터 이성재 이사장은 내게 소장을 맡아 함께 국민건강보험공단을 올바르게 발전시켜 보자고 제안했었다. 나는 지원서를 냈다. 그런데 걸림돌이 있었다. 내가 진보의련 사건으로 1심에서 유죄판결을 받았던 사실을 국정감사에서 야당이 걸고 넘어졌고, 보건복지부도 야당의 눈치를 보았기 때문이었다.[38]

하지만 법적으로는 문제가 없었다. 2003년 12월 9일, 2심 재판부는 1심 판결의 내용을 파기하고 선고유예를 판결했으므로 내가 공무원의 신분을 유지하는 데는 하자가 없었기 때문이었다. 이렇게 해서, 나는 어렵게 건강보험연구센터의 소장이 되었다. 이후 건강보험연구센터는 이성재 이사장의 지원과 나의 집중적인 노력으로 많은 성과를 낼 수 있었다.

그리고 나는 1년쯤 뒤에 건강보험연구센터를 확대 개편한 건강보험연구원의 초대 원장이 되었다. 이 자리에서 나는 많은 일을 해냈다. 그중에서 가장 중요한 것으로는 국민건강보험의 보장성 확충과 의료민영화 반대 투쟁을 들 수 있을 것이다. 나는 이렇게 3년 임기를 모두 마치고 2007년 11월 건강보험연구원장직을 떠났다. 이후부터는 복지국가 운동의 한 가운데 서야 했기 때문이다.

국민건강보험공단을
참여정부 의료민영화 반대의 거점으로 삼다

2004년 11월, 나는 건강보험연구센터 소장으로 취임했다. 제주대학교 교수직을 수행하면서 이 일을 겸직으로 맡은 것이었다. 이성재 이사장은 전폭적으로 힘을 실어주었다. 이로써 나는 국민건강보험공단의 정책연구와 중요한 정책기획을 실질적으로 총괄하는 위치에 서게 되었다. 나는 국가의료제도의 공공성 확립에서 국민건강보험이 담당해야 할 역할을 공단의 직원들과 시민사회에 강연하고 다녔다. 사람들의 생각이 바뀌어야 했기 때문이다.

그런데 당시 나에게 가장 큰 도전은 역시 청와대의 의료민영화 추진이었다. 나는 국민건강보험공단의 연구기능을 최대한 활성화했고, 정부의 의료민영화 추진에 논리적으로 대응했다. 이렇게 해서 건강보험연구센터는 참여정부 의료민영화 반대의 이론적 근거지가 되었다. 그러니 보건복지부와 사이가 좋을 리 없었다.

정부의 의료민영화 논리에 대항하고자 많은 자료를 만들었다. 결국, 나는 직접 연구책임자가 되어 이런 자료들을 종합하면서 수개월 동안 연구를 진행한 끝에 2005년 10월 「의료의 산업화와 공공성에 관한 연구」라는 연구보고서를 발간했다.[39] 그리고 이 보고서는 이후 시민사회의 의료민영화 반대 투쟁에서 유능한 길라잡이 역할을 수행했다.

사실, 의료 분야의 규제를 완화하면서 의료에 시장주의 원리를 도입하기 시작했던 것은 김영삼 정부였다. 김영삼 정부는 1990년대 중반쯤 세계적으로 거세게 불었던 신자유주의 바람에 올라타면서 의료 분야의 규제완화를 넘어 의료산업을 적극적으로 육성하고 지원하기 시작했다.

하지만 참여정부 이전의 의료산업 정책은 참여정부에서 추진하려고 기획했던 영리법인 의료기관의 허용과 민간의료보험의 활성화를 핵심으로 하는 성장주의적 산업정책인 의료민영화 논리와는 기본적으로 다른 것이었다. 참여정부 이전의 의료산업 정책은 신약, 의과학, 의료장비, 식품 분야의 연구개발에 대한 국가적 지원이 핵심 내용이었기 때문이다.

한편, 참여정부 출범 전인 2002년 12월에 「경제자유구역의 지정 및 운영에 관한 법률(경제자유구역 법)」이 제정되었다. 이 법의 제정 당시 주요 내용은 다음과 같다. ① 외국인 전용병원의 형태는 병원급 의료기관으로 제한되며, 의원급 의료기관의 설립은 허용되지 않는다. ② 의료기관의 개설 주체는 외국인(개인, 법인)이며, 의료기관의 성격은 비영리법인이다. ③ 외국인 전용 의료기관의 진료대상은 외국인으로 한정하며, 내국인 진료는 허용되지 않는다. ④ 외국인 전용 의료기관은 국민건강보험의 적용을 받지 않으며, 이에 따라 진료비는 전액 본인 또는 민간의료보험이 부담한다. 김대중 정부 말기에 WTO DDA 협상에 따라 제정된 '경제자유구역법'은 경제자유구역 내에 정주하는 외국인들을 위한 편의시설로 외국인 투자병원을 허가했던 것이다. 그렇기 때문에 경제자유구역 내의 외국 의료기관은 진료대상을 외국인으로 한정했다. 즉, 외국인 전용 진료공간을 허용했던 것이다. 그러므로 이것은 이후의 영리병원 논쟁이나 의료민영화와는 관련이 없다고 봐야 한다.

그런데 참여정부는 처음부터 달랐다. 집권 초기부터 이미 영리병원 설립 허용을 추진하려는 세력이 정권의 핵심부에 깊숙이 들어가 있었다. 내가 듣기로, 그들 중 일부는 오래 전부터 정치인 노무현과 그 측근들의 후원자였다고 한다. 앞서 언급했듯이, 이런 이유로 인해 대선 당시 노무현 후보의 보건복지 공약을 만들었고 의료공공성을 강조했던 보건복지 분야의 자문교수 그룹은 대통령직인수위원회 단계에서부터 배제되었던 것이다.

물론, 참여정부는 대선 공약대로 출범 초기에는 공공의료 확대를 내세웠다. 하지만 이것은 의료민영화 추진을 보완하고 완충하려는 정치적 수사에 불과했다. 그리고 청와대 핵심부에서 '2만 달러 시대'라는 성장주의 담론이 나오면서 공공성 강화 기조는 후퇴하기 시작했고 신자유주의 정책 노선을 적극적으로 추구했다. '2만 달러 시대'라는 성장주의 담론은 오래 전부터 삼성의 것이었다. 그러므로 최소한 이때부터 참여정부는 삼성과 같은 배를 탄 것이었다.

보건복지부는 처음에는 의료민영화를 반대했으나, 청와대와 경제부처의 압박이 심해지자 공공의료 확대를 조건으로 경제자유구역 외국인 영리병원의 내국인 진료를 허용하는 것으로 방향을 선회했다. 보건복지부는 2004년 3월 '동북아 중심병원 유치를 위한 실무팀'을 구성하여 경제자유구역 내 최고 수준의 외국병원 유치, 외국의 최고 의료진 초빙, 동북아 환자 우선 진료, 국내 공공의료 확충 후 내국인 진료 허용 검토 등을 발표했다.

2004년 3월, 나는 국민건강보험공단에서 연구자문위원으로 겸직하고 있었다. 당시 나는 이 문제의 심각성을 이성재 이사장과 충분히 공유했다. 참여정부의 뜻대로 외국인 영리병원의 내국인 진료가 허용되면, 장차 우리나라 의료제도는 영리성이 더욱 강해지면서 결국에는 의료민영화의 길을 걷게 될 것이라고 판단했다. 우리는 시민사회와 연대하고 함께 투쟁하는 방법밖에 없다는 것을 잘 알고 있었다.

그때 우리는 참여정부가 검토하고 있던 의료민영화 정책에 대한 우리 내부의 잘 정리된 반대 논리가 필요했다. 그리고 대안도 필요했다. 그래서 나는 이성재 이사장과 논의한 끝에 긴급하게 국민건강보험공단이 연구용역을 발주하도록 했다. 나는 조병희 교수에게 직접 전화를 해서 '시장개방 등 환경변화가 의료보장에 미치는 영향'에 관한 연구를 부탁했다. 이렇게 해서 만들어진 의료민영화 반대 논리는 국민건강보험공단과 시민사회운동 진영을 하나로 묶어주는 역할을 하기에 충분했다.

우리가 이렇게 의료민영화 반대 투쟁을 열심히 했건만, 결국 상황은 참여정부 핵심부의 뜻대로 진행되고 말았다. 참여정부는 2004년 11월 들어 속도감 있게 '경제자유구역법' 개정 절차를 밟았다. 그리고 2004년 12월 마지막 날, 시민사회단체와 진보정당의 거센 반대에도 불구하고 참여정부는 국회 본회의에서 '경제자유구역법' 개정안을 통과시킴으로써 경제자유구역에서 외국인 영리병원의 내국인 진료를 허용했다. 하지만 참여정부의 의료민영화 시도는 여기서 끝나지 않았다.

2005년 1월 13일, 노무현 대통령은 연두 기자회견에서 "교육과 의료 등 고도 소비사회가 요구하는 서비스를 세계적 경쟁력을 갖춘 전략산업"으로 육성하겠다고 말했다. 당시 참여정부가 의료서비스를 전략산업으로 육성한다는 말은 2004년 연말에 통과시킨 '경제자유구역 외국인 영리병원의 내국인 진료 허용'과는 차원이 다른 것으로 엄청난 의미를 내포하는 것이었다. 그것은 의료서비스를 자본투자의 영역으로 삼아 자본의 활동 공간으로 내주겠다는 선언에 다름 아닌 것이었기 때문이다.

이후 2005년 3월에는 '서비스 산업 관계 장관회의'가 열렸다. 여기서는 아주 노골적으로 의료서비스 산업을 첨단 고부가가치 산업으로 육성하기 위해 의료기관에 대한 자본참여 방안을 활성화하는 조치가 논의되었다. 구체적으로는 단계적으로 영리법인 병원을 허용하는 방안을 검토하기로 결정했던 것이다. 더불어 민간의료보험을 활성화하고, 의료수요자의 선택의 폭을 넓힌다는 구상도 발표했다. 사실, 이 정도면 의료민영화와 관련해서 나올 수 있는 구상은 대체로 다 나온 것이었다.[40]

나의 칼럼과 키보드 치는 올빼미 대통령

2004년 연말의 '경제자유구역법' 개정에 그치지 않고, 참여정부가 2005년 연초부터 노 대통령까지 나서서 의료산업화라는 이름의 의료민영화를 추진하겠다는 의지를 거듭 표명하자 나는 초조해졌다. 시민사회단체들도 격앙된 분위기에서 거세게 항의했다.

나는 내가 원장으로 있던 건강보험연구원을 거점으로 삼아 국민건강보험공단 노동조합과 시민사회운동을 효과적으로 연계하면서 참여정부의 의료민영화에 저항했다. 다음의 글은 내가 2005년 3월 4일자 《서울신문》에 기고한 시론이다.[41]

| 시론 | 의료이용 형평과 건강보험 사명

이상이(국민건강보험공단 연구센터 소장)

양극화의 심화가 사회문제가 되고 있다. 빈부격차가 존재하지 않는 사회는 없다. 경쟁이 있는 한, 승자와 패자가 있게 마련이다. 다만 정도가 문제가 된다. 승자가 너무 많은 것을 가진다면 사회는 정의와는 거리가 멀어지기 때문이다. 승패가 결정되지 않은 상태에서 승자와 패자 사이에 분배 몫이 사회적으로 합의될 수 있는 정도로 일정하게 좁혀진다면 그 사회를 정의로운 사회라고 불러도 좋을 것이다.

제주도 관광을 하는 사람 중 누구는 특급호텔에서, 누구는 민박집에서 숙박을 한다. 자신이 민박을 한다고 특급호텔에 머무는 부자들을 비난하는 관광객은 거의 없다. 그 정도의 차이는 수용할 만하기 때문이다.

반면 위암에 걸렸는데, 어떤 이는 부자라서 최고의 병원에서 최상의 진료를 받고 다른 사람은 가난해서 치료를 못 받거나 시골병원을 전전한다면 이것을 수용할 수 있겠는가? 이것을 수용하거나 수용을 강요한다면 그 사회는 정의에 대한 최소한의 개념도 없는 희망 없는 사회임에 틀림없다.

한 사회의 구성원은 누구나 소득, 교육수준, 거주지역, 성별 등에 관계없이 차별 없는 의료 서비스를 받아야 한다. 이것이 의료이용의 형평성이다. 정부 주도로 의료를 제공하는 국가들뿐만 아니라 의료보험제도를 운영하고 있는 대다수 유럽 국가는 의료이용의 형평성을 달성하기 위해 정치·정책적으로 지난 반세기 동안 지난한 노력을 기울여왔다.

하지만 우리나라는 '전 국민 의료보험제도'를 시행한 지 겨우 15년이 지났으며, 의료이용의 형평성 수준은 선진국에 비해 현저히 뒤떨어진다. 현행 건강보험의 보장성은 진료비의 56%만을 보장하여 멕시코를 제외하면

OECD 국가들 중 꼴찌다.

그런데 최근 경제부처 일부를 중심으로 의료산업 발전론이 제기되고 있다. 현재 제약산업은 1조 6000억 원(2003년 기준), 의료기기산업은 8000억 원의 무역수지 적자를 보였다. 이들 산업분야를 발전시켜야 한다는 데는 이론의 여지가 없다. 문제는 의료서비스를 산업으로 간주하고 시장경쟁과 일반 산업분야의 지배적 논리를 그대로 적용하자는 데서 발생한다. 경제부처와 자본 측의 주장과 논리대로 가자면 필연적으로 기존 국가보건의료체계와 의료보장제도가 크게 훼손될 수밖에 없고, 형평성의 가치도 사라지게 된다.

궁극적으로는 '부자-민간보험-영리고급병원'과 '서민과 빈민-건강보험-일반병원'으로 의료제도가 계층화될 것이다. 또한 현재 GDP의 6.2%에서 통제되고 있는 국민의료비도 급증하게 될 것이다. 이는 사회 전체적으로 대단히 비효율적인 방임적 의료체계가 탄생하는 것이며, GDP의 14%를 의료비에 쏟아 붓고도 보건지표가 변변치 않은 미국의 낭비적 의료체계를 뒤따르는 것이 된다.

그렇다고 의료서비스의 산업적 성격을 외면하자는 것은 아니다. 보건의료 분야의 고용창출과 의료서비스 경쟁력 제고는 우리 모두의 과제다. 그러나 1000억 원도 안 되는 해외원정 진료비를 1조 원이라고 근거 없이 과장하고, 세계적 수준인 국내 의료기술을 싱가포르에 빗대어 경쟁력 없는 것처럼 폄하하는 것 등은 사실 왜곡이다.

경제부처 일부와 보수진영의 이러한 주장은 정책목표의 달성보다는 '정의롭지 못한 사회'와 '국민의료비의 급증'이라는 엄청난 부작용만 초래할 것이다. 따라서 형평성 가치의 추구라는 큰 원칙을 견지하는 가운데 고용창출과 의료서비스의 경쟁력 강화 방안을 강구하는 것이 옳다. 이를 위해서

> 라도 건강보험 보장성의 획기적 강화와 노인요양보험의 도입이 절실하다. 건강보험이 국민건강권의 보장과 형평성 가치의 추구라는 사명을 다할 수 있도록 힘과 지혜를 모아야 한다.

 이렇게 언론에 기고하는 것을 포함해서 나는 다양한 방법으로 참여정부의 의료민영화 반대 투쟁을 전개했다. 노무현 대통령도 시민사회의 이러한 반대 투쟁에 대해 고민이 많았던 것 같았다. 노 대통령은 하필 내가 쓴 칼럼 '의료이용 형평과 건강보험 사명'을 청와대 정책실의 보고를 통해 읽었던 것이다.
 내가 이 사실을 알게 된 것은 2005년 3월 21일자 《오마이뉴스》에서 "노 대통령은 '키보드 치는 올빼미 대통령'"이라는 기사를 보았기 때문이다. 이 기사에 의하면, 청와대 정책실이 보고한 3월 4일자 '국내 언론보도 분석'에 대한 노무현 대통령의 지시 내용들 중에 다음과 같은 것이 나온다.

 "의료이용 형평과 건강보험 사명 – 이 칼럼 소론에 관하여 논평 정리 바랍니다. 의료서비스의 산업화와 공공서비스의 조화를 불가능한 것으로 보는 듯합니다. 조화로운 발전 방안이 없을까요? 해답을 찾아봅시다.(정책실)"

 위의 인용 글은 노무현 대통령이 나의 칼럼을 읽고 청와대 정책실에 지시를 내린 내용이다. 의료민영화와 공공성의 조화로운 발전 방안을 찾아보자는 말인데, 이에 대해 노 대통령의 고민이 많았을 것이다. 하지만 이 것은 의료민영화 방식으로는 안 되는 것이었다. 우리나라의 의료공공성 은 주요 국가들 중에서 가장 낮은데, 여기에 삼성생명과 재벌들이 요구하는 의료민영화를 추진하면서 어떻게 의료공공성을 높일 수 있고, 더군다나 조화로운 발전을 이룬단 말인가.

당시 참여정부는 잘못된 생각에 갇혀 있었다. 이렇게 해서 2005년 중반기쯤에 이르자 참여정부의 의료민영화 추진 의지는 더욱 공고해졌다. 10월 5일에는 의료산업선진화위원회가 출범했다. 이해찬 총리가 위원장을 맡았다. 나도, 시민사회도 모두 바짝 긴장했다. 이해찬 총리의 의료산업선진화위원회는 2006년 초까지 네 차례에 걸쳐 의료제도개선소위를 열고 제주도 영리 의료법인 허용과 민간의료자본의 활성화 방안 등을 논의했다.

하지만 의료산업선진화위원회는 시민사회가 우려했던 것에 비해 병원의 영리성 강화와 민간의료보험의 활성화 조치를 포함하는 의료민영화를 본격적으로 추진하지 못한 채 2006년 후반으로 접어들면서 동력을 잃고 말았다. 이후의 활동이 흐지부지된 것이었다. 여기에는 다음과 같은 몇 가지의 이유가 있었다.

첫째, 황우석 사태의 주인공들이 의료산업선진화위원회에 참여하여 의료산업화의 추진이 필요하다는 주장을 주로 내놨었기 때문에, 이 위원회의 의료산업화 추진이 도덕적 장벽을 만났다. 둘째, 시민사회의 거센 저항과 김용익 사회정책수석 등 일부 참여정부 인사들의 반대가 영향을 미쳤다. 셋째, 참여정부의 온정주의적 성격도 한몫을 했다. 참여정부는 서민의 눈물과 희망을 바탕으로 집권한 세력이었기에 시민사회의 반대와 저항의 논리가 타당한 측면이 있는 이상, 더 이상 무리하게 의료민영화 정책을 추진하기는 어려웠을 것이다.[42]

참여정부에 침투한 보험자본
삼성생명의 거대한 기획[43]

사실, 의료서비스 산업화라는 이름으로 추진되었던 의료민영화 논리의 핵심은 민간의료보험의 활성화이고, 이에 비해 영리법인 병원은 이를 위한 돌격대의 성격이 강하다. 그래서 참여정부의 경제부처는 끊임없이 민간의료보험의 활성화를 추진하였고, 보건복지부와 시민사회의 견제와 비판에도 아랑곳하지 않았다. 그러한 논란의 와중이었던 2005년에 삼성생명의 내부 전략보고서인 '민간의료보험 확대 전략'이 세간에 모습을 드러냈다.

이 보고서는 민간의료보험이 궁극적으로는 정부 보험인 국민건강보험을 대체하는 포괄적 보험이 되어야 함을 적시하고 있다. 더욱이, 이 보고서는 우리나라에서 민간의료보험의 발전 단계를 다음과 같이 6개의 단계로 나누고 있었다. 그러면서 2005년 당시의 단계를 실손 의료보험을 매개로 정부의 국가의료체계와 연계관계를 형성하는 단계로 파악하고 있었다. 즉, 당시는 4단계에 해당한다는 것이었다.

1단계: 정액방식의 암 보험
2단계: 정액방식의 다질환 보험
3단계: 후불방식의 준 실손 의료보험
4단계: 실손 의료보험
5단계: 병원과 연계된 부분 경쟁형 의료보험
6단계: 정부보험을 대체하는 포괄적 의료보험

이 보고서는 '병원과 연계하고 국민건강보험과 부분적으로 경쟁하는 민간의료보험체계'의 구축을 다음 단계(5단계)의 목표로 설정하고 있었다. 물론, 궁극적 목적은 6단계인 '정부보험을 대체하는 포괄적 의료보험'의 달성이고, 삼성생명이 이 체계의 맹주 역할을 하는 것일 터였다. 여기서 '실손 의료보험을 매개로 정부의 국가의료체계와 연계관계를 형성하는 단계(4단계)'를 좀 상세하게 설명할 필요가 있다.

오래 전부터 우리나라에는 삼성화재 등의 손해보험회사들이 실손 의료보험 상품을 판매하고 있다. 손해보험은 실제로 발생한 손해에 대해 보상을 해 주는 보험을 말하는데, 가입자가 질병으로 의료기관을 이용하여 비용이 발생했을 때 이를 보상해주는 상품이 실손 의료보험 상품이다. 원래는 손해보험회사들만 판매할 수 있었던 실손 의료보험 상품을 2005년 8월 보험업법의 개정으로 생명보험회사들도 판매할 수 있게 되었다. 이것은 참여정부가 실손 의료보험 시장의 거대한 확산을 위해 활로를 열어준 것이었다.

결국, 2008년 5월부터는 국내 최대 규모의 생명보험회사인 삼성생명과 교보생명이 마침내 실손 의료보험 상품을 출시했다. 대한생명이 그 뒤를 따랐고, 그 후에 중소 생명보험회사들도 실손 의료보험의 출시 계획을 연달아 발표했다. 생명보험회사도 실손 의료보험 상품을 판매할 수 있도록 참여정부가 보험업법을 개정한 지 꼭 3년 만에 둑 터진 봇물처럼 실손 의료보험 상품들이 쏟아져 나온 것이다.

그리고 보험업법 개정 이래 생명보험업계와 정부의 경제부처는 줄기차게 국민건강보험이 보유하고 있는 국민의 질병정보를 민간보험회사들과 공유하자고 요구했다. 실손 의료보험 상품을 민간보험의 원리에 따라 돈벌이가 되는 방식으로 판매하기 위해서는 질병의 발생 가능성이 높은 고위험 가입자를 골라내거나 이들에게 비싼 보험료를 부과하는 등의 방법으로 가입자를 선택하기 위해서는 온 국민의 질병과 건강에 관한 정보가 필요했던 것이다.

시민사회의 거센 반대로 국민건강보험의 질병정보가 손쉽게 얻어지지 않자, 삼성생명 등 대형 생명보험회사들이 스스로 보유하고 있던 가입자들의 질병 정보들을 이용하여 나름의 실손 의료보험 상품 판매 전략을 수립했고, 결국 대대적인 판매에 나섰던 것이다. 하지만 국민건강보험의 질병정보를 민간보험회사들과 공유하자는 경제부처와 민간보험업계의 요구는 앞으로도 수그러들지 않을 것이다. 결국, 2005년의 삼성생명 내부 보고서가 말한 그대로 생명보험회사를 포함한 '민간의료보험이 실손 의료보험을 매개로 국가의료체계와 직접 연관관계'를 형성한 것이다.

이 보고서에 따르면, 다음 단계는 '병원과 직접 연계하고, 국민건강보험과 부분적으로 경쟁하는 민간의료보험체계'를 구축하는 것이다. 그런데 이렇게 하기 위해서는 의료법을 고쳐야 한다. 의료법은 영리를 목적으로 제3자가 환자를 모집하여 의료기관에 소개하거나 알선하는 것을 금지하고 있기 때문이다. 이 조항 때문에 보험회사들은 실손 의료보험 상품을 판매하더라도 의료비 지급을 의료기관에 직접 하는 것이 아니라 환자가 의료기관에서 발급받은 영수증에 근거하여 환자에게 실손 금액을 지급할 수밖에 없다.

이런 식으로는 보험회사가 의료기관과 직접 의료서비스의 가격을 계약하고, 의료기관에 지배적 영향력을 행사하는 미국식 민간의료보험의 영광을 누릴 수 없게 된다. 더불어 국민건강보험과 대등한 경쟁을 하기도 어렵다. 그래서 참여정부 말기인 2007년 5월 유시민 보건복지부 장관이 국회에 제출한 '의료법 전부개정안'에 주목할 필요가 있다. 이 법안은 국민건강보험의 비급여서비스에 국한된 것이지만, 의료법의 알선금지 조항에서 '보험업법상 보험회사'에 대해서는 예외로 규정함으로써 민간보험회사들의 알선행위를 합법화하는 내용을 담고 있었다.

그런데 참여정부의 이 마지막 시도는 실패했다. 만약 이것이 통과되었다면, 이는 참여정부가 그동안 했던 그 어떤 의료민영화 조치보다도 악영향이 훨씬 더 클 것이었다. 나는 이 법률안의 문제점을 설파하느라 《오마이뉴스》에 "건강 사고파는 사회, '유시민 의료법'의 재앙"이라는 제목으로 장문의 칼럼을 쓰고,[44] 노동조합을 포함한 시민사회와 함께 반대 투쟁을 조직했다. 우리는 여야 정당과 보건복지상임위원회 소속 국회의원들을 방문하여 이 법률 개정안의 위험성을 알리고 통과시키지 말아달라고 설득했다.

결국, 하늘이 우리 시민사회의 투쟁을 도와서인지는 몰라도 우리나라 국가의료체계를 〈식코〉의 세상으로 만드는 데 결정적인 길을 열게 되었을 이 의료민영화 법률안은 1년 동안 국회에서 잠자다가 17대 국회의 종료와 함께 자동적으로 폐기되었다. 나는 이것을 천지신명이 도운 것이라고 생각한다.

그런데 유시민 장관이 그때 왜 이런 법률 개정안을 국회에 제출했는지, 나는 지금도 그것이 궁금하다. 유 장관이 너무 바빠서 그 의료법 개정안의 해당 내용이 의미하는 바와 그것이 초래할 위험성에 대해 잘 모르고 서명했을 것이라고 생각하고 싶다. 아마도 그의 전후 행적을 보았을 때, 나는 그의 의도가 '삼성생명 보고서의 5단계'를 실현하려고 그렇게 한 것은 아니었다고 여기고 싶다. 어찌되었건, 우리 시민운동은 그의 의도와 무관하게 엄청나게 긴장했고, 그땐 정말 사력을 다해 막았다.

그리고 당시에 나는 보건복지부 산하기관인 국민건강보험공단에서 건강보험연구원장으로 재직하고 있었기 때문에 이중으로 힘들었다. 나는 《오마이뉴스》에 쓴 "건강 사고파는 사회, '유시민 의료법'의 재앙"이란 칼럼 때문에 보건복지부의 비난을 들어야 했다. 나는 보건복지부에서 걸려오는 전화도 받지 않고 한동안 피해 다녔다. 나는 그때 나에게 엄중하게 경고했던 보건복지부 주무과장의 목소리와 그런 내용의 휴대전화 문자를 지금도 또렷하게 기억하고 있다.

그런데 재미있는 것은 이명박 정부가 여당이 압승한 2008년 4월 총선 이후에 전례 없는 5월 임시국회를 열어 이 의료법 개정안을 살려내려고 무지 노력했었다는 사실이다. 이는 정권을 넘나드는 삼성생명 등 보험자본의 엄청난 힘을 잘 보여주는 것이다.

앞으로도 보험회사들은 스스로가 '의료기관과 직접 연계하고, 국민건강보험과 경쟁하는' 지위에 오르기 위해 온갖 노력을 다할 것이다. 그래서 끝내 이들이 가고 싶어 하는 종착지는 미국의 민간의료보험이 누리는 그러한 위치에 도달하는 것, 즉 국민건강보험을 대체하거나 거의 무력화시키는 강력하고 시장 지배적인 민간보험체계이다.

이명박 정부의 노골적인 의료민영화 추진

이명박 정부는 2008년 연초의 인수위원회 시기부터 의료민영화 추진 의지가 강했다. 이명박 정부의 탄생에 기여했던 공신들, 대한의사협회, 대한병원협회, 의료시장주의 학자들, 삼성생명 등 금융자본, 그리고 이들과 이해관계를 같이 하는 관료와 전문가들, 과거 의료보험 조합주의의 주역들은 국가 주도의 단일보험자 방식인 국민건강보험제도의 시장주의 개혁 방안을 두고 다양한 견해를 쏟아냈다.

국민건강보험을 다수의 보험자로 쪼개서 서로 경쟁을 시키자는 '신조합주의 의료보험' 방식에서부터, 민간의료보험을 활성화하여 국민건강보험과 경쟁시키자는 방안, 내국인에게도 영리법인 의료기관을 허용하여 민간의료보험과 짝을 짓게 함으로써 국민건강보험의 역할을 축소하자는 견해 등이 그것이었다. 만약 이들의 견해대로 된다면, 민주정부 10년 동안 우리나라가 이루어냈던 의료공공성의 성과는 완전히 무너질 것이 명

확해 보였다.

　나는 참여정부 기간 내내 의료민영화를 반대했지만, 이번에는 이전과 상황이 다르다고 생각했다. 그래도 참여정부는 크게 보면 논쟁과 협상이 가능했던 '범민주'라는 큰 틀에서 한편이기도 했지만, 이명박 정부와 그의 공신들은 신자유주의 '작은 정부' 이념을 앞세워 무지막지하게 의료민영화를 밀어붙일 것이 불을 보듯 뻔해 보였기 때문이었다. 2008년 초의 그 춥던 겨울 날, 나는 이러한 걱정이 누적되면서 심한 좌절의 몸살을 앓았다. 어떻게 해 볼 방법이 보이지 않았기 때문이었다.

　그러던 어느 날이었다. 대통령직인수위원회로부터 건강보험 당연지정제도를 폐지 또는 완화하겠다는 소식이 흘러나왔다. 이것이 현실화된다면, 가장 급진적인 형태의 국민건강보험의 와해 또는 축소와 함께 의료민영화의 완성으로 이어지는 시나리오였다. 건강보험 당연지정제도에 의해, 모든 의료기관은 법적으로 국민건강보험공단과 의료서비스 제공 계약을 맺어야 하고, 따라서 건강보험 환자의 진료를 거부할 수 없으며, 의료서비스 제공에 있어서도 건강보험 의료수가의 적용을 비롯한 정부의 각종 공익적 규제를 수용해야 하는 것이다.

　만약 이것이 폐지될 경우, 소위 경쟁력 있는 의료기관들은 낮은 건강보험 의료수가가 아닌 높은 의료비를 청구할 수 있는 일반 환자나 민간의료보험 환자를 주로 진료하고, 국민건강보험 환자를 보지 않으려고 할 것이다. 더욱 심각한 것은 민간의료보험 회사들이 적극 나서서 의료수요의 대부분을 민간의료보험 시장에서 충족하게 하는 의료제도의 민영화 구조를 만들려고 할 것이라는 점이었다. 그 순간, 나는 마음속으로 쾌재를 불렀다. 이렇게 살 길이 열리는구나, 이런 생각이 들었다. 그들이 악수를 둔 것이기 때문이었다.

아니나 다를까, 이때부터 각종 포털사이트와 주요 인터넷 언론의 게시판에는 건강보험 당연지정제도의 폐지를 반대하는 서명운동이 일어났다. 당연지정제도의 폐지를 반대하는 여론이 크게 형성되었다. 이에 놀란 인수위원회와 여당은 애써 무시하거나 발뺌을 하였고, 야당들은 한 목소리로 당연지정제도의 폐지를 비난했다. 곧바로 정국은 4월 총선 국면으로 접어들었고, 그때까지 대한민국 총선의 역사에서 국민건강보험이 이렇게 핵심적인 선거 이슈가 된 적은 없었다.

이러던 시기에 경제부처는 대통령 업무보고에서 내국인 영리법인 병원을 허용하고, 민간의료보험의 활성화를 추진하겠다는 취지의 의료민영화 방안을 발표했다. 시민사회단체들과 야당의 반대와 우려가 심각해졌고, 여론이 나빠지자 한나라당이 먼저 건강보험 당연지정제도의 폐지를 추진하지 않겠다고 발표했다. 뒤이어 보건복지가족부도 공식적으로 이러한 내용의 발표를 했다. 이로써 건강보험 당연지정제도의 폐지를 둘러싼 갈등은 수면 아래로 내려가게 되었다.

곧 이어서 본격적인 의료민영화 논쟁이 벌어졌다. 한나라당과 정부로서는 건강보험 당연지정제도를 그대로 유지하겠다는 입장을 밝힌 것으로 모든 것이 종결되기를 희망했다. 그러나 경제부처들이 순차적으로 나서서 '내국인 영리법인 병원의 허용'과 '민간의료보험의 활성화' 추진 계획을 내놓았고, 청와대에서 대통령을 면담한 생명보험회사의 회장들이 '국민건강보험의 개인 질병정보'를 민간보험회사와 공유하게 해달라는 요청했다. 이런 상황에서 정부의 의료민영화 추진 의지는 명백해 보였다. 때마침 촛불의 항거가 시작되었다.

그러나 이명박 정부의 의료민영화 추진 입장은 강고했다. 심지어 촛불집회가 최고조에 달했을 때조차도, 이 대통령은 대국민 담화에서 '의료민영화'를 추진하지 않겠다는 말 대신에 '건강보험 민영화'를 추진할 계획이 없다는 내용의 발표를 했다. 국가의료보장제도인 국민건강보험을 민영화하지 않겠다는 것은 하나 마나 한 당연한 이야기였다. 그런데 시민사회와 광장의 촛불이 진정으로 원했던 '의료민영화 포기'라는 요구는 결코 들어주지 않았다.

결국, 제주도에서 일이 터졌다. 이명박 정부의 의료민영화 추진 의지가 제주도에서 발휘되었다. 제주도지사는 제주특별자치도법 개정안에 내국인 영리법인 병원 허용 조항을 삽입하겠다는 의지를 공개적으로 밝혔다. 그 직후에 국무총리는 2008년 6월 3일 '제주특별자치도 제3단계 제도개선안'을 발표했다. 그리고 이 문서의 3쪽에는 제주도를 '의료개방과 선진화의 테스트 베드'로 삼겠다는 점이 분명하게 언급되었다. 이렇게 의료민영화 제주대첩이 시작되었다.

의료민영화 제주대첩에서 이명박 정부를 꺾다

제주도는 2006년 7월 1일 형식적으로 고도의 자치권을 부여받은 지방자치단체가 되었다. 이때 만들어진 법률이 '제주특별자치도법'이다. 제주도는 이 특별법을 개정하여 제주도에서 내국인 영리법인 병원을 허용하는 내용을 담으려고 했다. 그리고 이것은 이명박 정부의 의료민영화를 위한 첫 번째 포석이기도 했다.

그런데 제주도에 '경제자유구역법'의 규정을 받는 인천 송도 등의 경제자유구역과 동일하게 외국인 영리법인 병원은 이미 특별법 제정 당시부터 설립이 허용되어 있었다. 그런데 이때까지 어느 외국인도 제주도에 투자하지 않았다.

이런 상태에서 제주도는 중앙정부와 협력하여 제주도에 내국인도 영리법인 병원을 설립할 수 있도록 허용하겠다고 나선 것이다. 이것은 '제주특별자치도법'만 개정하면 되는 일이었다. 결국, 이명박 정부의 의료민영화 추진은 제주도에서 정부와 시민사회가 사활적 전투를 치르는 것으로 나타났다.

내국인 영리법인 병원 허용을 위해, 제주도 당국은 중앙정부의 지원을 등에 업고 전면적인 관제 여론몰이에 나섰다. 제주도민의 지지를 명분으로 삼아야 의료민영화 추진의 정치적 부담을 덜고, 제도 시행의 부작용을 최소화할 수 있다는 판단에서였다. 여기서 밀리면 이명박 정부의 의료민영화는 제동이 걸리는 것이었다.

의료민영화를 반대하는 쪽도 마찬가지였다. 전국에서 시민사회단체 활동가들이 제주로 내려왔다. 길거리 캠페인을 벌였고, 집회를 개최했다. 신문에 의료민영화 반대 논리를 담은 간지를 끼워 돌리기도 했다. 제주지역의 방송사에 여러 경로로 읍소하는 방식으로 의료민영화 찬반 토론회를 열어줄 것을 요구했다. 나는 제주 KBS방송이 주최하는 의료민영화 찬반 토론회에 출연했다.

　우리는 방송 토론과 각종 인터뷰 출연 등에서 논리적 우위를 점했고, 점차 도민의 마음을 얻고 있었다. 하지만 전통적으로 관청의 힘이 강했던 제주도 사회의 특성상 여전히 제주도 당국이 우위를 점하고 있다고 판단했다. 그렇기에 우리는 마음이 급했다. 나는 의료민영화와 관련된 일에 대해 우선순위를 가장 높게 두었기 때문에 방송과 신문 등 각종 언론에 수많은 인터뷰와 기고를 했다. 우리가 할 수 있는 일은 다 해야 한다는 절박함이 우리 시민사회 내부에서 솟구치고 있었다.

　그러던 어느 날 밤이었다. 나는 '영리병원 반대 공동대책위원회'의 주역 중 한 명인 제주대학교 의학전문대학원 박형근 교수와 논의한 끝에 한 가지 일을 벌이기로 했다. 제주대학교 교수들의 반대 성명을 조직하기로 한 것이다. 제주도 지역사회 내의 도민여론을 움직이는 데는 이것이 크게 도움이 될 것 같았기 때문이다. 나는 간호대학 이은주 교수와 함께 방법을 강구했고, 이메일과 전화로 동조하는 교수들을 조직했다. 당시 이은주 교수는 의료민영화 반대 여론을 형성하는 데 큰 기여를 했다. 결국, 이틀 만에 49명의 교수들로부터 서명을 받았다. 그리고 2008년 7월 7일, 우리는 제주도 의회에서 기자회견을 열었다.

　제주도 당국의 행보도 빨라졌다. 제주도지사는 행정력을 총동원한 관제반상회와 각종 홍보행사를 열었다. 19세 이상 제주도민의 25%에 해당하는 10만 명에게 영리병원 찬성 홍보를 했으며, 관변단체와 유관기관들은 지역신문에 찬성 광고로 도배를 하다시피 했다. 그리고 도지사는 제주도민을 대상으로 한 내국인 영리법인 병원 찬반 여론조사 방침을 전격적으로 발표했다.

　우리는 허를 찔렸다고 생각했다. 우리 내부의 일부는 패배할 것 같다며 울분을 토로하기도 했다. 시간이 지날수록 제주도민의 여론이 의료민영화 반대쪽으로 기울 것이라고 판단한 제주도가 선수를 친 것이었다. 지역사회의 분위기로 볼 때 몇 달만 시간이 더 있으면 우리가 이길 것 같았다. 제주도의 여론이 점차 영리병원 반대쪽으로 이동하고 있었기 때문이었다.

　김태환 지사가 만나자고 했다. 나는 박형근 교수와 함께 제주 그랜드호텔에서 그를 만났다. 그는 협조를 당부했다. 이에 대해, 나는 영리병원은 제주도민에게 이득이 될 것은 별로 없고 부작용만 너무 크다며 반대했다. 나는 제주도 당국이 민주주의의 원리를 배척하고 영리병원 허용을 일방적으로 밀어붙이는 데 반대한다는 의사를 전달하고 그와 헤어졌다.

　그런데 문제는 제주도민 사회에 내국인 영리법인 병원 허용의 의미와 찬반 주장의 논리에 대한 충분한 정보가 전달되지 않았다는 것이었다. 진정한 민주주의는 어떤 정책에 대한 객관적 정보를 충분히 전달한 상태에서 도민의 의견을 묻는 것이라고 생각했다. 그래서 나는 제주도 당국의 전격적인 여론조사 실시를 이러한 민주적인 절차가 뒤따르지 않았다는 이유로 반대했다.

　제주도 당국은 관제 여론몰이를 통한 일방적 홍보를 충분히 했기 때문에 여론조사를 강행하기로 결정했다. 시민사회는 제주도 당국의 일방적인 여론조사를 비판했다. 결국, 제주도 당국은 2008년 7월 25일과 26일에 걸쳐 여론조사를 실시하겠다고 발표했다. 이미 화살은 시위를 떠났다.

우리는 다급해졌다. 여기서 우리가 지면 이후에도 반대투쟁은 하겠지만 승산이 없다고 봐야 했다. 우리는 이 제주대첩에서 반드시 이겨야 했다.

나는 제주도민들의 제주대학교 교수들에 대한 공적 믿음에 다시 읍소하기로 했다. 나는 '제주대 교수 일동이 제주도민께 드리는 호소의 글'을 작성했고, 제주대 교수 52명의 동의를 받았다. 2008년 7월 23일, 우리는 다시 기자회견을 열어 이 성명서를 발표했다.[45] 이틀 후에 여론조사가 실시될 예정이었으므로, 나는 이 호소문이 제주도민의 마음을 움직여주길 간절히 바라는 마음으로 이 글을 썼다.

이 호소문의 주요 꼭지는 다음과 같다.[46] ① 도 당국의 행정력을 총동원한 관제 여론몰이는 민주주의의 퇴보입니다. ② 영리법인 병원은 자본 투자자의 이익을 위한 병원으로 의료비가 비쌉니다. ③ 영리법인 병원 설립을 위해 외국투자자가 제주에 들어오지 않는 것은 의료관광의 사업성이 없기 때문입니다. ④ 제주발 영리법인은 전국의 경제특구로 확산되어 의료민영화가 완결됩니다. ⑤ 제주에는 아무런 실익도, 영리법인 병원의 선점효과도 없습니다. ⑥ 영리법인 병원이 들어오면 장차 의료비가 급증할 것입니다.

의료민영화를 반대하는 전국의 시민사회단체들은 주요 방송과 신문에 제주도 당국의 의료민영화 기획이 제주도에 국한된 문제가 아니라 결국에는 우리나라 의료제도 전반의 운명이 달린 것이라며 관심을 가져줄 것을 호소했다. 그랬더니, MBC 〈100분 토론〉에서 긴급하게 방송토론이 잡혔다. 제383회 토론의 제목은 '영리병원, 의료 선진화인가 민영화인가'로 정해졌다.

방송일시가 2008년 7월 24일(목) 밤 12시 10분(생방송)이었으므로 우리에게는 이것이 제주도 당국의 일방적 여론조사 실시를 앞두고 도민의 여론에 호소할 마지막 기회였다. 나는 서울로 급히 올라갔다. 이날 나와 같은 편에서 토론한 사람은 강기정 민주당 국회의원과 우석균 보건의료단체연합 정책실장이었다.[47] 우리는 이날 토론에서 진심을 담아 최선을 다했다.

결국 제주도 당국이 공언했던 이틀간의 여론조사가 실시되었다. 뚜껑을 열어보니, 제주도민들은 반대 39.9%, 찬성 38.2%로 내국인 영리법인 병원을 유치하려던 제주도 당국의 계획에 제동을 걸었다. 여론조사에서 과반수의 찬성이 있으면 이를 추진하겠다고 공언했던 제주특별자치도 김태환 지사는 반대 의견이 더 많이 나온 도민의 뜻을 받들어 금번 제주특별자치도법 개정안에 내국인 영리법인 허용 조항을 포함시키지 않겠다고 밝혔다. 제주대첩에서 우리가 승리한 것이었다.

패배만 거듭한 이명박 정권의 의료민영화 시도

우리는 의료민영화 제주대첩에서 이겼다. 제주도민 사회에서 충분한 공론화도 이루어지지 않은 상태에서 시민사회의 반대에도 불구하고 여론조사를 전격적으로 실시한 주체는 다름 아닌 제주도 당국이었다. 여기서 반대표가 한 표라도 더 나오면 승복하겠다고 말한 당사자도 제주도지사였다. 논리적으로 볼 때, 이 정도 되면 제주도 내의 내국인 영리법인 병원 허용 안건은 종결되는 것이 정상이었다.

그러나 여론조사에서 패배한 도지사는 기자회견에서 이번에는 도민의 뜻에 승복하지만, '여건이 성숙되면 도민 의견을 수렴하고 충분한 토론을 거쳐 영리법인 병원 도입을 다시 추진'하겠다는 뜻을 밝혔었다. 패배를 시인했으면 당연히 해당 정책을 폐기하는 것이 상식인데, 제주도지사는 영리법인 병원 도입을 다음에 다시 추진하겠다고 말한 것이다. 이는 아주 이례적이고 상식적인 수준을 넘어서는 것이었다.

사실, 제주도지사의 이런 발언은 중앙정부와 이해 당사자들의 의료민영화에 대한 강력한 의지가 반영된 것으로 해석할 수 있다. 제주대첩 이후 몇 달이 지나지 않은 어느 날이었다. 그때부터 제주도지사는 영리병원이라는 말은 어감이 좋지 않으므로 '투자개방형 병원'으로 개칭하여 제주도민에게 적극 홍보하고 다시 도입을 추진하겠다는 발언을 수차례 반복했다. 급기야, 2009년 연초의 기자회견에서 영리법인 병원을 '투자개방형 병원'으로 개칭하고, 이를 허용하는 내용의 제주특별자치도 법 개정안을 다시 추진하겠다고 공식 선언했다.

우리는 다시 바빠졌다. 나는 시민사회와 함께 국민과 도민을 속이는 이명박 정부와 제주도 당국을 거세게 비판했다. 방송 출연과 신문 칼럼 등을 통해 내가 할 수 있는 반대운동을 다했다. 나는 그때 이후로 제주 MBC 방송의 '투자개방형 병원' 찬반 토론에 출연했고, 경인방송에도 이 문제로만 두 차례 정도 출연했었다.

2009년 2월 10일, 윤증현 씨가 기획재정부 장관이 되었는데, 그는 무서운 속도로 이명박 정부의 의료민영화 추진 의지를 과시했다. 그 첫 작품은 2009년 3월 6일 '의료제도 선진화를 위한 토론회'였는데, 이를 시작으로 '전국적인' 의료민영화 추진을 위한 세몰이를 이어갔다. 한국개발연구원, 한국보건산업진흥원, 한국보건사회연구원 등 정부연구기관을 총동원하여 여러 차례의 여론몰이 토론회를 개최하는 방법으로 의료민영화의 추진 속도를 높여나갔다.

그러다 갑자기 촛불 1주년이 다가오자, 촛불의 저항을 의식하여 약간의 속도 조절에 들어갔던 이명박 정부는 마침내 5월 8일 청와대에서 '서비스 산업 선진화를 위한 민관합동회의'를 열고 의료민영화 추진 의지를 다시 천명했다. 이제 이명박 정부는 제주도를 넘어 전국적인 의료민영화 추진의지를 확고히 밝힌 것이었다. 이에 따라, 제주도의 내국인 영리법인 병원 허용 사안도 빠른 속도로 추진되었다.

마침내, 2009년 여름, 제주도 당국은 내국인 영리법인 병원 설립 허용 등의 4단계 제도개선 안을 포함한 '제주특별자치도법' 개정안을 총리실을 통해 국회에 제출하기로 했다. 이번에는 제주도민 여론조사 같은 것도 모두 생략해버렸다. 대신에 제주도 당국은 바로 제주도의회의 의결을 요청했다. 결국, 제주도의회는 야당의 거센 반대에도 불구하고 이명박 정부 지지 세력의 수적 우위를 통해 안건을 통과시켜 버렸다. 제주도 당국의 뜻대로 된 것이었다. 이 법률 개정안은 총리실을 통해 국회에 제출되었다.

이때부터가 우리 투쟁의 제2막이었다. 투쟁의 무대는 이제 제주도가 아니라 대한민국 국회였다. 2009년 10월 6일, 민주당과 민주노총 등 79개 시민사회단체와 정당이 참여하는 '의료민영화 저지와 건강보험 보장성 강화를 위한 범국민운동본부'가 출범했다. 이로써, 국회를 대상으로 하는 전국적 수준의 의료민영화 저지 운동이 본격화되었다. 우리는 야당이 당론으로 의료민영화 반대를 견지해줄 것을 요구했다. 더러 흔들리기도 했지만, 야당은 대체로 잘 버텨주었다.

그리고 2010년 6월 지방선거에서 영리법인 병원을 추진하지 않겠다며 반대의사를 명확하게 밝혔던 우근민 후보가 제주도지사에 당선되었다. 중앙정부에서도 기획재정부는 내국인 영리병원의 전국적인 허용을 계속 주장하였지만, 보건복지부는 국민의료비의 급등과 의료공공성 훼손을 이유로 부정적인 태도를 견지했다. 시민사회와 야당의 반대도 계속되었다. 이런 상태에서 '제주특별자치도법' 개정안은 국회에 계속 계류되었다.

그런데 2011년 1월부터 상황이 다시 꿈틀대기 시작했다. 2010년 6.2 지방선거에서 내국인 영리병원을 도입하지 않겠다는 공약으로 당선되었던 우근민 제주도지사가 말을 바꾼 것이었다. 그는 국회에 계류되어 있던 개정 법률안의 조속한 처리를 위해 일정 기간 동안 제주도에 한해 영리법인 병원을 도입해줄 것을 공식적으로 요청키로 했던 것이다.

그래서 2011년에도 영리법인 병원 사안이 여론과 언론의 주목을 받게 되었다. 이때는 제주도뿐만 아니라 인천 송도도 쟁점이 되었다. 나는 이 시기에도 몇 차례의 칼럼을 썼다. 그리고 2011년 7월 22일, 나는 제109회 SBS 〈시사토론〉 '영리병원 허용해야 하나?'에 출연했다.

이날 토론회는 정부와 여당이 8월 임시국회에서 제주도와 인천 송도에 영리병원 허용 법안을 처리하기로 합의함에 따라 관련 쟁점을 다루고자 마련된 것이었다. 출연자는 손숙미(한나라당 국회의원), 이상이(제주대학교 의

료관리학 교수), 정기택(경희대 의료경영학과 교수), 주승용(민주당 정책위 수석부위장)이었다.[48]

이후 이 개정 법률안은 여야 간의 의견 차이로 진전되지 못했다. 다음 총선이 다가온 상황에서 여야 의원들의 관심도 다른 곳으로 이동해 버렸다. 결국, 이 개정 법률안은 제18대 국회에서 계속 계류되었다가 자동 폐기되었다.

나는 영리병원은 경제 발전이나 국민 건강에 결코 도움이 되지 않는다고 생각한다. 이런 주장은 충분한 이론적·경험적 증거에 근거한 것이다. 관련 논거는 『의료민영화 논쟁과 한국의료의 미래』(이상이 등, 2008년)에 잘 기술되어 있다.

이명박 정부가 당정 간의 합의를 통해 제주도와 인천 송도의 영리병원 허용을 위해 마지막 노력을 경주하던 때였던 2011년 8월 8일, 나는 KBS 〈뉴스라인 방송 대담〉에 출연했다. 당시 제시했던 나의 논리를 소개하기 위해 앵커의 질문과 나의 답변을 그대로 옮기도록 한다.

교수님은 영리병원에 대해 반대하시죠? 영리병원을 도입하게 되면, 환자의 입장에선 더 질 높은 의료서비스를 받을 수 있는 것 아닐까요?

주식회사 병원, 즉 영리병원을 도입하면, 국민의료의 질이 높아진다는 주장은 사실이 아닙니다. 오히려 질이 저하되거나 질의 양극화만 초래됩니다. 미국 의료제도의 경험에서 교훈을 얻어야 합니다. 미국은 전체 병원의 15%가 영리병원이고, 나머지 85%가 공공병원 또는 비영리병원입니다. 그래서 비교 논문들이 굉장히 많은데요. 대부분의 연구결과는 영리병원에 부정적인 것으로 나타났습니다.

미국에서 의료서비스의 질이 좋은 최고의 병원들은 거의 전부가 비영리병원들입니다. 로즈나우와 린더의 연구에 의하면, 미국에서 의료서비스의 질을 연구한 69편의 논문 중 41편에서 비영리병원의 질이 더 우수했고, 단지 8편에서만 영리병원이 더 우수한 것으로 되어 있습니다. 또 영리병원에서는 사망률과 예방 가능한 의료사고도 비영리병원보다 훨씬 더 높았습니다.

영리병원과 의료민영화 체계는 의료서비스의 질이나 국민의료의 성과에 비해 국민의료비가 지나치게 높다는 큰 문제를 가지고 있습니다. 미국은 국내총생산의 16%를 국민의료비로 지출하는데, 국민의 건강과 의료이용 수준은 주요 국가들 중에서 꼴찌입니다. 유럽 복지국가들은 대개 국내총생산의 9~10%만을 국민의료비로 사용하면서도 국민의 건강과 의료성과는 압도적으로 좋습니다.

미국에서 영리병원의 행정비용은 전체의료비의 34%로 비영리병원의 행정비용 24%보다 훨씬 높았습니다. 허위청구와 과잉진료도 더 많았습니다.

영리병원을 도입하게 되면, 그동안 안주해왔던 국내 의료기관에 긴장감을 불어넣고, 좀 더 경쟁력을 키우게 할 수 있는 계기가 될 수 있지도 않을까요?

우리나라는 전체 의료기관의 93%가 민간병원입니다. 개인병원이나 비영리민간병원들 간의 수익추구를 위한 경쟁이 매우 심합니다. 영리병원이 없는 현재에도 이미 충분히 긴장감이 높은 상태이며, 오히려 지나친 경쟁으로 인해 심각한 수준으로 의료 자원의 낭비가 초래되고 있습니다.

우리나라는 MRI, CT, PET(양전자촬영장치), 다빈치(로봇수술) 등 고가 의료장비가 인구 대비로 세계에서 제일 많은 나라에 속하는데, OECD 국가들 평균의 2배 수준으로 엄청난 과잉입니다. '인구 천 명당 급성치료병상의 수'도 OECD 평균은 3.8병상인데 비해, 우리나라는 7.1병상으로 거의 두 배에 이릅니다. 그래서 연간 외래진료 횟수와 평균재원일수가 OECD 평균의 두 배 수준입니다.

이러한 과잉진료와 자원의 낭비는 민간병원 간의 과도한 경쟁에 기인한 것입니다. 그런데 여기에 이윤추구를 목적으로 하는 주식회사 병원이 추가된다는 것은 '불에 기름을 붓는 것'과 같습니다. 결과적으로, 이러한 비효율성의 심화로 인해 국민의료비는 치솟게 되고, 사회계층 간에 의료이용의 양과 질은 양극화될 것입니다.

영리병원이 일부 구역에만 허가되는 것이기 때문에 파급력이 생각보다 적을 것이라는 말도 있는데요?

이미 전국의 6개 권역에 경제자유구역이 지정되어 있고, 제주특별자치도를 합하면 7곳입니다. 여기에 주식회사 병원이 전부 허용되면 사실상 전국에 허용된 것과 같습니다.

그런데 영리병원 도입 문제는 이미 참여정부 때부터 추진됐던 사항이기 때문에 이제 와서 반대하는 것은 '발목 잡기'라는 말도 나오는데요?

참여정부가 삼성 등 재계의 요구를 수용함으로써 영리병원 도입과 의료민영화를 추진했던 것은 사실입니다. 저는 당시 국민건강보험공단에서 연구원장으로 일했는데요, 시민사회와 함께 영리병원 반대투쟁을 주도했기 때문에 이러한 사실을 잘 알고 있습니다.

이후 시민사회의 반대여론이 높아지자, 결국 참여정부는 외국인 정주여건의 개선과 외국환자 유치 차원에서 경제특구에 제한적인 외국인 영리병원만 허용한 채, 내국인 영리병원 추진 같은 의료민영화 노선은 접었습니다.

현 정부가 참여정부를 탓할 일은 아니라고 봅니다. 우리나라 의료보장 수준은 현재 60% 수준에 불과한데, 이것은 주요 선진국의 85~90% 의료보장 수준에 비하면 턱없이 미약한 것입니다. 우리나라는 30개 OECD 주요국가 중 27등입니다. 현 정부에서 의료보장이 더 나빠졌습니다.

국민건강보험 하나로 모든 병원비가 해결될 만큼 국민건강보험의 보장성 수준을 높인 후에 영리병원 도입 문제를 논의하는 것이 순리라고 생각합니다. 지금은 때가 아닙니다.

여덟

역동적 복지국가의 길을 열다

3.15 여의도 행사 이후, 나는 대한민국 민주진보진영의 재편 과정에서 중요한 역할을 할 복지국가 담론을 제시한 것 덕분에 할 일이 아주 많아졌다. 강연이나 각종 토론회의 발표 및 토론 이외에도 언론의 인터뷰 요청이 많아졌던 것이다.

나는 복지국가소사이어티 공동대표 자격으로 언론과의 인터뷰에도 적극적으로 응하였다. 복지국가 전문가이자 운동가로서, 복지국가 전도사로서 내게 주어진 일이라면 무엇이든 최선을 다했다. 그래서 나는 매번 인터뷰 때마다 열성을 쏟았다. 나의 이런 노력과 정성이 언론을 통해 풀뿌리 시민들에게 전달되길 원했기 때문이다.

고맙고 놀라운 '암부터 무상의료'

2007년 11월 중순, 건강보험연구원장 임기가 종료되었다. 나는 연구자문위원으로 1년, 건강보험연구원장으로 3년, 합해서 4년을 서울 마포에 소재한 국민건강보험공단에서 일했다. 당시에 나는 복지국가 운동을 하고 있었으므로 서울에 자주 올라와서 머물러야 했다. 그래서 국민건강보험공단이 제공해주던 숙소를 대체하는 개인 숙소 겸 사무실이 필요했다. 나는 마포 지하철역 주변에서 작은 오피스텔을 월세로 얻었다.

오피스텔에는 책상과 의자 등의 가구가 필요했다. 서울 충정로의 중저가 가구를 파는 가구점을 찾았다. 흥정을 끝냈고, 가구 배달 장소와 시기 때문에 가구점 여주인에게 전화번호가 적힌 내 명함을 전했다. 명함에는 제주대학교 의학전문대학원 교수와 국민건강보험공단 건강보험연구원장이라는 직함이 찍혀 있었다. 내 명함에서 건강보험공단 직함을 본 가구점 여주인은 최근 자신의 남편이 위암 수술을 받았다며, 건강보험이 너무 좋고 얼마나 고마운지 모르겠다고 말했다.

가구점 여주인의 말을 요약하자면 이렇다. 남편이 위암 선고를 받았을 때는 앞으로 발생하게 될 엄청난 의료비 때문에 걱정을 많이 했다고 한다. 그런데 수술이 끝나고 퇴원할 때 진료비 명세서를 받았는데, 진료비가 너무 적게 나와서 당황했다고 한다. 나는 가구점 여주인에게 그것이 '암부터 무상의료' 정책 덕분이라고 설명했고, 내가 건강보험공단에 있으면서 그 일을 하는 데 주도적으로 참여했다고 말했다. 그랬더니 고맙다면서 의자 하나를 공짜로 주었다.

나는 이런 사례를 많이 보았다. '암부터 무상의료'는 전문가들에게도 고마움과 놀라움을 안겨주었다. 나는 잘 알려진 소장 경제학자 한 사람으로부터 자신이 위암 진단을 받았다는 연락을 받았다. 이후 그 교수는 서울의 한 대학병원에서 수술을 받고 무사히 퇴원했다. 퇴원 직후의 전화통화에서 그는 자기가 부담한 총 진료비가 100만 원도 안 되었다면서 우리나라 건강보험이 너무 좋다고 칭찬했다. 그리고 이게 다 건강보험의 보장성 확대를 위해 노력해온 이 교수 같은 사람들 덕분이라면서 칭찬과 덕담을 했다.

'암부터 무상의료' 정책과정을 주도하다

이하의 글에서는 건강보험연구원장의 직위에 있으면서 내가 주도적으로 경험했던 '암부터 무상의료' 정책과정을 간략하게 살펴보자. 당시에 나는 대만의 건강보험제도를 유심히 살펴보았다. 연구와 발표도 많이 했다.

이를 위해 3차례 대만의 건강보험당국을 방문했다. 원래 대만은 우리나라보다 건강보험제도의 발전이 뒤쳐져 있었다. 우리나라가 1989년 '전 국민 의료보험'을 달성했을 때까지만 해도 대만은 전체 국민의 절반 정도만이 조합주의 의료보험에 가입해 있을 뿐이었다.

그런데 1995년을 기점으로 상황이 역전되었다. 우리가 1989년 이후 의료보험의 관리운영 방식을 놓고 조합주의냐 통합주의냐 논쟁하면서 세월을 보내고 있을 때, 대만은 수차례 우리나라를 방문하여 이런 논쟁의 경과를 종합하면서 교훈을 얻어갔다. 대만은 1995년 국가가 운영하는 단일 보험자 방식의 통합의료보험제도를 전격적으로 실시했다. 이후 대만은 건강보험의 보장성 수준을 OECD 국가들 평균인 약 80%로까지 끌어올렸고, 암 등의 중증질환에 대해서는 사실상의 무상의료 혜택을 제공했다. 뿐만 아니라, 보수지불방식도 포괄수가제를 넘어 모든 의료 분야에 걸쳐 총액계약제를 실시하고 있다.

나는 그때 이제부터는 우리가 대만으로부터 배워야 한다고 생각했다. 대만에서 성공했던 보수지불제도의 개혁은 우리도 나름 열심히 노력해보았지만 우리나라에서는 어려운 것이었다. 결국, 포괄수가제나 총액계약제 등의 보수지불제도 개혁은 의료계의 강력한 반대 때문에 우리나라에서는 오랜 논란과 진통을 겪었다. 앞으로도 그럴 것이다.

하지만 암 등의 중증질환에 대해 사실상의 무상의료 혜택을 제공하는 대만의 '중대상병제'는 돈만 있으면 우리나라에서도 얼마든지 실시할 수 있는 것이었다. 나는 대만의 '중대상병제'를 우리나라 상황에 맞도록 적용모델을 연구했다. 이것이 우리나라에서 국민건강보험의 보장성 수준을 획기적으로 높일 수 있는 결정적 계기가 될 것이라고 생각했기 때문이다.

2005년 봄쯤, 이 일을 하는 데 도움이 될 두 가지의 호재가 생겼다. 첫째, 참여정부가 2004년 연말에 통과시켰던 외국인 영리병원의 내국인 진료 허용을 담은 '경제자유구역법' 개정안에 연동하여 공공의료를 확대해야 하는 부담을 지게 되었다. 둘째, 전년도에 약 1조 3천억 원에 달하는 국민건강보험 재정 흑자가 발생했다. 이 돈은 당시 우리나라 암 환자 모두를 무상으로 치료할 수 있는 규모였다. 이렇게 많은 돈이 생기자, 그 쓰임새와 우선순위 등을 놓고 많은 의견이 나왔다.[49]

나는 2004년과 2005년에 걸쳐 여러 곳에 강연을 다니면서 대만의 건강보험제도가 우리에게 주는 교훈에 대해 이야기하는 경우가 많았다. 이런 강연 때면 꼭 빼먹지 않고 중대질환 50여 가지에 대해 사실상의 무상의료를 실시하고 있던 대만의 '중대상병제'를 소개했다. 그러던 어느 날, 나는 국립암센터의 박재갑 원장을 만날 기회를 가졌다. 당시 그는 국민건강보험이 암이라도 무상의료에 가까울 정도로 보장성을 높일 수 있으면 좋겠다고 했다. 그렇다면 국민들이 건강보험료를 더 낼 수 있을 것이라며, 본인도 적극 국민을 설득하겠다고 했다.

그래서 나는 대만의 '중대상병제'를 소개하면서 암부터 시작할 수도 있을 것이라고 화답했다. 그리고 그 방법을 고민하던 2005년 연초의 어느 날이었다. 나는 평소 가깝게 지내던 〈건강세상 네트워크〉 김창보 국장을 만나서 이 문제를 논의했다. 그는 시민사회에서 이 의제를 공론화시킬 방안을 고민해보기로 했고, 나는 이 문제를 건강보험연구원의 긴급 연구과제로 삼았다. 나는 이성재 이사장과 이 의제를 논의했고, 우리는 건강보험의 보장성 확대를 '암'부터 시작하자는 공감대를 형성했다.

나는 즉시 '암부터 무상의료' 운동을 확산시켜 나갔다. 시민사회에서는 〈건강세상 네트워크〉가 앞장섰다. 국민적 지지가 확인되자 다른 시민사회단체들도 이 운동을 지지했다. 보건복지부도 관심을 가지고 동의를 표시했다. 2005년 봄, 보건의료 시민운동이 '암부터 무상의료'를 앞세우고 공세적으로 의료보장을 요구하는 새로운 싸움에 나섰던 것이다. '암부터 무상의료'는 질병별로 접근한다는 한계에도 불구하고 건강보험의 보장성을 획기적으로 끌어올릴 수 있고, 당시 만연해있던 암 보험 등 민간의료보험에 공세적으로 대응할 수 있는 새로운 시민운동이었다.

나는 이 운동이 성공하게 되면, 그래서 우리 국민들이 국민건강보험 보장성 향상의 이득을 암 질환을 통해 직접 경험할 수 있다면, 머지않은 장래에 건강보험의 새로운 지평이 열릴 수 있다고 생각했다. 결국, '암부터 무상의료' 운동은 국민들에게 사실상의 '무상의료' 실현 가능성을 설파한다는 의미를 가진 중요한 시민운동이었다. '암부터 무상의료'는 국민들로부터 큰 호응과 지지를 받았고, 국민건강보험제도가 꼭 필요한 존재로 국민들로부터 널리 인정받는 계기가 되었다.

그런데 왜 하필 암이냐, 암 외의 다른 중증질환은 어떻게 하느냐, 이런 문제가 시민사회에게 제기되었다. 나는 이런 문제제기는 당연하고 옳다고 생각했다. 하지만 당시의 조건에서는 건강보험의 보장성을 획기적으로 높이려는 장기적 계획에 도움이 되는 어떤 계기가 필요했다. 제한된 재원으로 하나의 계기에 집중할 필요가 있었다. 당시 암 환자는 전체의 1% 정도에 불과했지만, 고령화 추세로 봤을 때 장차 급증할 것이었다. 암 때문에 집안이 망하는 경우가 많았고, 앞으로 더 늘어날 것이었다. 그러므로 건강보험의 보장성 확충 운동은 먼저 암부터 승부를 봐야 했다.

'암부터 무상의료' 운동이 이렇게 국민건강보험공단, 〈건강세상 네트워크〉 등의 시민사회단체, 그리고 환자단체와 언론 등으로부터 광범위한 지지를 받게 되자, 보건복지부도 이 정책을 수용하는 쪽으로 방향을 잡았다. 그리고 건강보험연구원은 이 정책의 구체적인 집행계획을 연구했다.

나는 원장으로서 외부 전문가들을 직접 초빙하고, 연구원 내부의 가용한 연구자원을 총동원하여 실행방안 연구에 몰두했다. 그래서 암, 뇌혈관질환, 심혈관질환 등 3대 중증질환에 대한 보장성 확대 조치가 도출되었다. 그리고 희귀난치성 질환은 오래 전부터 보장성을 대폭 강화한 상태였기 때문에, 이것을 포함하면 4대 중증질환의 보장성 강화 대책이 성립된 것이었다.

2005년 10월부터 보건복지부는 이들 중증질환에 대해서는 건강보험 진료비의 입원 본인부담률을 20%에서 10%로 줄였다. 또, 이들 중증질환에 대해서는 초음파나 MRI 같은 고가의 검사나 약제에 대해서도 우선적으로 건강보험의 급여항목에 포함하는 조치를 취하였다. 그 결과, 2011년 건강보험의 전체 보장률은 62%였지만 4대 중증질환의 보장률은 76%였다.

복지국가소사이어티 운동에 앞장선 이유

2006년 늦가을쯤이었다. 나는 이성재 이사장과 함께 천정배 의원을 만났다. 나는 그의 올곧은 인품에 매력을 느꼈다. 그래서 그가 만든 연구소에서 진행하던 정책 연구를 잠시 자문한 적이 있었다. 나는 그때 한미 FTA를 반대하던 그의 단호한 모습을 보았다. 그는 2002년 대선 경선 때 민주당에서 노무현 후보를 가장 먼저 지지했던 현역의원이었다. 열린우리당 원내대표와 참여정부의 법무부 장관을 지냈다.

그런 그가 참여정부의 한미 FTA 추진을 반대하며 최장기 단식농성을 감행했다. 참여정부의 신자유주의는 이렇게 함께 했던 많은 사람들에게 마음의 상처를 남겼다. 나는 참여정부 시기 내내 의료민영화 문제로 갈등을 빚었다. 사실, 이건 말이 안 되는 것이었다. 의료공공성을 강화해도 모자랄 판에, 지지자를 배신하는 의료민영화를 추진했으니 말이다.

나는 의료민영화 반대 투쟁을 하는 동안 항상 마음이 편하지 않았다. 참여정부가 왜 이렇게 되었는지, 그 이유를 찾아야 했다. 임기를 1년 남짓 남긴 상태에서 왜 여당의 대선 후보들이 참여정부와 거리를 두려고 했는지, 왜 지지자들이 등을 돌렸는지, 그 이유를 찾아서 반성하고 성찰해야 했다.

그런데 황당하게도 참여정부의 실세들은 온갖 경제지표를 들이대면서 자기들은 잘못한 것도 별로 없는데 근거 없이 참여정부를 비난한다며 목소리를 높였다. 참여정부의 오류가 없는데 어떻게 민심이, 그것도 지지자들이 스스로 뽑았던 참여정부에게 등을 돌렸겠는가. 나는 참여정부 핵심부의 이런 한심한 인식과 행태를 보면서 이대로 가다가는 민주진보세력 전부가 국민들로부터 배척당하겠다는 위기감을 느꼈다.

그래서 2007년 연초부터 본격적으로 공부를 시작했다. 보건의료, 사회복지, 경제, 노동, 조세, 행정 등 여러 분야의 전문가들이 여의도의 한 사무실에 모였다. 이들 중의 다수는 참여정부의 관련 정책에 직간접적으로 참여했던 사람들이었다. 민주정부 시기였음에도 불구하고 당시 우리나라의 경제·사회는 양극화되었고, 민생불안은 갈수록 심화되었다.

우리는 한미 FTA와 의료민영화를 추진한 당시의 참여정부를 옹호하는 것 대신에 비판하고 대안적 국가발전 모델을 고민하는 길을 선택했다. 우리는 전공 분야의 울타리를 넘나들면서 융합하려고 노력했다. 그리고 그때 나는 공부를 참 많이 했었다. 그때 공부하면서 내가 얻었던 또 한 가지는 보건의료와 사회복지 정책만으로는 국민을 행복하게 할 수 없다는 것이었다.

즉, 우리 사회의 구성원들이 보편적으로 행복할 기틀을 마련하기 위해서는 경제문제를 해결해야 하는데, 이것은 경제 성장과 복지 분배가 함께 해결되어야 달성된다는 것을 인식하게 된 것이었다. 나는 이때부터 복지 전문가를 넘어서서 경제와 복지를 포함하는 복지국가 전문가가 되기로 했다. 그리고 그때부터 나의 사회운동도 보건의료 운동이나 복지 운동을 넘어서 복지국가 운동이 된 것이다.

이렇게 우리는 참여정부의 신자유주의 노선과 주요 정책에 대한 비판과 함께, 진지한 성찰과 토론을 거쳐 6개월 만에 한 권의 책을 출간했다. 2007년 7월 5일, 여의도 국민일보사 빌딩에서 『복지국가 혁명』이라는 책의 출판기념회 겸 복지국가소사이어티 출범식을 열었다. 당시 우리는 일자리, 교육, 주거, 노후, 의료 등 민생의 5대 불안을 해결하기 위한 해법으로 '역동적 복지국가'의 기치를 높이 들었다.

그런데 당시 이 책과 막 창립된 복지국가소사이어티에 대한 사회적 기대도 있었겠지만, 진보와 보수 양쪽으로부터의 회의적 시각도 만만치 않았다. 보수진영은 양극화 등의 사회문제가 신자유주의 체제의 폐해라는 복지국가소사이어티의 비판에 동의하지 않았고, 오히려 과거의 복지국가 노선으로는 큰 정부의 비효율과 국제경쟁력의 저하로 인해 세계화 시대의 경제성장을 저해할 것이라고 비판했다. 반면, 진보진영은 정반대의 시각에서 복지국가의 담론을 비판했다. 정통좌파의 시각에서 복지국가소사이어티가 주장한 복지국가 노선은 개량주의에 불과했던 것이다.[50]

그해 10월, 복지국가소사이어티는 국회 사무처에 사단법인으로 공식 등록했다. 나는 복지국가소사이어티 출범 때부터 공동대표 겸 운영위원장이었다. 2007년 12월 대선이 끝났고, 2008년 연초의 겨울은 내게 너무 가혹했다. 그때 우리 단체에 여전히 남아있던 사람은 몇 명밖에 없었다. 함께 했던 사람들 대부분은 움츠린 채 나타나지 않았다. 나는 그때부터 앞만 보고 달렸다. 우선 재정적인 준비에 들어갔다. 그리고 복지국가소사이어티 사무실을 지금의 마포 성지빌딩 1301호로 옮겼다. 나는 지인들을 무척이나 많이 괴롭혔다. 안정적으로 회비가 필요했기 때문이었다.

나는 활동을 공격적으로 늘려나갔다. 정기적으로 복지국가 정책아카데미를 열었다. 서울 아카데미가 성공한 후로는 전국의 주요 도시에서 같은 아카데미를 개설했다. 각종 토론회에서 발표와 토론을 열심히 했다. 보편주의 복지국가의 담론에 입각하여 언론과의 접촉면도 넓혔다. 이명박 정부 집권 첫해였던 2008년의 의료민영화 추진과 촛불 정국은 복지국가소사이어티의 지명도를 높이는 데 큰 도움이 되었다. 나는 이명박 정부의 압도적 힘이 관철되던 2008년을 그렇게 돌파했다.

한편, 현 정부가 제주도에서 추진했던 의료민영화를 파탄내고 저지하는 소위 '제주대첩'에서 우리 복지국가소사이어티는 혁혁한 공로를 세웠다. 우리는 이 의료민영화 제주대첩을 승리로 이끌기 위해 2008년 여름 한 권의 책을 출간했다. 『의료민영화 논쟁과 한국의료의 미래』가 그것인데, 이 책의 저자들은 모두 복지국가소사이어티의 정책위원들이다. 그리고 이 책은 지금까지도 우리나라 보건의료운동의 '길라잡이 역할'을 충실히 수행하고 있다.

그리고 2009년에는 역동적 복지국가의 이론적 성과를 내기 위해, 나는 여러 정책위원들과 함께 더 많은 노력을 경주했다. 공개 세미나를 자주 열었고, 다양한 분야의 전문가들과 함께 정책 현안을 공부했다. 그러한 성과가 조금씩 누적되어 갔다. 그리고 마침내, 나는 2007년 『복지국가 혁명』이란 책 이후의 새로운 저작으로 '역동적 복지국가'의 논리와 정책을 더욱 발전시키고 업데이트한 책을 내기로 결심했다. 그것이 바로 2010년 3월 출간된 『역동적 복지국가의 논리와 전략』(이상이 편저, 2010)이다.

2010년 3월 15일의 감동

『역동적 복지국가의 논리와 전략』은 내가 편저한 것인데, 이 책에 필요한 원고들을 저자들로부터 받아야 했다. 이 과정이 쉽지 않았다. 각 원고가 '역동적 복지국가' 담론에 부합해야 하고, 내가 정해준 까다로운 규정에 맞아야 했기 때문이다. 그럼에도 불구하고 이 작업이 비교적 무난하게 마무리될 수 있었던 것은 저자들 대부분이 복지국가소사이어티 정책위원들이었기 때문이다. 그들의 수고에 다시 한 번 감사의 인사를 전하고 싶다.

마침내, 2010년 3월 15일이 왔다. 나는 그날의 감동을 결코 잊을 수가 없다. 나는 이날 행사를 그냥 보통의 출판기념회처럼 열고 싶지 않았다. 철저하게 기획했다. 행사 기획의 핵심적인 개념은 '복지국가가 우리시대의 대안'이라는 것이며, 그래서 대한민국의 정치는 이 목적을 달성하기 위해 '복지'를 매개로 뭉쳐야 하다는 것이었다. 그래서 나는 '복지국가 국민제안 대회'를 여의도 국민일보빌딩에서 개최하기로 결정했다. 야당의 주요 정치인들에게 행사의 기획 의도를 설명했다.

한마디로 이날 행사는 대박이었다. 나는 주요 정치인들에게 『역동적 복지국가의 논리와 전략』에 나온 주요 정책들 중의 한 꼭지씩을 자신의 목소리로 직접 행사 당일 연단에서 발표하도록 요구했다. 보육, 교육, 의료, 노동 등 주요 분야를 하나씩 맡았다. 정동영, 천정배, 노회찬, 심상정, 이정희, 이종걸 등 민주진보 성향의 정치인들이 나섰다. 모두가 복지국가를 이야기했고, 복지를 중심으로 대한민국 정치가 재편되어야 한다고 외쳤다.

복지국가소사이어티는 이날 복지국가의 깃발을 높이 올렸으며, 언론의 주목을 받는 데 성공했다. 주간지 『시사IN』은 3.15 복지국가 국민제안대회를 표지 기사와 주요 기획으로 배치했으며, 《한겨레신문》은 1면 톱기사를 포함하여 여러 면에 걸쳐 관련 기사를 내보냈다. 《경향신문》도 행사 전후로 비중 있게 관련 기사를 실었다. 《프레시안》과 《오마이뉴스》도 상세하게 우리 행사를 보도했다. 특히, 《오마이뉴스》는 행사 전체를 동영상으로 중계했으며, 이후 기사에서도 상세하게 행사의 주요 내용을 보도해 주었다.

2010년 3월 15일자 《한겨레신문》은 "'역동적 복지국가' 진보개혁 화두로"라는 제목으로 우리의 행사를 보도했다. 이 기사를 요약하여 일부를 소개하면 다음과 같다.

"저소득층에 혜택을 주는 기존의 복지 개념을 확장하고 양극화 해소를 위해 사회경제적 체질을 바꾸자는 '복지국가론'이 민주개혁진영의 화두로 떠오르고 있다. 이는 신자유주의를 바탕으로 약자에 대한 시혜적 복지 차원에 머물고 있는 보수진영의 '선진화 담론'에 이론적 도전장을 내민 것으로, 앞으로 야권 통합의 정책적 매개 고리로 부상할 가능성이 높아 보인다. '복지국가소사이어티'(공동대표 최병모·이래경·이상이·이태수)는 15일 서울 여의도 국민일보빌딩에서 '역동적 복지국가의 논리와 전략' 제안대회를 연다. 이날 행사엔 민주당(정동영·이종걸·천정배)과 민주노동당(이정희·김성진), 진보신당(노회찬·심상정·조승수), 창조한국당(유원일) 등 야권과 사회·노동계 인사들이 두루 참여한다.

이들은 이 자리에서 고용·의료 등 전통적 복지 영역의 개선과 함께 교육·보육에 대한 과감한 사회투자를 촉구하고 노사관계의 혁신적 변화, 거시적 경제정책의 전환 등을 요구할 예정이다."

또, 이날 《한겨레신문》은 "진보·개혁 공통분모, '반MB 구축' 새 동력"이라는 제목의 기사에서 우리의 복지국가론을 야권 가치 통합의 매개체가 될 것으로 기대했고, 동시에 MB시대에 맞서는 대항 담론이라고 기대를 표명했다. 이 기사 중에서 일부분을 인용해보자.

"복지국가소사이어티의 복지국가론은 신자유주의의 물결에 휩쓸려 난파한 진보개혁진영을 하나로 묶는 정책 대안이 될 가능성이 있다. 복지국가는 야권이 보편적으로 동의할 수 있는 가치의 공통분모에 해당하기 때문이다. 복지국가소사이어티 공동대표인 이상이 교수가 '복지국가론에서 야권 대통합의 가능성이 열린다.'고 보는 이유도 이런 맥락이다."

앞서 언급했듯이, 2010년 3월 15일자 《한겨레신문》은 1면 톱기사를 비롯하여 여러 면에서 우리의 복지국가 국민제안대회 행사 관련 내용을 기획 기사로 다루었다. 그중의 하나로 이유주현 기자는 나와 인터뷰를 했다. 인터뷰 전문을 소개한다.

|이상이 공동대표 인터뷰|

신자유주의 극복 새 모델 필요

복지국가소사이어티 공동대표인 이상이 교수는 예방의학 전문의로 인도주의실천의사협의회 활동을 하면서 의료복지 정책의 문제점에 대해 눈떴다고 한다. 이 교수는 김대중 정부 시절, 여당 정책전문위원으로 활동하며 국민건강보험제도, 의약분업, 국민기초생활보장법을 제도화하는 데 역할을 했다. 국민건강보험공단 건강보험연구원 원장을 지내기도 했다.

복지국가소사이어티를 출범시킨 배경이 뭔가?

참여정부의 보건복지 정책에 직간접으로 관여했던 이들이 참여정부 말기인 2007년 1월께 '복지'에 대해 심각한 문제의식을 공유하게 됐다. 복지예산은 해마다 10%씩 올라가는데 복지상황이 전혀 개선이 안 되고 있었기 때문이었다.

그 이유를 무엇이라고 진단했나?

두 가지였다. 우선, 고령화·저출산 때문에 복지 수요에 대한 자연 증가분이 있었다. 복지가 필요한 사람들을 구조적으로 양산해내는 양극화 체제는 더 큰 문제였다. 교육에서 낙오되는 사람들이 점점 늘어났고, 집값이 오르면서 주택 문제가 더욱 심각해졌고, 일자리와 노후, 건강·의료가 불안해졌다. 그래서 '민생 5대 불안'의 근본 원인은 신자유주의라는 구조적 문제, 성장체계와 사회경제적 모델의 문제라는 결론에 도달했다. 우리의 과제는 신자유주의와 양극화로부터 벗어나서 새로운 국가발전 모델을 만들어야 한다는 것으로 모아졌다. 그것이 '역동적 복지국가론'을 만들게 된

배경이다. 2007년 7월 『복지국가 혁명』이라는 책을 출간하면서 출범식을 했다.

한 사회의 발전모델은 복지 분야에 한정된 문제가 아니지 않은가?
복지국가소사이어티엔 경제, 노동 문제 전문가들도 많다. 보건의료, 복지, 노동, 경제 분야의 전문가 100여 명이 정책위원으로 활동하고 있다.

앞으로의 활동 계획은?
복지국가의 건설이 우리의 목표다. 두뇌집단형 연구단체를 목표로 삼고 있다. 영국 노동당의 이론적 기반을 제시하며 창당의 모태가 됐던 〈페이비언 소사이어티〉가 우리의 모델이다. 세미나·포럼·강연·출판·아카데미 활동 등을 통해 밑으로부터의 변화를 일으키기 위해 노력할 것이다. 시민들이 복지국가를 요구하지 않으면 복지국가는 이룰 수 없다. 또한 정치인들이 복지국가 건설에 힘쓰도록 '정치사회전략'을 구사할 것이다.

2010년 3월 15일자 《경향신문》도 "이젠 복지정책 넘어 복지국가로"라는 제목으로 우리의 행사를 비중 있게 다루었다. 이 기사는 "복지국가소사이어티가 소외층에게만 제공되는 '시혜·잔여적 복지'를 넘어 '보편·적극적 복지'를 구현하는 역동적 복지국가를 건설해야 한다며 국민운동과 함께 진보 대통합을 제안하고 나섰다."라고 시작하고 있다. 또, 《프레시안》은 "복지국가로 갈 텐가, 동물의 왕국으로 갈 텐가?"라는 제목으로, 그리고 《오마이뉴스》는 "지방선거 양극화 세력 대 복지 세력의 대회전"이라는 제목으로 우리의 행사 관련 분석 기사를 크게 실었다.

복지국가 운동의 중심에 서다

3.15 여의도 행사 이후, 나는 대한민국 민주진보진영의 재편 과정에서 중요한 역할을 할 복지국가 담론을 제시한 것 덕분에 할 일이 아주 많아졌다. 강연이나 각종 토론회의 발표 및 토론 이외에도 언론의 인터뷰 요청이 많아졌던 것이다. 나는 복지국가소사이어티 공동대표 자격으로 언론과의 인터뷰에도 적극적으로 응하였다. 복지국가 전문가이자 운동가로서, 복지국가 전도사로서 내게 주어진 일이라면 무엇이든 최선을 다했다. 그래서 나는 매번 인터뷰 때마다 열정을 쏟았다. 나의 이런 노력과 정성이 언론을 통해 풀뿌리 시민들에게 전달되길 원했기 때문이다.

내 인생에서 가장 기억에 남을 언론 인터뷰는 2010년 3월 29일자 《경향신문》에 실린 〈경향과의 만남〉이었다. "소외층만 지원하는 선별적 복지로는 사회양극화 해소 불가능"이란 제목의 이 인터뷰에서, 나는 "과거에는 성장과 분배, 경제와 복지를 대립 개념으로 봤다. 진보는 분배를 우선시했고, 보수는 성장을 통해 복지 공급을 꾀했다. 우리는 이 개념을 거부한다. 복지와 성장은 한 몸이다."라고 웅변했다. 내 주장의 요지는 기존의 선별적 복지를 넘어 복지국가로 가자는 것이며, 복지국가는 경제와 복지의 유기적 구성체라는 것이었다.

또, 2010년 5월 10일자 《함께 걸음》과 했던 인터뷰가 있다. 이 인터뷰에는 "역동적 복지국가는 국민의 요구이자 선택이다"라는 제목이 달렸다. 나는 여기서 '일자리 불안, 보육 및 교육 불안, 주거 불안, 노후 불안, 건강 및 의료 불안'을 '민생의 5대 불안'으로 강조했다. 장애인 문제를 주로 다루는 전문 언론인《함께 걸음》과의 인터뷰에서 나는 각별한 애정을 가지고 장애인 복지를 말했다. 이명박 정부의 '작은 정부'를 비판함과 아울러, 국가가 보편적 복지를 제도화해야 장애인 복지의 양과 질이 전반적으로 높아진다는 점을 특히 강조했다.

2011년 1월 1일자《경향신문》에는 새해특집 좌담이 실렸다. 나는 여기서 조국 서울대 법학전문대학원 교수, 장지연 한국노동연구원 선임연구위원과 함께 '밥 먹여주는 진보'에 대한 의미 있는 토론을 했다. '진보가 먼 곳의 이상이나 책갈피 속에 머무는 주의·주장이 아니라 구체적으로 실생활을 변화시키는 정책'이어야 한다는 것이 요지였다.

그리고 2011년 1월 28일자에는《한겨레신문》의 인터뷰〈한홍구-서해성의 직설〉에 내가 주인공으로 나간 인터뷰가 실렸다. "복지투쟁은 제2의 민주화운동"이라는 제목이 달렸다. 이 인터뷰에 대해서는 재미있고 읽기 쉬운 복지국가 직설이었다며 주위의 지인들로부터 많은 칭찬을 들었다.

그리고 나는 2011년 한 해 동안 복지국가 운동의 전도사로서 큰 영광을 누렸다. 그중의 일부로 두 건의 '인물 선정' 소식이 있었다. 하나는 2011년 1월 4일자 주간지『시사IN』에 올해의 인물로 선정된 것이었고, 다른 하나는 2011년 4월 1일자《동아일보》의 '10년 뒤 한국을 빛낼 100인'에 선정된 것이었다. 그리고 나는 2013년에도《동아일보》의 '10년 뒤 한국을 빛낼 100인'에 다시 선정되었다.

내가 이렇게 '올해의 인물'과 '10년 뒤 한국을 빛낼 100인'에 각각 선정된 것은 토건을 복지로 견인해낸 복지국가소사이어티의 힘과 우리 국민의 복지국가에 대한 열망 덕분이었다. 나는 단지 이런 시대정신과 국민적 열망에 불을 지폈을 뿐이었다. 이외에도 나는 《프레시안》 등 다른 언론들과도 많은 인터뷰를 했었다.

한편, 6.2 지방선거는 복지국가소사이어티와 나에게는 중요한 기회였다. 3월 15일 여의도 행사 이후, 나는 지방선거의 의제를 꼼꼼하게 분석했다. 때마침 떠오른 의제가 4월경부터 본격화된 경기도 발 무상급식이었다. 노회찬 전 의원 등 대표적인 진보 정치인들이 2010년 6월 지방선거를 앞두고 보편적 복지와 복지국가를 진보진영의 정치노선으로 채택하는 결단을 보여주었다. 곧이어 민주당도 여기에 적극 동참했다. 야권연대의 고리가 만들어졌던 것이다.

주요 언론들이 3.15 여의도 행사를 보면서 민주진보진영이 '복지'를 매개로 뭉칠 수 있을 것이라는 분석 기사를 내놓았던 것처럼, 실제로 그런 방향으로 정치적 상황이 조성되어 갔다. 나는 때마침 찾아온 중앙 정치권의 '무상급식' 논쟁을 보편적 복지를 전면에 내세우는 계기로 삼았다. 즉, 나는 칼럼 기고와 언론 접촉을 통해 6.2 지방선거의 정세에 적합한 '대립 축'은 '선별적 무상급식 대 보편적 무상급식'이라는 점을 적극적으로 알려 나갔다.

민주당 김한길 대표는 2013년 11월 12일 대방동 여성플라자에서 열린 복지국가정치추진위원회 출범식에서 "2010년 지방선거에서 민주당이 압승할 수 있었던 것은 바로 복지국가소사이어티가 제안한 무상급식으로 대변되는 보편적 복지를 민주당이 적극적으로 수용했기 때문이라고 생각한다."라는 내용의 축사를 했다.

나는 이 말을 들으면서 새삼 감개무량했다. 2010년 6.2 지방선거는 대한민국 지방선거 역사상 정책을 둘러싼 가치 논쟁이 당락을 좌우한 최초의 선거였다. 나는 이것이 바로 양극화되고 민생불안이 심각한 대한민국의 현실에서 나오는 우리 국민의 기대이자 열망이었다고 생각한다.

이로써 우리나라를 지배하던 보수적이고 잔여적인 선별적 복지 패러다임을 뛰어넘고, 적합한 규제와 조세재정 정책을 통해 국가의 시장개입을 강화해야 한다는 사회통합적인 보편적 복지가 정치사회적 시민권을 얻기 시작했다. 이런 보편적 복지 덕분에 야권이 2010년 6월 지방선거에서 실력 이상의 압승을 거두었다는 것은 앞서 김한길 대표가 말한 그대로라고 생각한다.

그 덕분에 '보수+중도'적 자유주의 정당인 민주당은 2010년 10월 3일 전당대회에서 '보편적 복지'를 당의 강령에 삽입하는 쾌거를 이루었다. 이는 '진보'적 자유주의 요소가 정당의 문서로 공식화된 것인데, 민주당의 수십 년 역사에서 가장 진보적인 일대 사건이었음에 틀림이 없다. 민주당이 정치적 민주주의를 넘어 경제사회적 민주주의를 당헌에 담은 최초의 사건이기 때문이다. 그런데 이 과정은 그리 만만한 것이 아니었다. 누군가 끈질기게 투쟁해야 달성할 수 있는 그런 것이었기 때문이다.

나는 이 과정에도 개입했다. 당시 정동영 의원은 복지국가소사이어티의 역동적 복지국가를 정치적으로 실천하길 원했고, 우리의 논리와 정책을 열심히 공부했다. 나는 그의 신념과 노력이 진정성이 있는 것으로 판단했기 때문에 그를 도와야 했다. 10.3 전당대회에서 당권에 도전했던 정동영 의원은 당헌에 보편적 복지를 넣자고 주장했고, 나는 여기에 필요한 논리를 제공했다. 그는 이것을 관철시켰다. 나는 정동영 의원이 했던 이 일은 장차 민주당의 발전을 위한 중대한 기여였다고 생각한다.

2011년 연초부터 민주당은 무상복지를 내놓으며 공세적으로 정국을 주도했다. 이런 정세 아래에서 나는 시의적절한 칼럼을 쓰고, 전국을 다니면서 강연을 하고, 토론회에 참석하여 복지국가 운동세력의 올바른 입장을 전파했다. 이 과정에서 특히 어려운 것이 복지국가를 위한 재원 마련 문제였다. 나는 민주당의 공식적인 위원회에 출석해서 이 문제를 여러 차례 발언했다. 정동영 의원 등이 주최하는 국회 토론회나 시민사회 또는 언론 주최의 토론회에서도 나는 복지국가 재정 문제를 발제하고 토론했다.

2011년 8월에는 보편적 복지와 관련하여 중대한 사안이 발생했다. 오세훈 서울시장이 서울시 의회가 요구한 보편적 무상급식을 거부하면서 정치적 갈등이 고조되었다. 오 시장은 결국 무상급식 주민투표를 강행했고, 패배하면 서울시장 직을 버리겠다며 배수진을 쳤다. 그는 결국 패배했고, 서울시장 직을 떠났다.

당시에 나는 복지국가소사이어티 공동대표이자 복지국가 운동가로서 분주하게 움직였다. 언론에 기고하고, 토론회에 나가고, 자체적인 국민운동도 벌였다. 2011년 8월 20일, 나는 KBS 텔레비전 〈일요진단〉의 무상급식 주민투표 찬반토론에도 나갔다. 나는 이런 과정에서 보편적 복지가 올바르게 우리 국민들의 마음속에 자리 잡길 기대했다. 그래야 역동적 복

지국가의 건설이 가능해지기 때문이다.[51]

역동적 복지국가: 경제와 복지는 하나다[52]

사단법인 복지국가소사이어티가 추구하는 역동적 복지국가 모델은 존엄, 연대, 정의를 3대 가치로 삼고, 4개의 원칙을 기둥 삼아 구축되는데, 보편적 복지, 적극적 복지, 공정한 경제, 혁신적 경제가 그것이다.

보편적 복지는 사회구성원 누구나가 인간답게 살 수 있도록 하기 위해 고용보험과 국민연금 같은 소득을 보장하는 제도적 장치들과 의료, 보육, 교육, 요양 등 사회서비스 제공의 보편적 확립을 포함하는 개념이다. 이는 중산층을 포함한 누구나 복지의 주체가 되는 제도적 복지를 말하는데, 이러한 복지체계는 인간의 존엄성을 유지하기 위한 물적 조건을 모두에게 제공해 주며, 기회의 평등을 보장해준다.

적극적 복지는 국민 개개인의 창의성과 잠재능력을 극대화하는 조치를 말하는데, 이는 인적 자본과 사회적 자본의 확대·강화를 가져온다. '맞춤형 특성화 교육체계'의 확립과 아동, 여성, 노인, 장애인 등의 대상별 능력개발 시스템이 중요하다. 장차 저출산·고령화시대를 맞아 아동, 여성, 노인, 장애인의 잠재능력과 직업능력을 강화하는 것은 자유시장과 기업의 영역에서는 이루어지지 않으므로 국가가 담당해야 할 중요한 사회투자다. 직업훈련과 평생교육 등을 포함하는 적극적 노동시장정책과 이를 통한 사회경제적 계층 이동성의 증대도 적극적 복지의 범주에 포함된다.

공정한 경제는 기업 지배구조의 투명화, 공정한 대기업/중소기업 관계의 구축, 산업자본에 조응하는 생산적·장기적 금융자본 체계, 금융의 공공성과 중소기업 지원체계, 협력적 노사관계와 노동권의 신장, 노동시장의 양극화와 이중구조의 극복(비정규직 최소화와 차별해소), 연대적·누진적 조세제도의 확립 등을 포함한다. 이는 신자유주의에서는 달성될 수 없으며, 시장과 경제에 대한 사회적·민주적 개입과 유능한 정부의 역할이 매우 중요하다.

혁신적 경제는 창의성, 다양성, 유연성을 중시하고, 혁신적 중소기업을 강조하는데, 이를 위해서는 투명하고 공정한 경제체제 속에서 보편주의의 원리에 따라 제도적으로 시행되는 적극적 노동시장정책과 평생교육체계가 요구된다. 다시 말하자면, 혁신적 경제는 앞에서 언급한 세 가지 원칙의 올바른 실천과 이들 원칙들 간의 유기적 상호작용에서 도출되는 결과물로 해석할 수 있다.

역동적 복지국가 모델에서 중요한 것은 이들 네 가지 원칙은 서로 긴밀하게 연계되어 상호작용을 하고 있으므로 이들 원칙들의 통합구조에서 어느 하나를 떼어낼 수 없다는 점이다. 만약 4대 원칙의 통합구조가 훼손되거나 이 중 어느 하나가 무시된다면, 이것은 이미 '역동적 복지국가론'이 아닌 것이다.

우리는 보편적 복지의 원칙을 공정한 경제의 원칙과 함께 지속가능한 경제성장의 굳건한 토대로 매우 중요하게 간주한다. 또 보편적 복지 없는 적극적 복지는 좋은 성과를 내기 어렵다. 이는 공정한 경제 없는 혁신적 경제가 가능하지 않은 것과 비슷한 이치이다. 토니 블레어 영국 노동당

정부의 사례에서 보듯이, 보편적 복지 없이 적극적 복지만을 강조하여 사회투자국가라는 이름의 정치적 수사로만 사용한다면, 이는 성공하기 어려우며, 실제로도 큰 틀에서는 실패한 것으로 평가되고 있다.

경제와 산업 분야의 불공정과 노동시장의 이중구조를 개선하기 위한 경제사회적 규제와 누진적이고 적극적인 조세재정정책이 포함된 '공정한 경제'의 원칙이나 민주정부의 진보적 경제·산업정책과 적극적 노동시장 정책 등을 통해 달성될 '혁신적 경제'의 원칙 또한 '보편적 복지'나 '적극적 복지'의 원칙과는 뗄 수 없는 관계에 놓인 유기적 통합체이다.

우리는 보편적 복지와 적극적 복지를 통해 '우리가 한 배를 타고 있다'는 경제사회적 안정감을 제도적으로 확보할 수 있고, 이와 함께 기회의 실질적 평등을 달성하고, 인적 자본과 사회적 자본을 안정적으로 확충할 수 있다. 그리고 이는 우리나라 경제체제의 안정적 성장을 위해 반드시 필요한 요소이다.

그럼에도 보수진영과 신자유주의 정치세력은 그동안 경제와 복지를 '성장이냐 분배냐'의 대립적 이분법으로 구분하여, 이 중 어느 하나를 선택하도록 강요하는 프레임을 구축해왔다. 복지에 재정을 많이 투입하면 복지병만 유발하고 경제성장이 저해된다는 논리가 그것이다. 이 논리를 근거로 성장만능의 신자유주의 경제체제와 최소복지의 잔여주의 선별적 복지체제를 고집해온 것이다.

그러나 이러한 신자유주의 시장만능국가의 '작은 정부' 논리는 경제 및 산업과 노동시장의 양극화와 고용불안정을 심화시켰으며, 낙수효과의 부재, 사회적 배제와 민생 불안의 심화로 인해 이미 파산한 것으로 드러났다. 우리가 원하는 보편주의 역동적 복지국가는 경제 산업의 양극화와 노동시장의 이중구조로 표현되는 신자유주의 경제체제의 불공정성과 불안정성을 극복하려는 민주정부의 조정시장경제체제와 선별적 복지를 넘어서는 보편적·적극적 복지체제의 통합적 구조물이다.

이를 위해 우리는 경제사회적 규제, 누진적·연대적 조세, 적극적 재정 등의 진보 개혁적 정책수단을 효과적으로 사용하려는 유능하고 책임성 강한 민주정부를 필요로 한다. 우리는 이러한 민주정부를 '역동적 복지국가'라고 부른다.

아홉

복지국가 정치가 필요하다

낡은 정치체제가 바뀌어야 '복지국가 정치'가 새롭게 자리를 잡을 수 있고, 그럴 경우에라야 '역동적 복지국가'의 건설이 가능해진다. 이것이 국립대 의대 교수인 내가 용기를 낼 수밖에 없도록 만든 이유이다.

나는 '역동적 복지국가' 건설이 우리시대의 과제라고 생각하며, 앞으로도 이 일을 하는 데 신명을 다 바칠 생각이다. 그리고 복지국가 정치세력화는 우리의 궁극적 목표를 달성하기 위해 반드시 필요한 우리의 '진지'라고 확신한다. 이것이 바로 뜻을 같이 하는 동지들과 함께 내가 2013년 11월 12일 〈복지국가정치추진위원회〉를 출범시켰던 결정적인 이유이다.

보편적 복지가 중요한 이유

2012년 2월 25일, 나는 KBS 1TV(밤 11:10~12:50) 〈심야토론〉에 출연했다.[53] 4월 총선을 앞두고 여야정당들이 제시했던 복지공약을 둘러싸고 포퓰리즘 논쟁이 벌어졌기 때문이었다. "복지 확대가 포퓰리즘인가? 시대적 요구인가?" "복지 확대가 국가의 성장을 저해하는가? 아니면 내수 확대 및 생산유발 효과를 낳는가?" 등의 주제로 열띤 토론을 했다. 여기서도 역시 쟁점은 '복지와 경제의 관계'와 '보편적 복지냐 선별적 복지냐'였다. 그래서 이하의 글에서는 이 두 가지 쟁점에 대한 나의 입장을 정리한다.[54]

지금의 시장은 정상이 아니다. 우리나라의 시장은 지난 15년 넘게 승자독식의 양극화를 낳는 구조적 문제를 확대해왔다. 그래서 지금 필요한 것은 실패한 시장을 적절하게 치유하는 국가의 기능, 즉 공공성의 확대이다. 1원 1표의 시장만능주의를 1인 1표의 민주주의로 교정하고 조정하는 경제·사회 시스템을 확립해야 한다. 그럴 때라야 양극화에서 비롯된 민생불안과 격차사회를 해소할 단초가 마련되기 때문이다.

경제와 산업의 양극화로 인해 초래된 격차사회는 시장임금과 회사별 복지의 격차에서 비롯된다. 10%의 좋은 일자리는 높은 시장임금을 지급한다. 이들 일자리는 회사별 복지도 완벽에 가깝다. 병원비며 대학등록금까지 거의 모든 복지를 기업이 부담해준다. 그래서 이러한 일자리를 가진 사람들은 복지국가 스웨덴이 부럽지 않을 정도이다.

반면에 90%의 나쁜 일자리는 비정규직의 불안정한 일자리이거나 저임금 일자리들이다. 회사별 복지도 형편없거나 사실상 존재하지 않는 경우도 많다. 좋은 일자리와 나쁜 일자리 간 시장임금의 격차가 '100 대 50'이라면 회사별 복지의 격차는 심한 경우 '100 대 0'이다. 이건 순전히 우리나라의 노동시장이 양극화와 이동성의 제약이라는 이중구조로 고착된 데 더해, 국가복지의 역할이 최소화된 탓이다.

이러한 격차사회를 극복하기 위해 두 가지 측면에서 국가의 개입을 강화해야 한다. 먼저, 경제와 산업의 양극화를 해소하기 위해 경제민주화 조치들을 입법하고 집행해야 한다. 다음으로 회사별 복지의 격차를 해소하기 위해 국가의 보편적 복지를 제도화해야 한다. 그래서 우리는 한 손에는 경제민주화를 통한 공정한 경제의 달성을, 다른 한 손에는 보편적 복지의 제도화를 들고, 적극적 국가 개입을 통해 혁신적 경제가 펼쳐지는 새로운 시대인 '역동적 복지국가'로 나아가야 한다.

경제민주화 정책 패키지는 재벌과 대기업의 불공정 관행에 대한 규제 정책이다. 패권적 질서에 의해 왜곡된 시장을 정상화하기 위한 정부의 규제적 개입이다. 사실, 이건 최악으로부터 벗어나기 위한 최소한의 조건을 마련하는 것에 불과하다. 우리나라가 더 나은 발전을 이룩하기 위해서는 이것만으로는 부족하다. 그래서 규제를 넘은 '지원과 조장' 정책이 요구된다. 바로 조세재정 정책이다.

재벌과 대기업에 비해 경제적 약자인 중소기업과 벤처기업 등이 기술개발에 성공하고 활발하게 성장하고 일자리를 만들도록 지원하고 조장해야 한다. 이를 위해서는 법률적 지원뿐만 아니라 기술·재정적 지원이 필요하다. 이것이 진보적 경제·산업정책이다. 이렇게 해서, 300인 이하의 노동자를 고용하는 중소기업과 벤처기업들의 생산력 수준이 높아져야 한다. 그래야 이들 기업들과 대기업 간의 시장임금의 격차가 최소화되기 때문이다.

앞서 언급한 대로, 사실 더 큰 문제는 회사별 복지의 격차이다. 이 문제를 해결하기 위해서는 국가의 보편적 복지가 신속하게 제도화되어야 한다. 보편적 복지는 다음 두 가지의 요건을 충족해야 한다. 첫째는 대상 인구 모두를 포괄해야 한다. 둘째는 해당 복지의 보장성 수준이 높아야 한다. 이러한 두 조건을 모두 충족시켰을 때의 보편적 복지를 '실질적 보편주의'라고 부른다.

하지만, 이 길은 쉽지 않다. 첫째, 국민적 동의와 지지가 필요하다. 많은 재원이 필요하고, 국민들이 세금과 사회보장 기여금을 지금보다 더 내야 하기 때문이다. 둘째, 정치권의 큰 결심이 필요하다. 잘못하면 표가 떨어지고 낙선할 수도 있기 때문이다. 그럼에도 우리는 이 길로 가야 한다. 그래서 "깨어 있는" 시민들의 조직된 힘이 관철되는 '질 높은 민주주의'와 시대정신을 선도히는 '용기 있는 정치세력'의 존재가 절실한 것이다.

역동적 복지국가의 새 시대를 열기 위해 이 두 가지의 요건은 반드시 충족되어야 한다. 나는 이 일에 도움이 되고자 『복지국가가 내게 좋은 19가지』를 출간하였다. 보통사람들이 수준 높은 민주주의를 의미하는 '역동적 복지국가'를 건설하는 데 적극 나서는 "깨어 있는 시민"으로 조직되지 않는 한, 그리고 용기 있는 복지국가 정치세력이 존재하지 않는 한, 복지국가 건설은 불가능하다. 이 책이 좋은 길라잡이가 되길 기대하고 있다.

보편적 복지의 중요성은 아무리 강조해도 지나치지 않을 것이다. 이것 없이는 격차사회의 극복도 복지국가의 실현도 불가능하기 때문이다. 그런데 선별적 복지로 시작해서 보편적 복지로 나아간다는 생각은 잘못된 것이다. 이 둘은 애초부터 성격이 다르기 때문이다. 가령, 3%의 빈곤계층을 대상으로 하는 선별적 복지인 국민기초생활보장제도의 대상자를 언젠가 15%로 확대한다는 것은 불가능하고 바람직하지도 않다. 선별적 복지는 그 성격이 애초부터 소득과 재산 조사(자산조사, Means test)를 통해 가장 가난한 일부 국민을 선별하여 이들에게 기초생계를 지원하기 위한 공공부조 프로그램이기 때문이다.

초등학교 교육서비스는 그 성격이 애초부터 선별적인 것이 아니라 보편적인 것이다. 그래서 국가가 소득과 관계없이 모든 아이들에게 초등학교 교육서비스를 무상으로 제공하고 있는 것이다. 만약 이것이 선별적 복지라면 가장 가난한 일부 아이들에게만 무상교육을 제공해야 한다. 나는 보편적 복지와 선별적 복지 모두 필요하다고 생각한다. 다만, 보편적 복지가 기본이고 선별적 복지는 이를 보완하는 것이라는 점을 강조하고 싶다.

결국, 중요한 것은 돈이다. 가장 가난한 아이들에게만 제공되는 초등학교의 선별적 급식에는 예산이 적게 들지만, 모든 아이들에게 제공되는 보편적 급식에는 많은 예산이 필요하다. 결국, 나는 이 예산의 제약을 뛰어넘는 것이 관건이라고 생각한다. 중산층 이상의 국민들이 기꺼이 세금을 더 내도록 하면 된다. 복지의 수혜자와 비용의 부담자를 일치시키는 전략이 그것이다.

복지 프로그램은 그것의 '원래 성격'에 부합되도록 설계되어야 한다는 큰 원칙을 지켜야 한다. 고용보험이나 국민연금과 같은 '소득보장을 위한 사회보험'은 대상자 모두를 포괄할 뿐만 아니라 소득대체율도 지나치게 낮지 않아야 한다는 원칙이 있다. 즉, '실질적 보편주의'가 관철되도록 하자는 것이다. 그리고 출산, 보육, 교육, 의료, 요양과 같은 사회서비스도 보편주의 원칙을 견지해야 한다. 또, 아동수당이나 장애인수당 같은 사회수당도 보편주의를 원칙으로 만들어진 제도들이다.

그런데 현실에서는 이러한 보편주의를 견지하더라도 늘 일부의 사람들은 추가적인 도움을 필요로 한다. 집도 없고, 모아 놓은 돈도 없고, 더 이상 일을 하지도 못하는데, 만성적으로 몸이 아픈 경우가 여기에 해당할 것이다. 이때는 자산조사를 통해 부족한 부분을 지원해주는 공공부조 프로그램이 필요하다. 이것이 선별적 복지이다. 보편적 복지와 선별적 복지의 이러한 관계를 나는 바람직한 '전략적 조합'이라고 생각한다.

그런데 일부 사람들은 재원의 한정으로 인해 처음에는 선별적 복지로 시작했다가 차츰 보편적 복지로 나아가자고 주장하며, 이것을 전략적 조합이라고 생각하고 있다. 그런데 이건 거의 가능하지 않은 일이다. 나는 새누리당의 보편적 무상보육 방침을 매우 잘 한 것이라고 본다. 이것은 새누리당이 사회정책의 측면에서 완고한 보수정당에서 현대식 보수정당으로 바뀌고 있다는 좋은 징조라고 생각한다. 보육뿐만 아니라 교육과 의료에서도 실질적 보편주의가 관철되어야 한다.

그런데 새누리당은 여기에서는 완고하게 기존의 입장을 고수하고 있다. 가난한 사람부터 도와야 한다는 '온정적' 심성은 백번 이해하지만, 더 중요한 것은 복지의 수혜자와 비용의 부담자를 일치시키는 일이다. 그래야 복지가 지속가능해진다. 결국, 중산층 이상의 국민에게도 보편적 복지 혜택을 누리도록 해주고, 그들에게 세금을 더 걷으면 될 일이다. 그래야 실질적 보편주의가 제도화되고, 회사별 복지의 격차가 해소될 수 있기 때문이다.

'건강보험 하나로' 운동이 중요한 이유

나는 정치권의 무능과 무책임을 비판할 때 '건강보험 하나로' 사례를 자주 들곤 한다. 정치의 본령이 민생의 안정이라고 한다면, '건강보험 하나로'를 추진하지 않는 정치권의 행태야말로 자신의 역할을 방기한 무능과 무책임의 대명사라고 해도 좋을 것이다. 국민건강보험이 있음에도 국민의 70%가 민간의료보험에 가입하는 이 이상한 상황에서 벗어나는 길은 먼 곳에 있지 않다. '건강보험 하나로'를 실천하면 된다.

그런데 우리나라 정치권은 그렇게 하지 않는다. 그 이유는 다음 둘 중의 하나이다. 보험회사의 이익 추구행위를 옹호하거나 또는 무지하고 이기적이라서 그렇다. 나는 후자라고 믿고 싶다. 그렇다면 해법은 두 가지이다. 하나는 '건강보험 하나로'가 국민적 지지를 받는 대세라는 것을 보여주는 국민운동이고, 다른 하나는 어떤 어려움과 불이익이 있더라도 용기 있게 이런 상황을 헤쳐나가려는 복지국가 정치세력을 만들고 키우는 것이다.

나는 2010년 7월 17일 '모든 병원비를 국민건강보험 하나로' 시민회의의 공식 출범식에서 연설을 했다. 이후 나는 이 단체의 상임운영위원장으로서 전국 각지를 돌며 '건강보험 하나로'의 내용과 전략을 설파했다. 우리는 의료민영화의 핵심 동력인 민간의료보험과의 정면대결을 더 이상 미룰 수 없다는 절박한 심정으로 '건강보험 하나로' 운동을 시작했다. 나는 이것이 참여적 국민운동이자 복지국가 정치운동이라고 생각한다.[55]

'건강보험 하나로' 운동의 목표는 분명하다. 국민건강보험의 보장성(발생하는 전체 의료비 중 의료보험이 부담하는 비율)을 획기적으로 높여 선진국 수준의 보편적 의료보장제도로 확립함으로써 국민의 의료비 불안을 제도적으로 해결하자는 것이다. 이를 위해 현재 우리가 납부하고 있는 건강보험료, 기업 등 사용자 부담 건강보험료, 정부의 국고지원 등 국민건강보험 재정 부담 3주체 모두가 지금보다 건강보험료를 더 내자는 것이다.

현재 우리나라 국민건강보험의 보장성 수준은 63%인데, 이는 OECD 회원국 평균에 비해 약 20% 포인트 뒤지는 수치이고, 그래서 우리나라의 건강보장 수준은 OECD 주요 30개 국가 중 27위에 머물고 있다. 우리 국민은 국민건강보험에 보편적으로 가입되어 있음에도 의료비 불안에 시달리고 있는데, 보장성 부족으로 인해 의료서비스 이용 시점에서 지불해야 할 본인부담 비용이 크기 때문이다. 그래서 국민건강보험이 있음에도 자구책으로 대다수가 민간의료보험에 가입하고 있다.

보험연구원이 2009년 3월 발표한 '2009년 보험소비자 설문조사' 결과에 따르면, 전체 가구의 81.4%, 성인의 69.8%가 질병보장보험에 가입하고 있다. 또한, 이들이 보험회사에 납부하는 민간의료보험료도 월 평균 10만 원을 넘는다. 유럽 복지국가들에서는 공적의료보장으로 의료비의 대부분이 해결되므로 민간의료보험에 별도로 가입할 필요가 없고, 가계의 이중부담과 소득계층 간 의료이용의 형평성 문제도 거의 존재하지 않는다.

이론적·경험적으로 의료보장의 정책적 해답은 이미 나와 있다. 의료서비스 이용 시점에서 국민의 의료비 부담을 실질적으로 없애야 한다. 이렇게 하기 위해서는 국민건강보험의 재정규모를 획기적으로 확충해야 한다. OECD 국가들 평균 수준에 도달하도록 우리도 국민건강보험료를 지금보다 더 내면 된다. 그래서 '저부담-저급여'체계를 '적정부담-적정급여'로 전환해야 한다. 그것이 대부분의 국민에게 경제적으로 이익이며, 동시에 사회연대성을 높여주고 안정적인 경제성장에도 기여한다.

2014년 기준으로, 〈건강보험 하나로 시민회의〉가 추산한 '국민건강보험의 보장성 확충 내역'은 다음의 다섯 가지이다. 그리고 이를 실천하기 위해서는 연간 약 14.3조 원의 소요재정이 필요하다.

첫째, '입원진료 보장률 90%' 달성: 선택진료비, 상급병실료 차액을 포함한 입원 분야 비급여 진료의 전면적인 건강보험 급여화에 소요되는 재정으로 연간 7.8조 원이 필요하다.

둘째, '연간 본인부담 의료비 100만 원 상한제'를 실시하는 데 소요되는 재정으로 연간 3.9조 원이 필요하다.

셋째, '간병의 급여화'에 소요되는 재정으로 연간 1.1조 원이 필요하다.

넷째, 노인틀니, 치석제거 급여 확대 등 '치과진료 분야'의 보장성 강화에 소요되는 재정으로 연간 1조 원이 필요하다.

다섯째, '의료사각지대의 해소': 최하위 5% 소득계층에 대한 건강보험료 면제, 하위 5~15% 계층에 대한 건강보험료 무이자 대출, 중소영세사업장 사용주 부담 보험료 50% 지원에 소요되는 재정으로 연간 0.5조 원이 필요하다.

우리가 제안하는 '건강보험 하나로' 정책의 실현을 위한 '구체적인 소요재정(14.3조 원) 확보 방안'은 다음과 같다.

첫째, 종합소득과 금융소득 등의 소득과 '소득 있는 피부양자'에 대해 건강보험료를 부과하는 식의 '건강보험료 부과체계 개편'을 통해 2014년 1.0조 원의 추가 건강보험재정을 확충한다. 부과체계 개편을 통해 늘어나는 1조 원의 추가재정은 전체 국민 중에서 '상위 10% 소득계층'이 대부분을 부담하게 된다.

둘째, '건강보험료를 24% 인상'한다. 이는 월평균 국민 1인당 약 1만 원(2014년 시점 기준으로 약 39,000원에서 49,000원으로 인상)의 건강보험료를 더 내는 것을 의미한다. 여기서, 국민 부담 추가 건강보험료가 5.7조 원, 사용자 부담 추가 건강보험료가 4.0조 원으로, 이를 통해 총 9.7조 원의 추가 건강보험료 재정 수입이 확보된다.

셋째, '국고지원 사후정산제' 시행과 건강보험료 수입 증가(부과체계 개편, 보험료율 인상)로 인한 '추가 국고지원' 등으로 3.6조 원의 국고지원액이 추가로 확보된다.

이제, '건강보험 하나로' 실현을 위해 추가 확보되는 14.3조 원의 이해당사자별 분담 현황을 살펴보자. 먼저, 국고지원의 사후정산제 시행과 건강보험료 수입 증가로 인한 국고지원 증액분이 3.6조 원으로 추가 확보 재정의 25.4%를 차지한다. 다음으로, 건강보험료율 인상으로 인한 사용주 부담 추가 보험료 수입이 4.0조 원으로 추가 확보 재정의 27.6%를 차지한다.

그리고 건강보험료 부과체계의 개편과 건강보험료율 인상으로 인해 소득상위 30% 국민이 부담하는 추가 보험료 수입이 4.4조 원으로 추가 확보 재정의 30.4%를 차지한다. 마지막으로, 건강보험료율 인상으로 전체 국민의 70%가 부담하는 추가 보험료 수입은 2.4조 원으로 단지 16.6%를 차지한다. 즉, 소득계층 상위 30% 국민, 사용주, 그리고 정부가 추가로

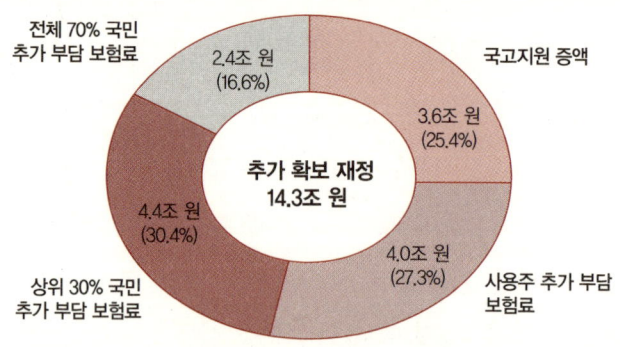

이해당사자별 추가 재정 분담 현황

부담하는 부분이 늘어나는 건강보험 재정 14.3조 원의 약 85%를 차지하게 된다.

이런 연대적 방식으로 의료비 불안을 없애야 한다. 박 대통령의 '4대 중증질환 100% 보장'은 명백하게 잘못된 공약이다. 상식이 있는 전문가라면 누구라도 그것의 한계를 지적할 것이다. 질병 간에 칸막이를 설치하여 차별하는 것은 옳지 못하며, 국민건강보험의 보장성을 획기적으로 높여 모든 질병에 대한 실질적 비용 부담을 줄여줌으로써 우리 국민이 민간의료보험에 가입할 필요가 없도록 하는 게 '정도'이기 때문이다.

박 대통령은 지금이라도 외부의 목소리에 귀를 열어야 한다. '건강보험 하나로'를 통해 '입원진료의 보장률' 90%를 달성하고, '연간 본인부담 의료비 100만 원 상한제'를 실시할 수 있다. 이는 대다수 국민이 원하는 것이다. 의료불안을 해소하고 OECD 평균 수준의 보장성을 달성하는 데 필요한 14.3조 원에서 소득하위 70% 국민은 단지 그것의 16.6%만 부담하면 된다. 우리나라가 절차적 민주주의를 넘어 실질적 민주주의를 구현하려면, '건강보험 하나로'는 반드시 실현해야 할 정책이다.

건강보험정책심의위원회는 2014년 건강보험료율을 1.7%만 인상했다. 건강보험료율이 2013년 소득의 5.89%에서 2014년에는 5.99%로 바뀌는 데 그쳤다. 조족지혈이다. 이 돈으로는 할 수 있는 것이 별로 없다. 이렇게 또 소중한 1년을 날리게 되었다. '건강보험 하나로' 운동이 더욱 확산되고 정치·사회적 힘을 더 크게 얻도록 해야 한다. 그래서 그 힘으로 보편주의 복지국가로 가는 관제고지인 '건강보험 하나로'의 쟁취에 성큼 다가서야 한다.

박근혜 대통령의 거듭된 변신

2007년 대선을 앞두고 이명박 전 대통령과 박근혜 대통령은 한나라당 후보 자리를 놓고 격돌했다. 그때 양쪽 모두 성장 지상주의를 전면에 내걸었다. 이명박 전 대통령의 '747 공약'에 맞서 박근혜 대통령은 '줄·푸·세(세금을 줄이고 규제를 풀고 법질서를 세운다)'를 내세웠다. 강경 보수의 맹주 자리를 놓고 극한 대결을 벌였는데, 기업경영 경험에 근거한 이 전 대통령의 '747 공약'이 신자유주의 이론에 근거한 박 대통령의 '줄·푸·세' 공약을 이겼다.

그리고 2009년, 박근혜 대통령에게 큰 변화가 일어났다. 박 대통령이 기존의 '줄·푸·세' 주장에서 벗어나는 발언을 시작했던 것이다. 2009년 5월 6일, 박 대통령은 스탠퍼드 대학교 아·태 연구센터 초청 강연에서 '줄·푸·세' 노선으로부터 벗어나는 '정책 노선 전환'의 계기가 된 상징적인 연설을 했다.

이날의 연설에서 박 대통령은 "경제발전의 최종목표는 소외계층을 포함한 모든 국민이 참여하는 공동체의 행복 공유에 맞춰져야"한다고 강조했다. 또 "앞으로 주주의 이익과 공동체의 이익을 조화시켜 더 높은 기업 윤리를 창달해야"한다며 경제민주화의 필요성도 거론했다. '원칙이 바로 선 자본주의'라는 표현도 이때 처음 나온 것으로 알려져 있다. '줄·푸·세'의 강경 보수 노선이 중도적 복지국가 노선으로 전환된 것이었다.

그리고 박근혜 대통령은 2009년 9월에는 "우리의 궁극적 꿈은 복지국가 건설"이라고 했고, 2010년 연말에는 '사회보장기본법 전부개정안' 공청회를 개최하며 야당이 주장하던 보편적 복지를 수용하여 '생애주기별 맞춤형 복지'를 공세적으로 제안했다.

당시 이명박 정부는 시종일관 신자유주의 경제정책과 잔여주의 선별적 복지를 고집했고, 그래서 '큰 시장-작은 정부'를 늘 강조했었다. 당시 여당의 주류였던 친이계도 이명박의 노선을 추종하고 보위하는 데 앞장섰다. 그런데 박근혜 의원과 친박계가 야권이 주장하는 보편적 복지를 서서히 수용하는 모양새를 취했다. 여기에 여당 내의 소장개혁파도 동조했다.

한편, 2011년 연초부터 민주당은 3무1반 복지를 공세적으로 제기했고, 정치적 주도권을 잡아갔다. 이 와중에 보편적 무상급식을 두고 서울시장과 서울시의회가 갈등을 빚었다. 마침내 선별적 복지를 주창하던 오세훈 서울시장이 주민투표 이후 사퇴하고, 보궐선거에서 보편적 복지를 앞세운 박원순 시장이 선별적 복지를 주장하는 친이계의 나경원 후보를 누르고 당선되었다.

이 사건 이후, 한나라당은 급속하게 친이계가 약화되고 친박계의 보편적 복지 수용과 복지정책의 강화 움직임이 확산되었다. 이것이 '박근혜표 복지국가' 정치의 본격적인 시작이었다. 이후 새누리당 창당, 총선 및 대선을 경과하면서 박근혜 대통령의 복지국가 공약은 한층 더 좌 클릭을 단행하며 야권과의 차이를 줄였다. 이런 정치과정을 통해 박근혜 의원은 결국 대통령에 당선되었다. 복지국가 공약을 공세적으로 제기하지 않았더라면 박근혜 대통령은 결코 존재하지 않았을 것이다.

박 대통령이 2007년 대선 경선 당시 주장했던 '줄·푸·세' 노선으로부터의 이탈은 신자유주의 대한민국의 패러다임 전환과 올바른 발전을 위해 매우 중요한 일이었다. 박 대통령은 지난 총선과 대선을 탈 '줄·푸·세' 노선으로, 더 나아가 한국형 복지국가 노선으로 돌파했다. 그래서 대통령에 당선된 것이었다. 이미 지난 총선과 대선 과정에서 '정치적 신뢰'의 기전이 작동했고, 이것은 유권자인 우리 국민의 뇌리에 깊이 각인되어 있다. 그러므로 대선 공약은 반드시 지켜야 한다.

그런데 바로 그 대통령이 지금 국민을 속인 대통령이 되려고 작정을 하고 있다. 명백하게도 집권 1년이 지난 지금까지의 행태를 보면, 박 대통령은 '줄·푸·세' 노선으로 회귀했다. 집권 6개월도 지나기 전에 경제민주화 추진 중단을 선언하며 대기업들에게 투자를 종용하는 모습에서 회귀의 조짐이 이미 감지되었다. 집권 1년이 다 돼가도 대선 때 약속했던 생애주기별 맞춤형 복지와 한국형 복지국가는 추진은커녕 거론조차 되지 않았다. 대신에 복지공약은 하나씩 축소 또는 파기되었다.

2013년 11월 18일 행한 첫 국회 시정연설에서 규제완화와 경제활성화를 역설했다. 그리고 2014년 연초의 신년 기자회견을 통해, 박 대통령은 복지국가 공약을 파기하고 2007년의 신자유주의 '줄·푸·세' 노선으로 회귀해버렸다. 지난 대선 때 수백 번 넘게 언급했던 경제민주화와 보편적 복지를 포함한 맞춤형 복지는 신년 기자회견문과 질의응답 어디에서도 찾아볼 수 없었다. 대신 그 자리를 차지한 것은 경제활성화, 규제완화, 그리고 투자였다.[56]

이명박 정부에서 줄기차게 했던 것처럼 '줄·푸·세'의 시장만능주의 노선으로는 양극화만 심화시킬 뿐 일자리를 늘리고 경제를 통합적으로 발전시킬 수 없다. 즉, 경제민주화와 보편적 복지 없는 경제활성화나 창조

경제는 불가능하다. 의료나 교육 같은 사회서비스 분야의 규제를 완화하여 이곳을 자본의 자유로운 투자처로 삼겠다는 발상도 이명박 정부가 줄기차게 추구해왔던 시장만능주의 민영화 노선일 뿐이다.

지난 대선 때의 '한국형 복지국가' 공약은 국민을 속인 것인가. 그렇다면 이것은 비극이 아닐 수 없다. 우리는 국민을 속인 대통령과 함께 살아야 하고, 복지국가로 가야 할 소중한 시기에 또 5년의 세월을 낭비하는 것이기 때문이다. 나는 이래서는 안 된다고 생각한다. 막아야 한다. 그래서 박 대통령이 지난 대선 때 약속했던 국민대타협위원회를 운영하도록 요구해야 한다.

우리가 어떤 나라를 만들 것인지, 민주적으로 공론을 모으는 절차가 반드시 필요하다. 나는 국민대타협위원회가 이 일에 적합하다고 생각한다. 박 대통령이 대선 공약을 지키도록 하기 위해서는 정당정치의 역할이 매우 중요하다. 그리고 여기에는 복지국가를 열망하는 '깨어 있는' 국민의 결집된 민주 역량이 요구된다. 복지국가정치운동이 필요한 이유이다.

복지국가의 길을 막는 박근혜 정부의 조세정책

2013년 5월 31일, 박근혜 대통령은 공약가계부를 발표했다. 공약가계부의 총 소요재정은 134.8조 원인데, 세입확충으로 50.7조 원, 세출절감으로 84.1조 원을 조달하겠다고 했다. 그런데 이 공약가계부는 한계가 뚜렷할 뿐만 아니라 성공하기도 어렵다는 것이 전문가들 대부분의 생각이다.

나는 8월 22일 밤에 SBS 텔레비전의 〈토론 공감〉에 출연했다.[57] 나는 토론에서 증세 없는 복지는 불가능하며, 박근혜 정부의 조세재정은 본질적으로 잘못되었다고 비판했다. 나는 그 논거로서 다음의 두 가지를 지적했다. ① 공약 이행을 위한 총 소요재정이 지나치게 과소추계 되었다. ② 재원조달 계획이 비현실적이다. 비과세·감면 정비로 세수를 확보하는 데는 한계가 있고, 지하경제를 양성화하는 데는 장기간에 걸친 노력이 필요하고, 이를 통해 확보할 수 있는 재원의 규모에도 한계가 뚜렷하기 때문이다.

그리고 정부가 세출절감으로 84조 원을 확보하겠다는 것도 현실성이 없다. 정부재정 지출의 구조조정 노력은 지난 정부에서도 박차를 가해왔던 일임에도 불구하고, 그 성과가 크지 못했다. 현 정부의 세출 구조조정 방안도 새로운 것이 없고, 역대 정부가 하던 것을 반복하는 수준이다. 그럼에도 여기에서 무리하게 복지재원을 확보하려고 할 경우에 '아랫돌 빼서 윗돌 괴기'라는 심각한 부작용이 나타날 개연성이 크다. 이렇게 되면, 기존 정부사업의 '복지'로 이름 바꾸어달기 현상이 나타나거나 정부사업에 민간자본을 끌어들여 공공성을 훼손하는 일이 일어날 수도 있다.

이명박 정부의 감세정책으로 인해, 우리나라는 세입기반이 훼손되었고 재정건전성이 악화되었다. 그래서 전 세계의 주요 국가들에 비해 우리나라는 조세부담률과 국민부담률이 매우 낮다. 2010년 기준으로, 우리나라의 조세부담률은 GDP의 19.3%로 OECD 평균인 24.6%에 비해 5.3% 포인트 낮다. 국민부담률도 GDP의 25.1%로 OECD 평균인 33.8%에 비해 8.7% 포인트 낮다. 이런 상태로는 복지국가로 나아갈 수 없다.

국민의 조세부담이 늘어나야 'GDP 대비 정부재정'의 크기가 늘어난다. 우리는 이것을 획기적으로 늘려야 한다. 혹자는 우리나라의 국민소득이 2만 4천불 정도로 선진국들에 비해 크게 낮기 때문에 어쩔 수 없다고 말한다. 그러나 이 말은 아무런 근거가 없다. 실제로, 국민소득 2만 불이었을 때 OECD 국가들의 조세부담률은 평균 GDP의 27.4%였고, 국민부담률은 36.1%였다. 오히려 더 높았거나 별 차이가 없었다.

그런데 박근혜 정부는 고집스럽게도 이명박 정부의 감세와 '작은 정부' 기조를 그대로 유지하겠다고 한다. 이렇게 '작은 정부'를 고집하면서도 복지국가를 하겠다고 말한다. 이것은 국민을 기만하는 것이다. 복지국가로 나아가지 못하는 근본적인 문제는 세금을 적게 내고, 그래서 정부재정의 크기가 작다는 데 현 정부가 동의하지 않고 있다는 것이다. 2013년 8월 기획재정부가 발표한 '중장기 조세정책 방향'에 의하면, 2012년도 우리나라의 조세부담률은 GDP의 20.2%였다. 이것은 북유럽의 33%나 OECD 평균인 25%에 한참 못 미치는 수준이다.

그런데 박근혜 정부는 조세부담률 20.2%를 임기 말인 2017년까지 21%로 높이겠다는 계획을 가지고 있다. 참여정부 말기였던 2007년의 조세부담률이 21%였다. 그런데 이때로부터 10년이 지난 시점인 2017년의 조세부담률을 GDP의 21%로 유지하겠다는 것은 저출산·고령화로 인한 복지수요의 자연증가조차도 제대로 해결하지 않겠다는 뜻이다. 이것은 전형적인 신자유주의 '작은 정부' 옹호론이다.

그래서 요즘 많은 논객이 박근혜 정부를 이명박 정부의 '제2기'라고 말한다. 이렇게 남은 임기 4년을 그대로 보내버린다면, 생애주기별 맞춤형 복지는커녕 국가복지의 축소와 왜곡은 계속될 것이다. 10년 전의 저열한 복지재정 수준을 복지수요가 폭증하고 경제사회의 패러다임이 바뀐 10년 뒤에 그대로 적용하겠다는 것은 상식에 어긋나기 때문이다.

기초연금이 국민연금을 훼손해선 안 된다

1988년 처음 도입된 국민연금은 저소득 가입자에게 유리하게끔 제도가 설계되어 있다. 가령, 1999년 가입자들 중 월 소득 50만 원인 사람은 '낸 보험료 총액 대비 받게 되는 연금총액'을 의미하는 수익비가 4인데 비해, 150만 원인 사람은 수익비가 1.9이고, 360만 원인 사람은 1.4이다. 또, 국민연금은 후세대가 현세대를 부양하는 '세대 간 연대'의 정신을 잘 반영하고 있다. 국민연금의 수익률이 이렇게 높은 것은 바로 이 '세대 간 연대' 덕택이다. 그런데 우리나라의 국민연금에는 몇 가지 큰 문제가 있다.[58]

첫째, 소득대체율이 낮다. 국민연금은 1988년 도입 당시 평균소득 40년 가입기준으로 70%의 소득대체율로 설계되었으나 기금고갈 우려로 몇 차례의 개혁을 거치면서 1999년에는 60%로 낮아졌고, 2008년에는 50%로 낮아졌다. 그리고 2009년부터 매년 0.5%씩 낮아져 2028년에는 소득대체율이 40%로 떨어진다.

둘째, 국민연금의 미성숙으로 인해 아직도 65세 이상 노인의 약 66%는 공적연금의 수혜자가 아니다.

셋째, 국민연금 납부예외자의 비율이 전체 대상자의 약 30%에 달하여 사각지대가 매우 넓다. 그래서 2011년 현재 노인빈곤율은 48.6%로 전에 비해 크게 늘어났다. 이는 OECD 국가들의 노인빈곤율 평균 12.4%의 4배나 된다. 이렇게 심각한 노인빈곤은 세계 최고의 노인자살률로 이어졌다. 이것이 지난 대선에서 여야를 막론하고 '기초노령연금 2배 증액' 공약을 내건 배경이다.

그런데 박근혜 정부가 이 공약을 파기했다. 그것의 핵심 내용은 두 가지였다. 첫째, 수급대상을 대선 당시의 공약대로 전체 노인으로 확대하는 것이 아니라 소득하위 70%의 노인으로 제한한 것이다. 둘째, 소득하위 70% 노인에 대해서도 기초연금을 국민연금의 가입기간과 연계하여 10만 원부터 20만 원까지 차등 지급하겠다는 것이다.

나는 이 문제가 터지자, 라디오 및 신문 등과 인터뷰를 많이 했다. 이 문제에 대한 복지국가 운동 진영의 논리를 국민들에게 제대로 알려야 했다. 나는 YTN 라디오의 〈일대일 토론〉 프로그램에 이어, MBC 텔레비전의 제617회 〈100분 토론〉 "흔들리는 국민연금, 이대로 괜찮은가?"에 출연했다.[59] 나는 〈100분 토론〉에서 기초연금을 국민연금과 연계하겠다는 계획은 반드시 철회해야 한다고 주장했다. 기초연금을 국민연금의 가입기간과 연계함으로써 국민연금에 오래 가입할수록 기초연금을 적게 받는다는 인식이 확산되면, 이것이 국민연금에 대한 신뢰 훼손으로 이어질 수 있기 때문이다.

지금도 우리나라의 국민연금은 국민적 신뢰 수준이 매우 저열하다. 이는 광범위한 국민연금의 사각지대 형성으로 귀결되고 말았다. 지금도 가난하거나 형편이 넉넉하지 못한 사람들, 정규직의 좋은 일자리를 갖고 있지 못한 사람들이 노인이 되어서도 국민연금의 혜택을 누리지 못하는 일이 예고되어 있는 것이다. 이는 역설적이게도 사각지대가 넓은 국민연금으로 인해 노인들 간의 소득불평등이 오히려 심화되는 현상으로 귀착될 것이다.

우리나라의 18~59세 인구 중 노인이 되었을 때 국민연금을 수급할 것으로 예상되는 사람의 비율은 43%에 불과하다. 국민연금 못 받을 사람(사각지대)의 비율이 57%나 된다는 것인데, 이들은 실직자와 장기체납자 등의 납부 예외자(18%)와 무직자와 가정주부 등 국민연금 적용의 사각지대(39%)를 합한 것이다.

국민연금의 사각지대 문제를 제대로 해결함으로써 궁극적으로 과거의 '1가구 1연금' 정책에서 '1인 1연금' 정책으로 나아가야 할 때가 된 것이다. 우리나라에 국민연금이 처음 도입될 당시에는 40년 가입 기준으로 소득대체율이 70%나 되었기 때문에 '1가구 1연금'으로 노후소득 보장이 가능했다. 그러나 지금은 소득대체율 40%로 크게 낮아졌다. 이는 월 소득 200만 원인 홍길동 씨가 40년 동안 매달 빠짐없이 국민연금을 부어도 노인이 되었을 때 고작 월 80만 원의 국민연금을 받게 된다는 뜻이다.

평균적으로 볼 때, 40년 동안 매달 빠짐없이 국민연금을 붓는다는 것은 매우 어렵다. 그래서 25년 동안 붓는 것으로 가정하면 홍길동 씨의 국민연금 수령액은 월 50만 원이 된다. 이 돈으로는 노인부부가 아무리 최소생계를 유지하더라도 도저히 살아갈 수가 없다. 그래서 '1인 1연금'이라야 한다. 이렇게 되려면 미가입자에 대한 정부의 지원이 필요하고, 국민연금 자체에 대한 국민적 신뢰가 높아져야 한다.

이런 중차대한 상황에서 박근혜 정부는 국민연금에 대한 국민적 신뢰를 훼손할 것이 분명한 기초연금 정책을 굽히지 않고 있다. 기초연금은 애초의 취지인 노인빈곤율을 낮추는 데 가장 크게 도움이 되는 방식을 찾아서 그것대로 발전시켜 나가면 된다. 국민연금과 연계할 일이 결코 아니다. 국민연금이 보편적 노후소득보장의 중심적 역할을 제대로 수행하도록 해야 한다.

이를 위해 중요한 것은 다음의 두 가지이다. 국민연금의 적절한 소득대체율 확보와 사각지대의 해소가 그것이다. 전자를 달성하기 위해서는 기초연금이 최대한의 보편성을 갖도록 해서 국민연금의 낮은 소득대체율을 보완해야 하며, 후자를 달성하기 위해서는 국민연금에 대한 국민적 신뢰의 확보와 함께 납부예외자를 최소화하기 위한 정부의 적극적 지원이 필요하다.

박근혜 정부가 고집하는 대로 기초연금 지급액을 국민연금의 가입기간에 연계하게 되면, 위의 두 가지를 모두 놓치게 되어 노후소득보장제도의 큰 틀이 흔들리게 된다. 상황이 이러함에도 불구하고, 박근혜 정부가 '기초연금의 국민연금 연계' 방안을 고집하는 것은 조세재정 정책의 한계 때문이다. 정부는 소득인정액(자산조사)을 기준으로 소득하위 70% 노인들에게 국민연금 가입기간에 연계하여 기초연금을 차등 지급할 예정이다.

당장 2014년 7월부터 이 70% 노인들의 90%에게는 월 20만 원씩을 지급하고, 나머지인 70%의 10%에 해당하는 노인들에만 월 10~20만 원을 차등 지급한다는 것이다. 현재 복지국가소사이어티와 민주당이 절충적으로 요구하고 있는 것은 소득하위 70% 노인들에게 월 20만 원씩을 국민연금과 연계 없이 일괄적으로 지급하자는 방안이다.

당장 투입되는 정부재정 규모로 보자면, 양자 간의 차이는 미미하다. 하지만 시간의 경과와 함께 그 차이가 점점 커지게 되는데, 이렇게 되면 정부의 재정 부담은 해가 갈수록 증가하게 된다. 그래서 정부여당은 한사코 기초연금을 국민연금에 연계하려고 한다.

결국 복지에 정부재정을 조금이라도 덜 투입하는 방안을 찾다보니, 말도 안 되는 무리한 정책방안을 들고 나오게 된 것이다. 저열한 조세정책이 초래한 정부재정의 한계가 이렇게 복지정책을 심각하게 왜곡시키고 있는 것이다.

의료민영화가 아니라는 박근혜 정부의 꼼수

박근혜 정부의 청와대는 "원격의료 허용은 의료민영화와 무관"하다면서 "정부는 의료민영화를 추진할 생각이 없다"라고 강변했다. 그러나 대다수 시민사회의 전문가는 정부가 추진하려는 정책을 의료민영화로 보고 있다. 연이어 보건복지부도 "원격의료와 의료법인의 자회사 설립은 의료민영화와 무관"하다고 강조했다. 국정운영과 정치는 정직해야 한다. 사실상 의료민영화를 추진하면서도 아니라고 우기는 것은 저열한 꼼수에 해당한다.

현재 박근혜 정부의 의료민영화 관련 정책은 크게 두 가지이다. 하나는

'원격의료 허용'이고, 다른 하나는 비영리법인 병원의 영리 '자회사 허용'이다. 나는 이 두 가지 모두가 의료민영화 정책이라고 생각한다. 민영화(privatization)는 국가가 당연히 책임지고 감당해야할 공적(public) 영역을 시장의 원리에 내맡겨 정부의 책임과 역할을 축소하는 모든 조치를 지칭한다. 제대로 된 국가에서는 의료를 당연히 국가가 책임지는 공적영역으로 간주한다.

우리나라는 의료의 공공성이 매우 취약하다. 그럼에도 우리나라 의료제도가 그런대로 잘 작동하고 있는 것은 국민건강보험을 통한 통제와 함께 법인병원을 '비영리'로만 운영하도록 한 규제 덕분이다. 세계적 기준으로 보면, 우리나라는 정부의 개입과 역할을 더 강화하여 의료의 공공성을 크게 확충해야 할 처지에 놓여 있다. 그런데 박근혜 정부는 꼼수를 통해 의료 분야에 영리추구의 시장주의 정책을 도입하려고 국민 기만도 마다하지 않고 있다.

박근혜 정부가 추진하려는 원격의료는 삼성 등의 IT 기술을 의료서비스에 접목하여 돈벌이에 나서겠다는 것이다. 오지나 벽지 주민을 위한 원격의료는 지금도 우리나라 의료법 제34조 제1항에 규정되어 있는 바, 이것은 정보통신기술을 활용한 의사-의사 간의 의료지원체계이다. 그러나 현 정부가 추진하려는 원격의료는 이런 것이 아니라 의사-환자 간의 대면진료를 의사-환자 간의 화상진료로 대체하겠다는 것이다.

이렇게 되면, IT 업계는 큰돈을 벌지 모르겠으나 일차의료는 무너질 공산이 크다. 전통적인 의사-환자 관계가 훼손될 것이기 때문이다. 그렇지 않아도 우리나라는 주치의제도가 부재한 까닭에 의사-환자 간의 신뢰도가 낮다. 이것을 개선하기 위한 제도적 방안을 강구하여 일차의료를 강화하는 것이 올바른 정책방향임에도 불구하고 박근혜 정부는 원격의료를 통해 일차의료조차 의료민영화의 대상으로 삼으려고 한다.

또 의료법인이 주식회사 형태의 자회사를 설립해 이윤추구 활동을 하고, 영업을 통해 번 돈을 주주들에게 배당하는 것도 명백하게 의료민영화가 맞다. 박근혜 정부는 영리 자회사의 부대사업 범위를 크게 넓혀 놓았다. 현행 의료법이 정하고 있는 주차장이나 장례식장 등의 범위를 넘어 의약품과 의료기기, 화장품, 건강기능식품 등의 판매와 호텔, 목욕장, 온천 등의 운영도 가능하도록 했다. 이는 영리 자회사를 통한 의료민영화가 맞다.

박근혜 정부는 국민의 반발을 크게 살 이명박 대통령 식의 단도직입적인 의료민영화가 아니라, 자회사 설립 허용을 통한 우회적인 의료민영화 전략을 추진하고 있다. 그러면서 "의료민영화는 안 한다"는 말을 반복하며 국민을 기만하고 있는 것이다. 박근혜 대통령은 꼼수를 통한 의료민영화 추진 대신에 지난 대선 때 공약했던 '의료 공공성 강화'를 실천해야 한다. 안 하겠다고 공약했던 의료민영화는 추진하고, 하겠다고 했던 복지 공약은 파기하고 있다. 이래서는 안 된다.

나는 2014년 들어 박근혜 대통령이 연일 의료민영화 추진 의사를 강하게 천명하고 나선 것이 몹시 걱정스럽다. 마치 국민과 야당을 상대로 선전포고를 하는 것 같아서 그렇다. 이건 불행한 길이다. 하루빨리 궤도를 수정해야 한다. 그렇지 않으면 정국은 혼란으로 치닫고 민생뿐만 아니라 의료 등의 사회안전망도 위태로워지기 때문이다.

박 대통령은 신년 기자회견에서 "보건의료와 교육 등 5대 유망 서비스 업종에 대해서는 관계부처 합동 TF를 만들어 규제완화 대책을 이행하도록 하는 데 정부의 모든 역량을 쏟을 것"이라고 밝힌 바 있다. 정부는 원격의료, 법인약국, 의료법인의 영리 자회사 허용 등의 보건의료 규제완화 정책을 추진하고 있는데, 이를 더욱 강력하게 밀고 나가겠다는 의지를 표명했던 것이다.

그리고 그 다음 날에도 박 대통령은 새누리당 소속 의원 및 원외 당협 위원장들을 초청한 만찬 자리에서 "모두 규제를 풀어 서비스업을 성장시켜야 일자리가 늘어난다."며 실천을 강조했고, 특히 의료부분의 규제완화를 재차 거론했다. 이것은 전날의 신년 기자회견에 이어 다시 의료민영화 추진 의지를 밝힌 것이다.

보건의료라는 공적 영역을 규제완화를 통해 자본의 투자처로 삼겠다는 박근혜 정부의 발상은 이명박 정부의 의료민영화 정책과 동일한 것이다. 이는 야당의 반대뿐만 아니라 국민적 저항에 부딪히게 될 것이 명백하다. 잘못된 길이기 때문이다. 나는 박근혜 정부가 이름만 살짝 바꾼 채 이명박 정부의 실패한 의료민영화 노선을 따르고 있다고 생각한다.

박근혜 정부가 지난 대선 때 내놓았던 건강보험의 보장성 강화 공약을 사실상 파기함으로서 민간의료보험의 활성화 기회를 만들어 주는 것도 이명박 정부의 노선을 이어받으려는 것으로 해석된다. IT 기술을 활용한 원격의료도 공공성이 강한 일차의료 체계를 구축하는 것 대신에 일차의료의 산업화를 추진하는 것으로 이해된다. 의료법인의 영리 자회사 허용도 우회적인 방식의 영리병원을 추진하는 것임에 틀림이 없다.

그렇다면, 박근혜 정부는 의료정책과 관련하여 이명박 정권의 제2기 정부라고 해도 무방할 것 같다. 하지만 나는 이렇게 되지 말아야 한다고 생각한다. 지금이라도 의료를 자본의 자유로운 투자처로 삼겠다는 생각을 버려야 한다. 일자리를 위해서라고 말해서는 안 된다. 질 좋은 일자리를 많이 만드는 데는 의료민영화라는 자본시장의 투자 논리보다는 의료 공공성 강화라는 정부의 공공투자 논리가 훨씬 더 유리하기 때문이다. 지금은 의료민영화가 아니라 우리나라 의료체계의 공공성을 획기적으로 강화할 때임을 명심해야 한다.

'복지국가 정치'의 기치를 높이 들자

나는 2012년 총선을 앞두고 출범했던 민주통합당의 행적을 살펴보면 참 안타깝다는 생각이 든다. 2010년 6.2 지방선거를 전후하여 민주당은 복지국가 정당의 정체성과 역할을 빠른 속도로 배워가고 있었다. 그런데 민주당은 2012년 민주통합당 출범을 기점으로 초심을 잃고 정치공학으로 깊이 빠져 들었다.

보편적 복지와 적극적 복지를 위한 재원 마련에 부담을 느낀 민주통합당은 선거를 앞두고 적극적 조세재정정책을 제기하는 것을 꺼려했다. 대신에 보기 좋은 복지 공약들만 선언적으로 제시하면서 부담스러운 재원 마련과 증세 부분은 사실상 뒤로 빼버렸다. 그러다 보니 공세적으로 복지국가를 주창할 수가 없었다.

그때 민주당이 찾아낸 것이 '재벌과 부자 욕하기' 전술이었다. 경제민주화 이슈였다. 10여 년 전부터 거론되었던 경제민주화가 갑자기 2012년 4월 총선을 앞두고 연초부터 대한민국 정치의 전면에 부각된 것이다. 이것은 법률로 '규제'만 하면 되므로 재원마련을 위한 증세 같은 골치 아픈 문제도 없는 정책이다. 즉, 정치적 부담은 없고, 인기가 있는 정책이 바로 경제민주화였던 것이다. 그래서 민주당은 이것은 전면에 부각시켰고, 많은 재원이 요구되는 보편적 복지와 적극적 복지는 최대한 덜 쟁점화했다.

정치공학이 작동했던 것이다. 그래서 민주통합당은 복지국가의 중요한 가치를 스스로 내려놓았다. 이것을 한나라당 비대위를 거쳐 새누리당을 창당한 박근혜 의원이 가져가 버렸다. 이렇게 민주당의 양대 선거 참패의 비극이 시작되었다. 당시까지 신뢰의 정치인이라는 이미지를 가지고 있던 박근혜 의원은 "아버지의 꿈이 복지국가"라면서 막대한 재정이 요구되는 복지 공약과 함께 경제민주화를 주창하고 나섰다. 이렇게 보수의 재집권이 가능해졌다.

야권의 복지국가 이슈를 낚아챈 후, 2012년 총선과 대선에서 연거푸 승리를 거머쥐었던 집권여당은 집권 후 지금까지 변죽만 울려대곤 아무 것도 하지 않았다. 특별한 재원소요가 필요 없고 법률적 규제만 하면 되기 때문에 대선 이후 곧바로 정치 의제로 상정되었던 경제민주화도 하는 둥 마는 둥 마무리되고 말았다. 대다수의 경제전문가와 국민들은 박근혜 정부가 경제민주화 약속을 저버렸다고 생각한다.

이후 박근혜 정부는 많은 재원이 요구되는 복지 공약의 구체적 실천방안을 마련하는 과정에서 복지 공약을 하나씩 철회 또는 파기하고 있다.

나는 이 과정을 지켜보면서 박근혜 정권이 스스로의 의지로 복지국가로 가기는 어렵겠다는 판단을 하게 되었다. 많은 국민은 박근혜 정부가 복지국가 공약을 파기함으로써 '이명박 정부의 제2기'를 연 것이나 다름없다고 생각한다. 신자유주의 경제체제와 선별적 복지체제를 그대로 유지하면서 저출산-고령화로 인해 요구되는 복지 증대에 최소한의 대응을 하는 수동적 자세를 견지할 것 같기 때문이다.

그런데 2013년 8월 8일, 정부가 중상층 국민의 소득세를 소득수준에 따라 월 1만 원 이상을 누진적으로 인상하는 방안을 발표하자 민주당이 '세금폭탄'론을 들고 나왔다. 복지국가를 추구하는 정당에선 나올 수 없는 이야기가 나온 것이다. 이런 정당은 더 이상 복지국가 정당이 아니다. 게다가, 정부여당이 지난 1년 동안 복지국가 공약을 전혀 실천하지 않았음에도 불구하고 야당은 한 것이 별로 없다. 무기력하게 세월만 보냈다. 복지국가를 추구하는 야당의 역할을 포기한 것처럼 보인다.

박근혜 정부가 복지국가 공약을 철회 또는 파기하는 데서 보듯, 야당의 적극적인 비판과 견인 없이는 이 정권이 스스로의 의지로 복지국가를 건설할 가능성이 거의 없음에도 불구하고, 야당은 아무것도 하지 않고 있는 것이다. 민주당은 어떻게 해서든 현 정부가 복지국가의 길로 나아가도록 정치력을 행사해야 함에도 불구하고, 이러한 일을 할 의지와 능력이 없어 보인다.

그래서 지금까지 복지국가소사이어티를 중심으로 복지국가 담론과 정책을 연구해왔고, 이를 시민사회에 확산하는 복지국가 국민운동을 해온 사람들, 즉 복지국가소사이어티의 정책전문가들과 복지국가 운동가들이 직접 '복지국가 정치'의 기치를 높이 들기로 작정했다. 사실, 이건 기성 정치인이 아닌 사람들에게는 어렵고도 중대한 결단이 아닐 수 없다.

다행스러운 점은 지난 6년 동안 복지국가소사이어티가 '복지국가 리더십 아카데미'와 '복지국가 토론회' 등을 통해 양성해낸 의욕적인 사람들이 많이 생겨났다는 것이다. 우리는 이런 복지국가 운동가들을 중심으로 복지국가를 지향하려는 기성 정치인과 정치 지망생들을 묶어세워 2013년 11월 12일 〈복지국가정치추진위원회〉를 발족했다.

우리는 2013년 하반기 3개월 동안 '복지국가 지방자치 아카데미'를 개설했다. 이를 통해 의욕적인 지방자치 지망생들을 배출했다. 이렇게 복지국가 운동과 복지국가 정치를 위해 준비된 사람들이 '복지국가 정치'의 기치를 높이 들고 나선다면, 적대적 공생 관계 속에서 새누리당과 민주당이 수면 아래로 슬쩍 내려놓았던 '복지국가 담론과 정책'을 대한민국 정치·사회의 공론의 장으로 다시 끌어낼 수 있을 것이다.

나는 복지국가 전문가와 시민사회의 운동가들, 복지국가 노선을 지지하는 정치인과 정치지망자들, 복지국가를 자식 세대에 물려주겠다는 능동적인 시민들이 '복지국가 정치'의 선봉에 서게 될 것이라고 확신한다. 언젠가는 반드시 그렇게 될 것이다. 이것만이 신자유주의 양극화 성장체제가 낳은 민생불안을 넘어설, 그리고 우리의 시대정신을 구현할 유일한 방법이기 때문이다.

나는 복지국가를 만들고 싶다. 우리 모두가 행복할 수 있는 경제·사회적 조건을 제대로 만들어주는 나라가 복지국가이다. 우리의 복지국가는 행복지수가 높은 나라가 될 것이다. 우리는 이런 나라를 자식 세대에게 물려주어야 한다. 그러기 위해서는 용기를 갖고 기존의 신자유주의 양극화 패러다임에 과감하게 도전해야 한다. 그리고 '역동적 복지국가'를 건설해야 한다.

나는 우리가 이 일에 성공하여 우리나라가 지금의 스웨덴 정도의 복지국가를 건설하는 데는 지금부터 20년 정도 걸릴 것이라고 생각한다. 지금부터라도 복지국가 5개년 계획을 세워야 한다. 박근혜 정권을 이대로 방치해서는 안 된다. 또 5년의 세월을 낭비할 수는 없기 때문이다. 현 정부에서 할 수 있는 만큼 최대한 추진하고, 복지국가를 향해 갈 수 있는 만큼 최대한 가야 한다. 지금 야당과 시민사회의 역할이 중요한 이유이다.

결국, '역동적 복지국가'로 가기 위해서는 세 축의 동시 전략이 필요하다. 첫 번째 축(X)은 복지국가의 담론과 정책을 생산하는 일이다. 나는 지금까지 복지국가소사이어티가 여기서 중요한 역할을 수행해 왔다고 생각한다. 앞으로도 이 일은 더욱 강조되어야 한다. 두 번째 축(Y)은 복지국가의 담론과 정책을 풀뿌리 시민사회 속으로 확산하는 일이다. 이 일은 복지국가 국민운동 또는 시민운동의 역할에 속한다. 세 번째 축(Z)은 복지국가 정치세력화이다. 복지국가 정치의 필요성을 확산하고 정치 영역으로 내보낼 사람들을 훈련하고 준비하는 일이 여기에 속한다.

내가 처음부터 이렇게 세 축의 동시 전략을 생각했던 것은 아니다. 처음에는 X축인 복지국가의 담론과 정책의 생산만을 나의 일로 생각했고, 처음 수년 동안은 그렇게 했었다. 그런데 이것만으로는 복지국가를 만들 수 없다는 것을 알게 되었다. 그래서 복지국가 국민운동(Y축)을 통해 복지국가의 필요성과 전략을 시민사회 속으로 확산하는 데 매진했었다. 나는 지금도 이 일을 하고 있고, 앞으로도 이 일은 복지국가 운동의 중요한 과제이다.

그런데 여기에서 멈춘다면 복지국가 건설의 열망도 여기서 함께 멈출 수밖에 없다는 것을 최근 2년 사이에 뼈저리게 깨달았다. 우리나라의 정치체제가 X축과 Y축을 통해 산출된 모든 성과물을 한꺼번에 쓰레기 처리장으로 내몰 수 있다는 사실을 알았기 때문이다. 우리나라의 낡은 정치체제가 바뀌어야 '복지국가 정치'가 새롭게 자리를 잡을 수 있고, 그럴 경우에라야 '역동적 복지국가'의 건설이 가능해진다. 이것이 국립대 의대 교수인 내가 용기를 낼 수밖에 없도록 만든 이유이다.

'복지국가 정치'의 목적은 가치와 정책노선 중심의 새로운 정당 건설과 궁극적인 '복지국가 정당정치 질서'의 구현이다. 나는 기존의 정치가 여전히 지역과 보스 중심의 줄서기 정치에서 벗어나지 못하고 있다는 점을 직시하고 있다. 그러므로 앞으로의 정치는 '가치와 정책노선' 중심의 '합의제 민주주의'의 새로운 정당정치 질서로 재편되어야 한다고 생각한다.

'복지국가 정치'의 기치는 장차 이런 변화의 과정에서 중요한 역할을 하게 될 것이다. 이것이 가능해지기 위해서는 궁극적으로 선거제도가 지금의 소선거구 단순다수대표제에서 비례대표제를 대폭 강화하는 방식으로 바뀌어야 한다. 그래서 실질적인 다당제가 출현해야 한다. 이는 자연스럽게 합의제 민주주의의 새로운 정치질서를 만들어낼 것이며, 이런 정치 환경 속에서 복지국가 건설 과제는 꾸준하게 추진될 수 있을 것이다.

나는 '역동적 복지국가' 건설이 우리시대의 과제라고 생각하며, 앞으로도 이 일을 하는 데 신명을 다 바칠 생각이다. 그리고 복지국가 정치세력화는 우리의 궁극적 목표를 달성하기 위해 반드시 필요한 우리의 '진지'라고 확신한다. 이것이 바로 뜻을 같이 하는 동지들과 함께 내가 2013년 11월 12일 〈복지국가정치추진위원회〉를 출범시켰던 결정적인 이유이다. 우리는 이겨야 한다.

| 후주 |

1 당시 의료보험 통합 운동을 하던 시민사회는 매우 당황하여 강경하게 입장을 표명했는데, 그때의 상황에 대해서는 다음의 기사를 참고하시오.
http://media.daum.net/breakingnews/newsview?newsid=19980209095100214
2 문옥륜 외, 『건강보장론』, 신광출판사, 2009, 62-64p.
3 문옥륜 외, 『건강보장론』, 신광출판사, 2009, 74-79p.
4 문옥륜 외, 『건강보장론』, 신광출판사, 2009, 82-83p.
5 Wong J., Healthy democracies: welfare politics in Taiwan and South Korea, Cornell University Press, 2004, 64-65p.
6 Wong J., Healthy democracies: welfare politics in Taiwan and South Korea, Cornell University Press, 2004, 69-72p.
7 Wong J., Healthy democracies: welfare politics in Taiwan and South Korea, Cornell University Press, 2004, 87-88p.
8 《한겨레신문》, "통합의료보험법 국회통과 촉구", 1989년 5월 10일자. 다음의 인터넷 검색을 참조하시오.
http://newslibrary.naver.com/viewer/index.nhn?articleId=1989051000289110007&edtNo=4&printCount=1&publishDate=1989-05-10&officeId=00028&pageNo=10&printNo=305&publishType=00010
9 Wong J., Healthy democracies: welfare politics in Taiwan and South Korea, Cornell University Press, 2004, 98-102p.
10 문옥륜 외, 『건강보장론』, 신광출판사, 2009, 85-88p.
11 Wong J., Healthy democracies: welfare politics in Taiwan and South Korea, Cornell University Press, 2004, 107-111p.
12 이상이, 「한국 의료체계의 발전과 성격에 대한 고찰」, 『한국 복지국가 성격논쟁Ⅱ』(서울: 인간과 복지), 2009, 796쪽.
13 Wong J., Healthy democracies: welfare politics in Taiwan and South Korea, Cornell University Press, 2004, 102-105p.
14 새정치국민회의 정책위원회, 『보건의료 선진화 정책보고서』, 1998, 12.

15 『보건의료 선진화 정책보고서』는 중점 보건문제의 선정과 관리, 수가 차등을 통한 보건의료제공체계의 정비, 단골의사제도의 도입, 의약분업의 실시, 보건의료인력 양성의 적정화, 중소병원의 기능 전환, 공공보건의료체계의 정비, 국가보건복지 정보체계의 구축, 방문보건사업을 통한 지역보건서비스 제공기반 구축 등의 정책 패키지를 자세하게 다루고 있다.

16 세계보건기구는 1978년 9월 12일 알마아타(Alma-Ata)에서 일차보건의료에 관한 국제회의를 개최하였는데, 여기서 정의된 일차의료의 개념은 다음과 같다. "일차의료는 국가보건의료체계에 개인, 가족, 그리고 지역사회가 처음 접촉하는 단계이며, 단순히 1차 진료만을 의미하는 것이 아니고, 개인, 가족 및 지역사회를 위하여 건강증진, 예방, 치료 및 재활 등의 서비스가 통합된 포괄적 보건의료(comprehensive health care)를 의미한다." 이러한 세계보건기구의 일차의료 정의를 참고하여, 최근 우리나라의 관련 학계에서 정의한 일차의료의 대체적인 개념은 다음과 같다. "건강을 위하여 가장 먼저 대하는 보건의료로, 환자의 가족과 지역사회를 잘 알고 있는 주치의가 환자-의사 관계를 지속하면서, 보건의료 자원을 모으고 알맞게 조정하여 주민에게 흔한 건강문제(건강증진+질병예방+조기발견+치료와 재활)들을 해결하는 분야를 말한다."

17 새정치국민회의 정책위원회, 『보건의료 선진화 정책보고서』, 1998, 12, 97-122p.

18 차흥봉, 『의약분업 정책과정』, 집문당, 2006, 37-56p.

19 《한겨레신문》, 1998년 12월 16일자에 의하면, 김병태 의원(한민제약회장), 김찬우 의원(영덕제일병원 이사장), 정의화 의원(정화의료재단 이사장), 황규선 의원(치과의사, 병원운영), 박시균 의원(성누가병원장), 김명섭 의원(구주제약 대표), 황성균 의원(의료법인 순영재단 이사장), 어준선 의원(안국약품 대표), 김정수 의원(약사), 오양순 의원(약사) 등 10명이 해당 의원들이다. 이러한 상임위 구성이 의약분업 연기를 초래할 것이었기 때문에 참여연대는 "상임위 배정 때 이해관계와 밀접하게 연관된 상임위 배정은 국회법 위반"이라며 국회의장을 상대로 헌법소원을 냈다. 국회법 48조 7항에는 이해관계가 있는 의원은 해당 상임위 선임을 금하도록 규정되어 있는데도 불구하고, 보건복지상임위원회 소속의원 16명 중 10명이 병원장, 의사, 약사, 제약회사 임원 등으로 이해관계가 있는 의원들이며, 이들이 이해 관련 직종의 이익을 위해 의약분업 시행을 연기하려 한다는 것이 참여연대의 헌법소원 제기 이유였다.

20 새정치국민회의가 개입한 의약분업 협상에 제출된 최종적인 제6차 협상안의 주요내용은 나의 박사학위 논문을 참조하면 된다. 이상이, 「의약분업 정책결정과정에 관한 연구」, 경희대학교 박사학위 논문, 2000, 130-133p.

21 대한의사협회는 주사제 제외, 대체조제 시 의사의 동의, 의약품 분류에 대한 일부 수정 등을 의견으로 보내왔으나 제6차 협상안에서 일부의 조정에 그치자 이를 최종 거부한 것이었다.

22 그는 김대중 대통령의 인척으로 당시에 건강보험심사평가원 원장을 맡고 있었기 때문에 의료계의 정부 및 여권을 향한 로비 창구가 될 수 있었다.

23 김원길 의장과 김모임 장관은 2월 18일 여의도 당사에서 당정협의를 갖고 이익단체들의 반발에도 불구하고 의약분업을 예정대로 다가오는 7월에 실시하기로 결정하였다. 김원길 의장은 "의약분업은 국

민과의 약속이기 때문에 늦출 수 없다"고 밝혔다. 《한겨레신문》, 1999년 2월 19일자.

24 시민소비자단체도 중재에 적극 나설 의향을 표명하였다. 이는 의약분업의 추진 과정에 새로운 전기가 될 것임에 틀림이 없었다. 이제 의약분업에 대한 정책 수립의 주체는 정부, 국회, 의약전문단체, 보건의료정책 전문가의 범위를 넘어서서 시민사회와 소비자단체로까지 확산되게 되었다. 이러한 시도가 성공을 거둔다면, 이는 우리나라 보건정책결정에서 전례가 없는 새로운 방식으로 기록을 남기게 될 것이었다. 이상이, 「의약분업 정책결정과정에 관한 연구」, 경희대학교 박사학위 논문, 2000, 136-137p.

25 김용익, 「의약분업 합의안의 의의와 추후 전망」. 인도주의실천의사협의회 의약분업 전국 순회 토론회 발표문」, 1999. 7. 16.

26 차흥봉, 『의약분업 정책과정』, 집문당, 2006, 263-264p.

27 2001년 7월 24일자 《연합뉴스》의 다음 기사를 참조하시오.
http://news.naver.com/main/read.nhn?mode=LSD&mid=sec&sid1=100&oid=001&aid=0000088526

28 2001년 7월 25일자 《데일리메디》의 다음 기사를 참조하시오. 이 기사에 의하면, 민주당의 논평은 "의약분업은 지난 1994년 김영삼 정부 당시 이회창 총재가 국무총리로 있을 때 결정된 정책으로 여야와 의약계가 합의하여 결정한 정책인데, 이 총재를 비롯한 당시 여당과 야당, 의약계 모두가 사회주의 정책을 채택했다는 것인가?"라고 반박했다.
http://www.dailymedi.com/news/view.html?section=1&category=3&no=616727

29 2001년 8월 9일자 《연합뉴스》의 다음 기사를 참조하시오.
http://news.naver.com/main/read.nhn?mode=LSD&mid=sec&sid1=100&oid=001&aid=0000091442.

30 『한겨레 21』 제380호 「이슈추적: 공안수사, 질기다 질겨!」, 2001년 10월 17일자를 참조하시오.

31 《한겨레신문》, "보안법 위반 영장 무더기 기각", 2001년 10월 11일자. 이 기사에 의하면, "경찰이 현직 의사와 의대교수 등 보건의료인 4명에 대해 국가보안법 위반 혐의로 구속영장을 신청했으나 법원의 영장실질심사에서 모두 기각됐다. 국가보안법상 이적단체구성 혐의로 청구된 구속영장이 무더기 기각된 것은 매우 이례적이어서 경찰의 무리한 수사 여부를 놓고 논란이 일 것으로 보인다."고 되어 있다.
http://www.hani.co.kr/section-005100030/2001/10/005100030200110112215001.html

32 내가 나중에 1심 재판에서 유죄를 선고받자 의료계는 재판의 결과를 환영한다는 내용을 성명서를 내기도 했다. 뿐만 아니라 대한의사협회 개원의협의회 회장 등의 명의로 낸 또 다른 성명에서는 "좌파 인사들이 주도해온 현재의 의약분업을 전면 재개편하여 새 틀을 짜야 한다."고 주장하면서 나와 김용익 교수를 강도 높게 비난했다.

33 《오마이뉴스》, "국보법이 죽은 '조직' 살려냈다?" 2003년 6월 10일자. "진보의련에 대한 경찰의 강제연행이 있던 2001년 10월은 한나라당 김용갑 의원의 김대중 정부에 대한 '친북세력' 규정과 한나라당 김만제 정책위의장의 공정거래위원회의 새별 출자제한 폐지 방침과 관련한 '사회주의적 발상' 논란으

로 정국은 색깔논쟁에 휘말려 있었다."
http://news.naver.com/main/read.nhn?mode=LSD&mid=sec&sid1=102&oid=047&aid=0000032138

34 《경향신문》, "진보 의사모임 이적단체 첫 규정", 2003년 6월 8일자.
http://news.naver.com/main/read.nhn?mode=LSD&mid=sec&sid1=102&oid=032&aid=0000019592

35 《데일리메디》, "진보의련 결성 J의대 이모 교수 선고유예", 2003년 12월 9일자.
http://www.dailymedi.com/news/view.html?no=640969&section=1

36 《뉴스토마토》, "황찬현 청문회 종료, 민주, 청문보고서 채택 유보", 2013년 11월 12일자. 이러한 홍익표 의원의 지적에 대해 황 후보자는 "그 말은 만약 제가 감사원장으로 임명된다면, 업무를 하면서 참고와 기준으로 삼겠다"고 자세를 낮췄다고 한다.
http://www.newstomato.com/ReadNews.aspx?no=417842

37 인도주의실천의사협의회 홈페이지, 결의문 전문은 다음의 주소를 참조하시오.
http://www.humanmed.org/board.php?category1=&category2=&code=hot&key=&keyfield=&number=53&page=10&var=view

38 한나라당 고경화 의원은 2004년 10월 7일 건강보험공단 국정감사 자료를 통해 "공기업인 건강보험공단이 국보법을 위반한 혐의로 1심 판결에서 유죄판결을 받은 이상이 교수를 소장으로 영입하기 위해 겸직금지 조항까지 개정한 것으로 밝혀졌다"고 주장했다. 이와 관련해서는 《데일리메디》 2004년 10월 7일자 기사를 참조하시오.
http://www.dailymedi.com/news/view.html?no=650410&section=1

39 이상이·전창배·이용갑·허순임·서남규, 『의료의 산업화와 공공성에 관한 연구』, 국민건강보험공단 건강보험연구센터 연구보고서, 2005. 10.

40 이상이·김창보·박형근·윤태호·정백근·김철웅, 『의료민영화 논쟁과 한국의료의 미래』, 도서출판 밈, 2008. 71-83p.

41 이상이, "의료이용 형평과 건강보험 사명", 2005년 3월 4일자 《서울신문》 시평.
http://news.naver.com/main/read.nhn?mode=LSD&mid=sec&sid1=110&oid=081&aid=0000033905

42 이상이·김창보·박형근·윤태호·정백근·김철웅, 『의료민영화 논쟁과 한국의료의 미래』, 도서출판 밈, 2008. 87-88p.

43 이 부분은 이상이 등의 공저인 『의료민영화 논쟁과 한국의료의 미래』의 73-81쪽 중에서 필요한 내용을 알기 쉽게 재정리한 것이다.

44 이상이, "건강 사고파는 사회, '유시민 의료법'의 재앙–참여정부 '미국식' 따라 하기의 끝은 잔혹한 양극화뿐", 2007년 6월 20일자 《오마이뉴스》 칼럼.
http://www.ohmynews.com/NWS_Web/View/at_pg.aspx?CNTN_CD=A0000417339

45 《한겨레신문》, 2008년 7월 23일자, "제주도 영리병원 찬성 계획적 여론몰이"를 참조하시오.
http://www.hani.co.kr/arti/society/area/300331.html

46 이상이·김창보·박형근·윤태호·정백근·김철웅, 『의료민영화 논쟁과 한국의료의 미래』, 도서출판 밈, 2008. 112-115p.

47 MBC가 밝힌 제383회 〈100분 토론〉의 기획 의도는 다음과 같다. "오는 24, 25일 양일간 실시되는 제주도 내 여론조사 결과에 따라 제주도 영리의료기관 도입 문제가 결정된다. 정부는 지난 6월, '제주특별자치도 제3단계 제도개선안'을 확정하면서 제주를 의료개방 선진화의 시험무대로 정하고, 그동안 불허했던 내국인의 영리의료법인 설립을 사실상 허용해 정부의 의료선진화 정책에 대한 논란이 뜨거워지고 있다. 우선, 정부와 제주도는 국내외 민자 유치로 우수 의료기관을 유치함으로써 의료산업 인프라를 획기적으로 개선하는 한편, 제주도민에게 양질의 의료서비스를 제공하기 위해서라고 추진 이유를 밝히고 있는데, 특히 천혜의 자연환경과 질 높은 의료가 결합된다면 제주도는 세계적 수준의 '의료관광지'로 발전할 수 있다는 기대를 하고 있다. 그러나 건강연대 등 시민단체들은 제주 영리병원 허용이 결국 여타 지역으로 확산돼 '건강보험 당연지정제 폐지' 등 의료민영화로 이어질 것이라고 비판하고 있다. 게다가 제주도가 주장하는 '의료관광 활성화'는 비현실적인 '장밋빛 환상'일 뿐이라고 일축하고 있다. '의료민영화는 없다'라고 단언하는 정부. 그러나 정부 초기부터 보건당국의 거듭된 진화에도 불구하고 끊이지 않는 '의료민영화' 논란! 과연 의료선진화인가, 의료민영화인가. 무엇이 진실인가? MBC 〈100분 토론〉에서는 정치권·관련 전문가들과 함께 국민적 관심사로 떠오른 '영리병원 허용과 그 파장'에 대해, 나아가 정부의 의료정책 방향에 대해 집중 토론해 본다."

48 이날 방송토론의 기획 의도는 다음과 같다. "정부와 여당이 오는 8월 임시국회에서 제주도와 인천 송도에 투자개방형 의료법인, 즉 영리병원 설립을 허용하는 법안을 처리하기로 합의함에 따라 이를 둘러싼 논란이 재점화 되고 있다. 논란의 대상인 투자개방형 병원 설립 허용은 일반인이나 기업들도 자본을 투자해서 의사를 고용하고 병원을 설립할 수 있도록 하자는 것이다. 찬성하는 입장은 '영리병원'이 허용되면 의료산업에 자본과 새로운 경영기법이 도입됨으로써 의료서비스 질이 개선되고 경제의 새로운 성장 동력이 될 것이라는 주장이다. 반면, 야당 및 시민단체에서는 의료서비스의 상업화, 동네 병원 몰락과 함께 서민들의 의료비 부담이 늘어나게 되어 결국 의료양극화로 이어질 것이라며 강력하게 반대하고 있다. 투자개방형 의료법인, 즉 영리병원 도입은 우리 현실에서 과연 득인가? 실인가? 이번 주 SBS 〈시사토론〉에서는 여야 의원, 의료 전문가들과 함께 영리병원 도입의 주요 쟁점을 놓고 찬반 토론을 진행한다."

49 《한겨레신문》, "건보흑자 1조3천억 어떻게 쓸까", 2005년 4월 21일자, 시민단체들은 암 무상치료에 쓸 것을 제안하고 있다. 반면 의료인들은 보험수가를 올리자고 주장한다. 어떤 이들은 보험가입자들에게 보험료를 많이 거뒀기 때문이라며 '돌려줘야 하는 것 아니냐'고 말한다. 정부는 암 등 중증질환에 내안 보험혜택을 넓히는 방안 등을 신중하게 고려하고 있다. 이에 대해, 이상이 건강보험연구센터 소장은 "암 환자도 올해에는 현실적으로 선택진료비와 1~2인실 병실 이용료까지 건보재정에서 부담하는 것은 어렵다"며, "대안으로 선택진료비 등은 환자가 부담하도록 하고 치료에 관련된 나머지는 모두 건강보험이 부담하면, 암의 경우 현재의 50% 정도 보장성에서 85%까지 올라갈 수 있다"고 말

했다.

50 이상이, 『역동적 복지국가의 논리와 전략』, 도서출판 밈, 2010. 17-20p.

51 2010년과 2011년 동안, 복지국가 전문가이자 운동가로서 내가 했던 2년간의 치열한 복지국가 운동의 기록은 다음의 책(인터뷰, 칼럼 등의 언론 기고문 등이 체계적으로 실려 있음)을 참조하시오. 이상이, 『복지국가의 길을 열다』, 도서출판 밈, 2011. 12.

52 이 부분은 필자와 복지국가소사이어티의 공식 담론으로서 필자의 다음 저서에서 해당 부분을 읽기 쉽게 다시 정리한 것이다. 이상이, 『복지국가의 길을 열다』, 도서출판 밈, 2011. 339-358p.

53 "다시 불붙는 복지 논쟁, 그 해법은?"이란 주제의 이날 KBS〈심야토론〉의 기획 의도는 다음과 같다. "정부가 4월 총선을 앞두고 거론되고 있는 정치권의 복지공약에 대해 비판의 목소리를 높이면서 이른바 복지논쟁이 다시 점화되고 있다. 이명박 대통령은 22일, 취임 4주년 특별기자회견을 통해 "선거를 앞두고 재정 뒷받침이 없는 선심성 공약에 대해서 많은 분이 걱정을 하고 있다"고 밝히는가 하면, 김황식 국무총리와 박재완 기획재정부 장관 등도 정치권의 복지공약 이행에 향후 5년간 최대 340조 원이 소요된다면서 강도 높게 비판하고 나섰다. 그러나 여야 정당들은 양극화가 깊어지는 상황에서 사회안전망 확충이 필수적인 상황에서 정치권의 복지 강화를 포퓰리즘으로 매도하고 있다며 반발하고 있는가 하면, 340조 원의 산출근거와 정부재정, 감세정책 등을 둘러싼 논란도 벌어지고 있어 복지논쟁은 한층 가열될 전망이다. 이에〈심야토론〉에서는 선거를 앞두고 논란을 빚고 있는 복지논쟁의 주요쟁점들을 짚어보고, 무엇이 진정한 복지인지, 토론해 보고자 한다." 이날 출연자는 김정호(자유기업원장), 이정우(경북대 경제통상학부), 현진권(아주대 경제학과), 이상이(제주대, 복지국가소사이어티 대표)이었다.

54 이 부분은 필자가 2012년 12월 3일자 복지국가소사이어티 메인 칼럼으로 기고한 글을 수정하고 보완하여 읽기 쉽게 다시 정리한 것이다.

55 이 부분은 필자가 2013년 6월 24일자 복지국가소사이어티 메인 칼럼으로 기고한 글을 읽기 쉽게 다시 정리한 것이다.

56 이상이, "국민을 속인 대통령이 되려는가", 《경향신문》 시론, 2014년 1월 8일자.

57 SBS〈토론 공감〉26회, "증세 없는 복지 가능한가?" 이날 토론의 기획 의도는 다음과 같다. 증세 없는 복지가 가능한가? 복지공약을 수정해야 하는 것 아닌가? 세법개정 파장 이후 '증세와 복지' 담론이 주요 쟁점으로 부각되고 있다. 박근혜 정부는 대선 공약을 수정하거나 이행을 축소하는 것, 세율을 높여 증세를 하는 것에 모두 부정적이다. 박 대통령은 지난 20일 청와대 수석비서관 회의에서 '무조건 증세부터 이야기해서는 안 된다'면서 '증세 없는 복지론'을 재차 강조했다. 새누리당은 '증세 없는 복지' 기조를 유지한다는 것이 공식 입장이다. 하지만 여당 내부에서는 복지공약을 지키려면 증세가 불가피하기 때문에 국민을 설득하거나, 증세가 어렵다면 복지공약을 축소해야 한다는 목소리가 나오고 있다. 민주당은 복지 공약 축소에 강하게 반발하고 있다. 대기업과 고소득자에 대한 감세철회로 복지 재원을 마련해야 한다고 주장한다. 그래도 세수가 부족하다면, 그때 가서 증세를 논의할 수 있다는 입장이다. 복지공약을 대폭 조정, 축소해야 하는가? 아니면 공약 실천을 위해 모든

국민에 대한 보편적 증세를 추진해야 하는가? 이번 주 SBS 〈토론공감〉에서는 '증세와 복지' 딜레마를 어떻게 풀어야 할지 전문가들과 함께 머리를 맞대본다.
패널 | 전원책(자유경제원장·변호사), 노회찬(정의당 前 대표), 이영(한양대 경제금융대학 교수), 이상이(복지국가소사이어티 공동대표)

58 이상이. "국민연금과 기초연금 둘 다 중요하다". 《방송대 신문》. 2013년 10월 14일.

59 617회, MBC 〈100분 토론〉, "흔들리는 국민연금, 이대로 괜찮은가?"의 기획 의도는 다음과 같다.
정부가 지난달 국민연금 가입기간과 연계한 기초연금 도입안을 발표한 후 국민연금 임의가입자 탈퇴가 급증하고 있다. 한 자료에 따르면 지난달 25일부터 이달 10일까지 소득이 없는 전업주부나 학생 등 국민연금 임의가입자의 하루 평균 탈퇴자는 365명으로, 지난 5년 일일평균 82명의 4.5배 수준으로 알려졌다. 우선 정부의 기초연금 최종안은 소득 하위 70% 노인들에게 월 10만~20만 원씩 차등 지급한다는 게 골자로, 12년 이상 국민연금 장기가입자, 청장년층에게 더 적은 기초연금액을 주는 것으로 설계돼 있다. 이로 인해 국민연금 장기가입자와 청장년층에게 불이익이 불가피해 국민연금 근간을 무너뜨리는 결과를 초래할 수 있다는 지적이 나오는 등 논란이 끊이지 않고 있다. 이에 정부는 국민연금 가입자는 절대 손해를 보지 않으며 오래 가입 할수록 유리하다고 강조하지만, 국민연금 탈퇴 방법에 대한 문의가 쏟아지며 국민들의 불안감은 커져만 가고 있는데… 이번 주 MBC 〈100분 토론〉에서는 전문가들과 함께 국민연금에 대한 불신을 잠재우기 위한 방안에 대해 심도 있게 토론해 본다.
패널 | 김용하(순천향대 금융보험학과 교수), 이상이(제주대 의학전문대학원 교수), 석재은(한림대 사회복지학부 교수), 오건호(내가만드는복지국가 공동운영위원장)

복지국가 전문가 이상이의 더 나은 사회를 위한 도전
복지국가는 삶이다

초판 1쇄 펴낸 날 2013년 11월 30일
초판 4쇄 펴낸 날 2019년 8월 30일

지은이 | 이상이

펴낸이 | 김지숙
펴낸곳 | 도서출판 밈
출판등록 | 제300-2006-180호
주소 | 제주시 오등9길 38, 1층 101호
전화 | 064-747-5154   팩스 | 0303-3130-6557
이메일 | editor@mimbook.co.kr

편집 | Zoey
교정교열 | 나무목
디자인 | 김은정
인쇄_대덕문화사

ISBN 978-89-94115-22-1 03340

※ 이 책의 콘텐츠 및 이미지의 전부 또는 일부를 사용하시려면 도서출판 밈에 문의하세요.
※ 잘못 만들어진 책은 구입한 곳에서 바꾸어 드립니다.

※ 이 도서의 국립중앙도서관 출판시도서목록(CIP)은 서지정보유통지원시스템 홈페이지
    (http://seoji.nl.go.kr)와 국가자료공동목록시스템(http://www.nl.go.kr/kolisnet)에서
    이용하실 수 있습니다.(CIP제어번호: IP2014004039)